大家受啟發的

大家身影

走過，必留下足跡；畢生行旅，彩繪了閱歷，也孕育了思想！人類文明因之受到滋潤，甚至改變，永遠持續！

將其形諸圖文，不只啟人尋思，也便尋根與探究。

昨日的行誼，即是今日的史料；不只是傳記，更多的是思想的顯影。一生浮萍，終將漂逝，讓他走向永恆的時間和無限的空間；**超越古今，跨躍國度，「五南」願意！**

思想家、哲學家、藝文家、科學家，只要是能啟發大家的**「大家」**，都不會缺席。至於以「武」、以「謀」、以「體」，叱吒寰宇、攪動世界的風雲人物，則不在此系列出現。

大家受啟發的

大家身影系列 014

羅素傳

積極為人類和平奔走的思想家

Bertrand Russell：The Passionate Sceptic

艾倫・伍德（Alan Wood）——著

林衡哲——譯

羅素與本書作者艾倫・伍德及其夫人合影（1955）

羅素（Bertrand Russell, 1872-1970）與第四任夫人艾迪思・芬琪合影

4歲的羅素

9歲的羅素

yours faithfully
Bertrand Russell

1907年參加溫布頓國會議員選舉時攝

第一次大戰時，羅素被判刑後攝

羅素的第一任夫人：愛麗絲・羅素（Alys Russell）

天才的撮合者，學術沙龍的主持人：奧托琳・梅勒爾夫人

羅素的祖母：約翰・羅素夫人

羅素的哥哥：法蘭克（Frank Russell）

與羅素合寫《數學原理》的懷海德（Whitehead）

羅素的學術知己：哲學家摩爾（G. E. Moore）

羅素序

我爲何而生

有三種單純而強烈的熱情曾經支配了我的一生：它們是對愛情的渴望、對知識的追求，和對受苦受難的人類所懷抱的情不自禁的同情，這些熱情像陣陣的巨風，在我動盪不定的生涯中，吹來吹去，有時甚至吹過深沉痛苦的海洋，直抵絕望的邊緣。

我之所以要追尋愛情，有三個原因：第一是愛情有時會給我帶來狂喜——這種狂喜是如許地有力，以致使我常常會為了體驗幾小時的愛之喜悅，而甘願犧牲生命中其他的一切；其次是因為愛情可以解脫孤寂——這種可怕的孤寂，身歷其境的人，他戰慄的意識，有時會由世界的邊緣，觀察到冷酷無生命的無底深淵；最後一個原因是，在愛的結合中，我看到了古今聖賢與詩人所夢想的天堂縮影，這正是我所追尋的人生境界，雖然它對一般的人類生活似乎未免太美好了一點，但這正是我透過愛情所得到的最後發現。

我曾經用同樣的熱情追求知識，我熱切去了解人類的心靈，也希望知道為什麼星星會發光，同時設法去理解畢達格拉斯的力量，在這方面我總算有了一點成就，但並不多。

愛情與知識，就它們可能的範圍內，總是把我引領到天堂的境界，但對廣大受苦的人類的同情卻經常把我拉回到現實的世界來，那些痛苦的呼喊經常在我內心深處引起迴響。飢餓中的孩子、被壓迫者折磨的犧牲品、對他們的子女形成可厭重擔的孤苦無依老人，以及全球性的孤獨、貧窮和痛苦，這些存在，對人類生活的理想不啻是一種諷刺，我極希望盡一己之力去減輕這些不必要的痛苦，但是我發現自己完全失敗了，因此也感到很痛苦。

這就是我的一生，我發現人生是值得活的，如果有人給我再活一次的機會，我將會欣然接受這難得的賜予。

作者序

在寫此書的過程中，為了獲得未經出版的書信與文件以及其他方式的幫忙，首先我必須對下列諸位致以最大的謝意與個人深衷的感激，現在我把幫助我完成此書的名單羅列如下：

Lady Allen of Hurtwood, Miss Elizabeth Anscombe, Dr. John Baker, Mr. Bernard Berenson, Mr. H. N. Brailsford, Professor C. D. Broad, Mr. Fenner Brockway, Miss Catherine Brown, Mr. T. S. Eliot, Professor John K. Fairbank, Professor C. P. Fitzgerald, Miss Mary Fletcher, Mr. John Fletcher, the Hon R. Gathorne-Hardy, Mrs. Mary Agnes Hamilton, Sir Ralph Hawtrey, Dr. and Mrs. Julian Huxley, Mrs. Harold Laski, Professor J. E. Littlewood, Mr. and Mrs. E. M. H. Lloyd, Mr. Ralph Lyon, the Warden of Merton, Professor and Mrs. G. E. Moore, Miss Louise Morgan, Mrs. Bernard Muscio, Dr. Gilbert Murray, Professor E. H. Neville, Madame Thérèse Nicod, Miss J. E. Norton, the

Trustees of the Late Lord Passfield and Mrs. Webb, Professor W. V. Qnine, Mr. Anthony Quinton, Miss Diana Russell, Miss Flora Russell, Professor P. Sargant Florefice, Dr. D. S. Schwayder, Mr. James Strachey, Sir Charles and Lady Trevelyan, Mrs. R. C. Trevelyan, Sir Stanley Unwin, Mrs. Julian Vinogradoff, Sir Ralph Wedgwood, Mr. W. H. Werkmeister, Professor Morris Weitz, Professor J. H. C. Whitehead, Mr. G. Woledge, and Mr. Leonard Woolf.

在此我要特別表示感激的是，這幾年來要是沒有羅素爵士及羅素夫人的大力幫助及仁慈的關懷，我相信我的作品是無法完成的。

在寫此書時，我的妻子瑪麗．西頓．伍德（Mary Seaton Wood）始終與我合作無間，雖然大體上我們兩人的意見都是不謀而合，但偶而也有意見相左的時候。

第五章〈數學與哲學〉和第六章〈羅素的「描述論」〉原是我為牛津大學課外講座所準備的講稿，所以內容可能比較專門化一點。

我寫此書，主要是為一般讀者而寫的，在全書二十六章中，只有四章與專技哲學有關，因此對那些不是學哲學的普通讀者，最好是暫時把那些有「專技名詞」的部分跳讀過去，而不必過度為冗長的名詞定義費神。若是讀者由閱讀此書而進一步對羅素的哲學產生興趣的話，最好是去讀羅素自己的作品，除外我的那一本《羅素的哲學發展研究》，也許可以給這類讀者一點參考的價值，在這部為學者而寫的書中我也附上了研究羅素哲學的詳細書目表。

艾倫・伍德（Alan Wood）

一九五六年記於倫敦

譯者序

世紀性哲學家羅素（Bertrand Russell, 1872-1970）

二十世紀最傑出的傳記文學作家萊頓．史特拉屈（Lytton Strachey），對羅素當年發表演說時的情形，有過這樣一段描述：

「昨天我慢條斯理走到那座可怕的卡斯頓大廳。雖然我覺得此刻比平常更接近墳墓，但卻是值得來的。他（指羅素）那種什麼也不顧慮的樣子確實壯觀非凡——政府、宗教、法律、財富活像被滾球撞到的九柱——這真是迷人的境界。然後他把建設性的思想，很莊嚴堂皇地一一揭示，接著貫通，開始建構一個理想的模型，再把它根深柢固地植基於現實，使它在人們的腦海裡閃耀理想的火花。我不相信此刻，在我們生存的地球上，還能找到一個像他這樣具有不可思議威力的人。」

從這段真實的描述，我們不難想像：羅素是歷史上少數幾位能在逆境中，為人類的精神擊出火花的偉人之一。可惜這位傳記大師為維多利亞女王寫了一部長篇傳記，卻沒有給他的知交羅素立傳以傳世。

二十世紀最偉大的科學家愛因斯坦說：「閱讀羅素的作品，是我一生最快樂的時光之一。」這句話差不多可以代表現代西方知識分子對羅素作品的感受。生為二十世紀的人而沒有看羅素的作品，其損失猶如十八世紀的人沒有看歌德的著作、十九世紀的人沒有聽貝多芬的音樂、二十一世紀的現代人沒有聽過馬勒的交響曲。

歌德的作品，綜覽了十八世紀西方人的精神；在貝多芬的音樂裡，我們聽到十九世紀西方人的精神曙光；在羅素的作品中，我們也看到二十世紀人類的精神理想和時代危機；而馬勒的音樂，似乎成為二十一世紀人類焦慮與渴望的代言人。他們四位都是改變世界的世紀性人物。

一九六〇年代，當有人問他如何解決二十世紀的人類危機時，羅素回答：「說來也許你們不相信，那便是耶穌基督的『愛』。」半世紀以來不斷以「不可知論」與教會為敵，而被教會視為異端的他，其實內心是基督愛的信仰者與奉行者。只有天才才能了解天才，杜蘭特（Will Durant）在他八十年前所作的《西洋哲學史話》中，就曾寫道：「他（羅素）虔信基督，且比那種口是心非的基督徒更為真誠。」

羅素之所以獻身於和平運動，和聖女貞德一樣，也是聽到上帝之聲（The Voice

of God）的召喚，才毅然以天下為己任。不同的是，聖女貞德是為自己的民族爭生存，羅素是為全人類爭生存，反而成為自己民族的敵人。幸而他生長在民主思想成熟的英國，否則很可能遭到和蘇格拉底同樣的命運，或踏上烈士之路。一九四九年，英王喬治六世更把象徵英國最高榮譽的勛章頒贈給他；從這一點看來，我覺得人類還是有進步的（至少在羅素的祖國是如此）。

在西方哲學史上，要找到比羅素更偉大的哲學家，似乎並不困難；但要找出一位一生的事蹟比羅素更多彩多姿的哲學家，可能是一大難事，在這方面或許只有十八世紀的伏爾泰可以比擬。在將近一世紀的漫長生涯中，羅素所體驗到的形形色色的人生滋味，也許是本世紀任何哲學家不能望其項背的。

羅素生於貴族，卻是貴族的叛徒。（胡適好友丁文江說：「羅素乃真正是英國貴族所產生的清品。」）他曾度過苦悶、孤寂的少年時代，也享受過柏拉圖式的理想學園生活；曾以十年時間，在鄉間默默從事《數學原理》的創作。他曾參加國會議員的選舉而失敗過二次；曾身為國民「公敵」，也曾為全民族所愛戴；有過四度結婚記錄，但也體驗過清教徒式的生活；宣揚愛的福音，卻被教會指為異端。

沒有哲學的哲學家

羅素是一位沒有哲學的哲學家（A philosopher without a philosophy），卻也是一位所有哲學的哲學家（A philosopher of all the philosophy），因為他進入所有的哲學領域探險，卻不曾建立自己的哲學體系。他不但跟外界的惡勢力作戰，也不斷向自我挑戰，內心經常進行柏拉圖式的爭論；有時看起來像梅菲斯特（Mephistopheles），但在心靈深處卻是天使的化身；終生奉獻於全人類和平的追求，卻因此使自己的內心永無和平之日。他曾淪為英王的階下囚，也得過英國最高勛章；他以宗教的熱情追尋真理，得到的卻是「世界上並沒有所謂絕對的真理」；他的足跡遍四海，交遊滿天下，因此讀他的傳記不啻在靜觀二十世紀思想界的全貌。

我在唸台大醫科的一九六〇年代，開始翻譯伍德（Alan Wood）的《熱情的懷疑論者羅素》（*Bertrand Russell: The Passionate Sceptic*, 1957），以及羅素自己的《羅素回憶集》，很意外地催生了對台灣讀書界影響深遠的「新潮文庫」，並讓羅素成為台灣大學生和知識分子中家喻戶曉的人物，其風頭超越了胡適大力介紹的美國哲學家杜威。這兩部羅素傳記的出版，不但使羅素成為台灣學術界的顯學，也培養不少青年學子的獨立思考能力。例如李筱峰教授本來崇拜蔣介石，看完這二本書，而變成羅素的崇拜者，成為自由民主的信徒。

傳記往往是信仰的產物。伍德表白他寫《羅素傳》的動機：「假如我這本書有什麼用意的話，那不過是讓人多了解一點關於這位人類史上，追求真理的先知之一——羅素的事蹟，他們這些史上稀有而英勇的人類精神的導師們，曾經鼓舞他們的同類，把他們的思想向更深的真理王國邁進。」在此書中，我個人特別欣賞他對哲學的見解。例如他說：「我認為一個哲學家所獲得的結論，不及導致這項結論的探討過程那麼重要；也不及他在追求過程中，所表現的追求真理的精神那麼重要。這就是為什麼讀偉大哲學家的原著，追蹤他心靈的運作方式，遠比讀許多有關他的結論的簡明摘要，收穫要來得大的原因，因此我深深覺得，世上並沒有所謂偉大的哲學，只有偉大的哲學家。」

對羅素在未來哲學史的地位，他也有獨特的看法：「不管羅素過去在邏輯與哲學的發表上立過怎樣的大功，也不管他曾使許多哲學上的黑暗地帶重見天日，我們仍可預言：他的不朽將不是基於上述理由，而是依據將來是否有人在他的作品中，發現某些根本的錯誤。因為羅素和休謨一樣，對自己所達到的哲學境界永不滿足。」

對羅素龐大思想體系的矛盾性，他也提出精闢的見解：「任何一個人，若想寫一部暴露羅素弱點的書，那是輕而易舉的。理由是羅素的思想不斷發展，因此也不斷變動，時常不惜以今日之我向昨日之我挑戰，所以經常會說出一些與過去所說的互相矛盾的話，來證明自己的錯誤。任何人只要讀過包羅萬象的羅素作品，將不難在每一種『論題』上，發現以羅素之矛攻羅素之盾的兩句見解完全相反的話。此外他的觀點常與他同時代的人的觀點糾纏在一起，所以一個聰明的誹謗者若想否定他無數觀點的獨創性，以貶低他的學術地位；或在未來的歲月中，任何人基於無知，想站在遠處攻擊他，都是輕而易舉的事。但我仍毫不懷疑，羅素是一個世紀性的偉人。相信任何對他有親切認識的人，都會獲得和我同樣的結論。」

我翻譯伍德這本羅素傳時，這是當時世界上唯一比較完整的《羅素傳》。後來羅素在去世前完成了三巨冊自傳，去世後陸續又有六、七部羅素傳先後出版。而伍德以赤子之心要把他心目中的理想人物，永恆鏤刻於人類心魂所做的英雄式努力，從羅素本人衷心的感激、西方讀書界普遍的讚譽，充分證明他的奉獻是值得的。

二十世紀知識分子的良心

現在讓我們來回顧羅素多彩多姿的一生：羅素在一八七二年五月十八日生於威爾斯的蒙茅斯郡（**Monmouthshire**）特列雷克縣（**Trellech**）名叫拉文斯克洛夫（**Ravenscroft**）的小鎮。他的家族是英國貴族，崇尚自由主義傳統，祖父曾兩度擔任維多利亞時代的英國首相。他出生時全名叫伯特蘭・亞瑟・威廉・羅素（**Bertrand Arthur William Russell**），簡稱伯特蘭・羅素，是家族中第三位羅素伯爵，可是他不喜歡這個頭銜。他於一九七〇年二月二日逝於威爾斯，享年九十八歲，是近代名哲學家中最長壽的一位。他有四次結婚記錄，可能也是近代哲學家中，結婚次數最多的一位。他的一生扮演了多重角色，不但是哲學家、邏輯實證論者，同時也是數學家、哲學史家、社會主義者、和平主義者，以及社會批評大師。

羅素在二十世紀初領導英國哲學界反抗傳統的「唯心論」，與他的前輩弗列格（**Gottlob Frege**）和他的得意門生維根斯坦（**Ludwig Wittgenstein**）都被公認為二十世紀「邏輯實證論」的大師級人物。他也是二十世紀顯學「分析哲學」的開山始祖，他跟他的劍橋恩師懷海德（**A. N. Whitehead**）合著的三巨冊《數學原理》（*Principia*

Mathematica），企圖把數學與邏輯連結在一起，被公認是二十世紀的經典著作。他的哲學論文〈論語義〉（*On Denoting*）是二十世紀哲學史上最重要、影響極大的一篇哲學論文。因此羅素一生包羅萬象的作品，對二十世紀產生既深且廣的影響力，對邏輯學、數學、語言學和哲學都有廣泛的影響；尤其語言哲學、認識論以及形而上學更是他的專長。

除了以上這些學術成就之外，他更扮演二十世紀知識分子的良心。愛因斯坦最佩服羅素的一點，便是後者有走出學術象牙塔，走入街頭的知識分子的勇氣。羅素是最有名的反戰分子之一，在第一次大戰期間因參與和平主義運動，被關了六個月。當時有兩位在美國就讀的大學生：哈佛大學的艾略特（T. S. Eliot）和哥倫比亞大學的徐志摩，都跑去劍橋要拜羅素為師，結果兩人都撲了空，因為羅素已經入獄。

羅素不但反戰，也反對任何形式的帝國主義。因此二戰期間，他發起反抗希特勒的運動；二戰之後，又開始反對史達林的集權主義；後來越戰發生，他又發起國際輿論，要審判當時美國的詹森總統；最後他成了反核和裁軍的急先鋒，即使到了九十歲高齡，依然為反核而走上街頭。

一九五〇年他獲得諾貝爾文學獎，那時他已七十八歲高齡。諾貝爾文學獎極少頒給哲學家，他的私淑弟子艾略特反而比他早兩年獲得諾貝爾文學獎，後者以《荒原》和文學評論而獲獎，也是二十世紀一代詩宗。羅素得獎的理由是：「肯定他為了人文主義的理想和思想的自由，而創作大量多彩多姿的重要作品。」

羅素家族在英國成名數世紀，是英國自由派家族中最出名的一族。他的祖先從王室的解體（一五三六—一五四〇）、光榮革命（一六八八—一六八九）到改革法案（一八三二）都無役不與。最後在維多利亞女王的盛世，他的祖父約翰・羅素二度出任英國首相（一八四〇和一八六〇年代）。

羅素的母親魯依莎（Katherine Louisa, 1844-1874）是愛德華・史坦利男爵（Edward Stanley）的女兒，她的妹妹霍華（Rosalind Howard）也是嫁給貴族而成為伯爵夫人。

羅素的父母當時屬於激進派的「無神論者」，而且很早就提倡節育，被視為大逆不道。羅素父親在去世之前，特別要求哲學家米勒（John Stuart Mill）當羅素的教父，可惜這位哲學大師在羅素出生後第二年就去世了，不過他的著作卻對羅素的一生產生巨大的影響力。

出身英國顯赫貴族

羅素因父母早逝，而有一個不幸的童年。他唯一的哥哥法蘭克（Frank）大他七歲，唯一的姊姊蕾卡（Rachel）大他四歲。羅素兩歲時，姊姊因白喉去世，不久母親也感染白喉而去世；接著一八七六年四歲時，父親在長期憂鬱症之後得急性氣管炎而逝。一八七八年六歲時，他那位當過英國首相的祖父也去世了，在羅素記憶中，祖父是一位經常坐在輪椅上的慈祥老人。

因此，羅素和法蘭克從小就被送到位於倫敦里奇蒙皇家公園（Richmond Park）內的彭布羅克豪宅（Pembroke Lodge）——這是他祖父的官邸，並在祖母羅素伯爵夫人管教下成長。她來自嚴肅的蘇格蘭長老教會家庭，雖然外表嚴肅而富有清教徒的氣息，但她很能享受樂趣與歡笑。在宗教方面，她是保守的唯一神教派信徒，但在其他方面卻擁有進步的思想，例如接受達爾文主義、支持愛爾蘭的地方自治法案、反對英國帝國主義戰爭，而震驚了當時的保守輿論。

羅素和哥哥就在這種融合老式清教徒主義和進步的自由主義，以及摻和著宗教愛與嚴格的生活規律的背景下長大。他們吃傳統的蘇格蘭粥，卻也受到幾位德國籍和瑞士籍女教師給予自由思想的啟蒙，因此在開始學英文時，也學會了德文。

曾在羅素家作客的哲學家桑他耶那（**George Santayana, 1863-1952**，羅素哥哥的好友）批評說：「彭宅的氣氛正像波士頓老式的清教徒之家。」（這是後來羅素請桑他耶那喝茶時，桑氏告訴他的。）當時他的祖母羅素夫人很少進市區，除非首相格萊斯頓（**W. E. Gladstone**）先生邀請她吃飯。

雖然羅素父親生前要求兒子接受「不可知論」的教育，祖母卻到法庭要求孫子們必須接受正規的宗教教育，因此家庭氣氛是經常做禱告、壓抑情感和嚴守禮儀。哥哥法蘭克公開反抗，但年輕的羅素卻隱藏他的感情，行為比較乖順。

在彭宅，自由主義的政治傳統是很堅強的。約翰・羅素夫人常會提起她丈夫為了選舉改革方案所做的努力，以及另一位羅素家族的英雄威廉・羅素勳爵（**William Lord Russell**）反抗查理二世的故事，因此在小羅素的腦海裡播下觀念的種子：「羅素一族有為公眾服務的責任；為了服務大眾，有時反抗是合理的。」祖母在他十二歲生日送他一本《聖經》，上面寫道：「不要隨著群眾去做壞事。」（**Thou Shall not follow a multitude to do evil.**）每週六晚上，他必須與祖母一起唱聖詩。這些聖詩對他影響之深，可由他自己的一句話印證：「即使到八十多年後的今天，我大概還可以很有自信地說，我會背誦數百首聖詩。」

當他稍微年長時，也知道母系家族的一些事。如果我們說羅素家族是學者典型的內向型，那麼史坦利家族是屬於活潑有生氣的外向型。他的外祖母史坦利是一位痛恨欺騙、爽直而於辯論時喜略帶諷刺的女性，曾誓言死後要把自己的腦袋送給皇家外科醫院研究，因為她認為：「有機會解剖一個聰明女性的頭腦，對他們將是一樁有趣的事。」她有一個女兒嫁給愛爾利伯爵，這位伯爵夫人的孫女後來下嫁邱吉爾首相。因此從祖母身上，他遺傳了堅持原則與理想、為社會正義奮鬥不懈的精神；從外祖母處，他遺傳了熱愛爭辯與略帶諷嘲的人格特質。

青春時期的他是很孤獨的，他也經常想自殺。在自傳中他說：他年輕時的興趣是性、宗教和數學，而對數學的熱愛防止了他走上自殺之路。是他的哥哥法蘭克把歐幾里得的數學介紹給他，而改變他的一生。

在年輕時代，他也開始熱愛雪萊的詩。在自傳中他描述：「我把所有課餘時間花在雪萊的詩集，卻找不到對象可以一起討論雪萊精彩的詩。能熟悉雪萊的作品，是多麼奇妙的事。雪萊的詩是我的知己，在活著的人中，我反而找不到知己。」

他在十五歲時，花相當多時間思考基督教教條的正確性；到了十八歲，他決定放棄對這些教條的信仰，回到他父親的不可知論，這點他的祖母一定很傷心。

徜徉劍橋學術之海

羅素在一八九〇年十月進入劍橋大學的三一學院，當時十八歲的他，已發現自己置身一個令人無窮愉快的世界。

劍橋是執英國學界牛耳的名校之一。在羅素進劍橋之前，牛津大學的布萊德利（F. H. Bradley）曾被視為英國哲學界的權威人物，但他的支配權後來被劍橋激起的一場攻擊以及美國的實在論者的反抗所推翻。當時劍橋真是風雲際會，人才輩出，單拿羅素所讀的三一學院來說，就有底下一系列大師級的人物，如馬克塔格特（J. M. E. McTaggart）、懷海德、摩爾（G. E. Moore）、布羅德（C. D. Broad）、蘭姆塞（F. P. Ramsey）和維根斯坦；其他學院尚有馬歇爾（Alfred Marshall）、凱因斯、愛丁頓（A. S. Eddington）、拉塞福（Ernest Rutherford）、湯姆森（J. J. Thomson），加上約翰遜（W. E. Johnson）等劍橋才子。在這學術的大觀園，正是百花齊放最多彩多姿的時代。羅素在此如魚得水，掃除了少年時代孤寂的陰影，成為健康有自信的青年才子。

此次劍橋的哲學復興，是因為劍橋在數學與科學方面一向走在牛津前面，而近代哲學的發展正是奠基於數理科學。羅素進入劍橋就是因為他想研究數學；相反地，他的哥哥法蘭克卻早已進入牛津。

羅素進三一學院後不久，就結交一群才華非凡的朋友，而且頗出風頭。原因是在恩師懷海德主持的一次考試中，對羅素的答卷非常欣賞，特別要高年級的優秀生去拜訪羅素，因此大家都以認識他為榮。

在這些新的哲學朋友中，影響羅素最大的是研究黑格爾哲學的馬克塔格特和比他晚兩年才進劍橋的摩爾。與他私交最好的是同班同齡而且同寢室的桑格（Charles Sanger）。他是傑出的數學家、律師和語言學家，古典學者羅威士・狄金遜說：「桑格是一個身材矮小、表情靈敏、臉色紅潤、待人熱誠的人；相反地，羅素好像是十八世紀的法國神父和英國貴族的混合物。」

羅素與他的同窗朋友在他們專門的學術科目上非常用功，但他們也廣泛閱讀並討論哲學、政治、文學、宗教及任何引起他們興趣的東西。對懷海德和羅素而言，劍橋的教育簡直就是柏拉圖教育理想的實現。他們把時間分成兩半，一半研究專門的數學，另一半則與朋友自由討論各種不同的東西。事實上依照懷海德的說法，這些談話的範圍與數量足可與柏拉圖包羅萬象的對話錄匹敵。

他們說話的中心在名為「會社」（The Society）或「使徒」（The Apostle）的一個不公開的小團體。每逢星期六晚上，他們就聚集在彼此的房間會談一直到深夜，第二天早餐時再度碰頭談論。然後一整天徜徉於劍橋優美的校園，一面散步一面談論，興趣盎然直到日落才依依不捨互相道別。

在這些討論會中，羅素是一位鋒芒畢露的人物，他不再生活於祖母清教徒教育的陰影之下。他很驚奇地發現，劍橋大學最聰明的一群人都很愉快地傾聽他的言論，因此他的個性與機智在劍橋時代有了驚人的發展，看起來彷彿是一位新世界的新人了。

羅素在劍橋前三年專攻數學，最後一年改攻哲學。一八九三年的數學學位考試中，羅素名列一等及格者的第七名，室友桑格則列第二名。由於羅素對劍橋的數學教育反感極大，因此通過考試後，幾乎把所有的數學書都賣光了，並發誓再也不讀數學。當時因受好友馬克塔格特的影響，羅素起先是一位黑格爾唯心論的信徒；但畢業後，開始獨創性的學術研究，又回到英國經驗主義的傳統。而且為了反抗劍橋的正統派，他以一篇《幾何學的基礎》的研究論文，一八九五年成為劍橋研究生，再回到數學的領域。

由於童年時代孤獨無伴，羅素當時對異性充滿憧憬，加上本身熱烈的性格，使他在第一次墜入情網時，不可避免地灌注全部的感情。他的對象是愛麗絲．史密斯（Alys P. Smith）。

愛麗絲是美國桂格會（Quaker，又稱教友派）的教徒。羅素第一次碰到桂格會是在十七歲那一年，後來成為史密斯家族的好朋友，他們知道他是英國首相的孫子，因此以認識他為榮。羅素曾跟他們一起去巴黎看一八八九年的世博會，並在會後偕登艾菲爾鐵塔。

不久他與清教徒式的高度智慧的愛麗絲陷入情網，她畢業於費城附近的布萊安．摩爾學院（Bryn Mawr College）。雖然羅素祖母反對這樁婚事，一八九四年十二月十三日，二十一歲的羅素仍然娶了愛麗絲。但在寫完《數學原理》後，風流的羅素有了七年之癢，突然在騎自行車時，發現他已不再愛老婆了，也不喜歡管東管西的岳母。一九一一年他們開始分居，一九二一年，四十九歲的羅素與愛麗絲正式離婚。分居期間，羅素與幾個名女人如學術沙龍的主持人梅勒爾（Lady Ottoline）、才華出眾的名演員瑪利森（Lady Constance Malleson）都有羅曼史傳出。愛麗絲則終生未再嫁。

反戰文字獄，幻滅蘇俄行

一八九六年，二十四歲的羅素出版生平第一部著作《德國社會民主制》（*German Social Democracy*），顯示當時他對政治與社會學頗有濃厚的興趣。一八九六年他也在倫敦政治經濟學院講授「德國社會民主制」，一八三七年在該校講解「權力的科學」。他也參加一九〇二年由韋伯夫婦（Sidney and Beatrice Webb）發起的費邊社運動的「同心協力晚餐會」，推動社會改革運動。

然後他又回到三一學院，潛心研究數學的基礎，而在一九〇三年出版他第一部數理邏輯的大作《數學原理》（*The Principles of Mathematics*）。一九〇五年他在著名的哲學刊物《心靈》發表那篇非常重要的論文〈論語義〉，三年後成為皇家學院會員。他與恩師懷海德合著的三巨冊《數學原理》，一九〇一年出版第一冊之後，羅素成為了數學界的世界名人。

一九〇一年羅素擔任劍橋大學講師，不久出身奧國維也納的猶太人、學工程的維根斯坦成為他指導的博士生。他立刻看出維根斯坦是天才，並有意培養維氏成為他在數理邏輯方面的接班人。因此當維根斯坦的憂鬱症與恐懼症發作時，他總是花很多時間與他溝通交流，減輕他的病情，並鼓勵他在學術上發展。終於一九二二年維根斯坦發表他重要的學術專著《邏輯哲學論》（*Tractatus Logico-Philosophicus*）；而在第一次大戰結束之前的一九一八年，羅素也發表他重要的論文演說「邏輯原子論」（Logical Atomism）。

第一次大戰期間，羅素是少數從事和平主義運動的知識分子；也因為發表反戰言論，他被免除三一學院的教席。一九一八年，他在布列克頓坐牢六個月，原因是他在一篇文章中引用美國國會對美國軍隊被用來鎮壓罷工所做的一篇報告。在獄中他完成了《數理哲學導論》（*Introduction to Mathematical Philosophy*）。

一九二〇年八月，英國政府派遣正式的代表團前往蘇俄考察革命結果。羅素身為代表團的一分子，第一次訪問蘇俄，在莫斯科與列寧做了一小時的訪談。後來他在自傳中回憶：「我對列寧相當失望，並感覺到他身上有某種頑皮的殘忍個性。」羅素當時對列寧說：「在英國，不透過流血也可能達成社會主義的使命。」列寧回他：「拋開這種幻想式的看法吧！」列寧顯然不知道這正是英國工人的態度。

羅素也遇到從波蘭前線帶兵返俄的托洛斯基，並對這位拿破崙式的人物頗有好感。他回憶：「托洛斯基對虛榮的愛好甚於對權力的愛好，是一種藝術家或演員式的虛榮。」

這次很多代表團團員（包括羅素）都是在痛苦、失望、幻滅的心情下離開蘇俄，可以說是「乘興而來，敗興而歸」。其中史諾頓夫人在她的報告中寫道：「事實上，蘇俄根本沒有配稱為社會主義的東西存在，一般人民的生活顯然都很可憐，他們正在忍受不幸。」但其他的代表回國後，受到那些渴望聽到讚美蘇俄的工人團體的熱烈歡迎後，隨著記憶的模糊，他們的旅俄報導越來越美化了。至於羅素本人，則開始撰寫一部後來極受推崇的作品《布爾什維克主義的實際與理論》（*The Practice and Theory of Bolshevism*），因此羅素可說是西方知識分子中，最早從共產主義的迷夢中解脫出來的人。這本書就是到現在，依然是「反共哲學」最有力的代表作。

但羅素在下筆前，卻面臨一項抉擇：要說實話，還是要失去朋友，結果他選擇了前者。因此本書一出版，許多好友都因他對蘇俄的批評而與他友情破裂。這充滿敵意的氣氛使他產生政治上的孤立感。過去因為反戰，他已失去很多友誼；現在又因為反蘇，而失去很多提倡和平的新朋友。世界上很少有人像羅素這樣，為了說實話、為了保衛真理、為了反抗共產主義，而付出如許重大的代價。我個人卻因為這本書，從未對共產主義有任何幻想（包括對中國共產主義），這點我必須感謝羅素先知式的預言。

中國行的敏銳觀察

旅俄歸國不久，一九一九年底，羅素終於再度接受三一學院復職的要求，但他要求學校當局給他一年的休假，以便接受北京大學的講學邀請。

一九二〇年，他與愛人朵拉・布萊克（Dora Black），一位能幹、精明、活潑且有新穎思想的女性，一起前往中國，後來寫了一部觀察敏銳的作品《中國之問題》（*The Problem of China*）。當代第一流的中國問題權威費滋傑羅教授（C. P. Fitzgerald）說：「從任何角度來看，它都是一部傑作，是一本有敏銳的先見之明和了不起的深謀遠慮的書。」

當時美國白宮和英國外交部大多數人，對中國幾乎提不起興趣，羅素卻強調中國未來在世界中將扮演極重要的角色，他也點出：「沒有生育節制，中國的災難是遲早的事，不可避免。」他還警告：「雖然中國人平常是冷靜的，但也有野蠻奮激的能力。我們可以想像，他們之中一部分也許會變成狂熱的布爾什維克主義者。」這段話似乎預言了二十九年之後中共在中國的奪權成功。

他也發現中國人很像英國貴族的一點是：中國人對「禮節」的信仰超過對「倫

理」的信仰，所以沒有教條式的宗教教義，卻有根深柢固的行為準則。

他在本書的結論中說：「中國人必須以自己的力量尋求解救之道，而不是靠外國列強的仁慈心。但最值得擔心的一件事是：中國發憤圖強的過程中，不但會發展到有足夠的力量維持獨立，而且可能過分強大到開始其帝國主義的生涯。」

羅素一年的中國之旅，雖然頗為愉快，卻差點結束他的生命。因為他在北大寒冷的禮堂內一連串不停的演說，把他弄累了，結果得了急性肺炎，住進德國醫院。日本的新聞記者發布羅素的「死訊」，當消息傳到英國時，他哥哥法蘭克拒絕相信這個消息，他堅稱：「完全是無稽之談，勃悌（Bertie）不可能不告訴我一聲就死在中國。」最後北平的德國醫生終於救了羅素，使他有機會讀到自己的一些訃聞。

羅素生病期間，朵拉始終盡心盡力照顧他。當她不能在病房與他相處時，就在走廊的椅子上用餐。奇怪的是，她發現她的食慾突然增加了，於是她知道四十八歲的羅素快要有一個孩子了。

他倆在一九二一年八月二十六日返國時，朵拉已懷孕六個月，羅素才急忙與分居多年的愛麗絲在同年九月二十一日辦理正式離婚手續，六天後朵拉正式成為他的第二任夫人。他們生了一男一女，老大約翰・康拉德・羅素生於一九二一年，大女兒凱薩琳・珍・羅素生於一九二三年。這時羅素靠寫一些通俗的教育、物理、倫理方面的著作為生。

一九二七年他與朵拉共創實驗性的畢肯山小學，後來又在不同的地方辦實驗小學。一九三〇年朵拉生下第二個女兒魯絲。一九三二年羅素離開學校，朵拉則一直經營到一九四三年為止。

一九三一年唯一的哥哥法蘭克去世，羅素成為羅素伯爵三世。他說他只有在訂旅館時，這個頭銜才派上用場。

後來羅素與朵拉的婚姻逐漸冷淡，加上思想比羅素先進的朵拉與美國記者貝利（Griffin Barry）有了外遇並生下兩個孩子，於是一九三二年他們先分居，一九三七年元旦正式離婚。不久羅素與佩特麗亞・史班斯（Patricia Spence）結婚，她當時是牛津大學生，一九三〇年起就常來羅素家照顧孩子而認識。羅素與第三任夫人生了一個兒子康拉德・賽巴斯汀・勞勃・羅素，後來成為傑出的歷史學家和英國自民黨的重要領導人之一。

榮獲諾貝爾文學獎

羅素起先反對納粹德國，但在一九四〇年，也許他相信希特勒已擁有核子武器，於是改變立場，認為避免全面性的世界大戰比打敗希特勒更重要，因為他害怕西方文明會被全面性的世界大戰摧毀。最後他下結論：如果讓希特勒征服全歐洲，那將是對民主的永久威脅。因此到了一九四三年，他贊成大規模對納粹宣戰，變成「相對的政治上的和平主義者」。雖然戰爭是極大的罪惡，但在某種特殊情況下，也許是兩惡之中比較輕的；也就是說，只有以牙還牙才能打敗希特勒這個大惡魔。

二次大戰前，羅素先在芝加哥大學任教，不久搬到南加州，在加州大學洛杉磯分校任教；一九四〇年又搬到紐約，受邀擔任紐約市立大學教授之職。不料有一位家長害怕羅素會敗壞學生的性道德，把他告上法院，法官竟判決羅素的教授之職應予解聘，因為法官認為他十年前出版的《婚姻與道德》（*Marriage and Morals*）一書會敗壞青年學子的性道德，因此在道德上不適合在大學任教。事實上，羅素要教的是數理邏輯，與性道德一點關係也沒有。

這事引起軒然大波，包括杜威（John Dewey，胡適與林茂生的老師）及不少知名學者都公開支持羅素，反對法官的無理判決。連愛因斯坦也看不下去，在報上公開宣示：「偉大的精神導師常會被平庸的頭腦激烈地反對。」後來杜威和凱倫（Horace M. Kallen）把這件風波引起的所有論述文章輯冊出版，名為《伯特蘭．羅素事件》（*The Bertrand Russell Case*）。

被趕出紐約市立大學之後，他又加入巴恩斯基金會（Barnes Foundation），並在幾所大學教哲學史。這些講課內容，成為他日後一本暢銷書《西方哲學史》（*A History of Western Philosophy*）的基礎，但不久他與基金會創辦人巴恩斯（Albert C. Barnes）的友誼生變，最後又回英國，受邀回母校的三一學院任教。

一九四〇年代，羅素經常在英國BBC電台發表演說或評論，除了哲學之外，幾乎無所不談。這時的羅素不但在學術界很有名望，而且具有世界性的知名度，報章雜誌上經常可以看到他發表的文章，而且題目非常廣泛。一九四八年十月他應邀到挪威的特隆赫姆（Trondheim）演講，結果他坐的小飛機失事，在四十三名乘客中，只有二十四人存活，羅素因為會游泳也被救活了，可謂大難不死。一九四五年他出版《西方哲學史》，成為暢銷書，羅素靠此書的版稅，晚年生活得以無憂。

一九四九年六月九日，英王喬治六世生日那一天，羅素獲英王頒發英國最高的

「功績勳章」（Order of Merit）。頒獎時，喬治六世很親切地與羅素交談，當他發現羅素坐過牢時，他對羅素說：「據說您過去有些行為跟世俗的標準不符合。」羅素只是微笑回答：「您說的沒錯，正如您弟弟所做的事一樣。」

一九五〇年，七十八歲的羅素獲得更大的世界性榮譽諾貝爾文學獎，得獎原因是：「從他那多彩多姿包羅萬象的重要著作裡，我們知道他始終是一位人道主義者與自由思想的勇猛鬥士。」

反核反戰堅定鬥士

羅素與第三任夫人史班斯的婚姻並不愉快，因此於一九五二年正式離婚。他們的兒子康拉德有十六年之久都沒見到父親，因為母親不允許。羅素離婚後不久，同年十二月又與美國傳記小說家艾迪思・芬琪（Edith Finch）結婚。他倆從一九二五年就認識了。她在費城附近的布萊安・摩爾學院（即羅素第一任妻子愛麗絲的母校）教英國文學，與羅素的老友露西・朵納麗（Lucy Donnelly）同住二十年。他們相知相惜，八十歲的羅素終於找到他晚年的心靈伴侶。他們的婚姻愉快而親密，羅素九十八歲壽終正寢時，她隨侍在側。

一九六二年在古巴飛彈危機中，羅素雖已九十高齡，仍扮演重要的公共角色。他與蘇聯領導人赫魯雪夫交換電報，當時赫魯雪夫向他保證，蘇聯政府絕不會鹵莽行事。

羅素在一九五〇及一九六〇年代曾投入各種政治活動，最主要的兩件事是：呼籲解除核武和反對越戰。一九五五年「羅素與愛因斯坦宣言」（**Russell-Einstein Manifesto**）由全球十一位最知名的核子物理學家和知識分子簽名連署，主要內容就是要求全世界擁核國家能一起減少核子武器。這段期間，他寫了不少信給世界各國領導人，並與一九六〇年代拍出一部反戰電影《美好年代，絕妙時代》（*Good Times, Wonderful Times*）的電影導演羅格辛（Lionel Rogosin）常有聯絡，甚至成為不少新左派青年的英雄人物。

一九六三年，他強烈反對美國政府在越南的大屠殺政策，並成立「羅素越戰罪行論壇」，打算審判美國總統詹森在越南所犯的罪行，因此獲得第一屆「耶路撒冷獎」（**Jerusalem Prize**），這是兩年頒發一次的獎，表彰探討人類自由，以及人與政治和社會種種關係的作家。一九六五年，他公開撕毀他的工黨黨證，因為他害怕工黨政府會出兵支持美國的越南戰爭。

羅素分別在一九六七、一九六八和一九六九年出版三巨冊的自傳。一九六九年他寫信給聯合國祕書長宇譚（U Thant），要求他支持成立一個國際戰爭犯罪委員會，以調查美國在南越的罪行；同年十二月又寫信給俄國總理柯錫金，抗議他們把俄國作家索忍尼辛逐出「作家聯盟」。

一九七〇年一月三十一日，羅素公開發表聲明：譴責以色列在中東的侵略行為，並要求以色列從一八六七年侵占的土地撤退，這是羅素最後的政治行動。該聲明在他去世後第二天（一九七〇年二月三日），於開羅舉行的國際國會議員全球大會中被大聲朗誦出來。

一九七〇年二月二日羅素逝於他的故鄉威爾斯，死因是流行性感冒。根據他的遺願，他不希望有任何宗教儀式。羅素在台灣的崇拜者殷海光，希望死後回到上帝的懷抱；羅素則希望回到故鄉土地的懷抱，他要求死後自己的骨灰能遍灑在威爾斯的山坡上。一代不安的心靈，終於安息在祖國的大地上。

（完稿於南加州亞伯蘭市，二〇二一年八月二十八日。）

來自各方的好評

※前鋒論壇報：「這是我們當代最偉大的人物之一的一幅迷人畫像。」（書評家：Barbara Wootton教授）

※星期六晚郵：「是一部輝煌奇妙的動人傳記……表現出作者對這位舉世聞名的哲學家有深刻的了解與研究。」（書評家：John Connell）

※每日鏡報：「這是一部傑出而令人賞心悅目的書。」（書評家：H. D. Ziman）

※時代雜誌：「雖然偶而也有小小的瑕疵，但全書依然充滿了高度引人入勝的吸引力。」

※時與潮：「從有趣的角度看來，此書獲得了卓越的成功。」（書評家：Norman St. John-Stevas）

※經濟學人雜誌：「作者伍德先生本身既是哲學家，又是新聞的專欄作家，因此使他有充分的能力為羅素作傳，對羅素哲學方面的偉大，他有很深刻的洞察力，對羅素

的『描述論』他也有簡明而正確的闡釋。」

※星報：「是這位名震於世的英國人，一幅溫暖而富於人情味的畫像。」

※時代文學雜誌：「此書的重要性，不僅在於傳記與政治方面，同時也在哲學方面，艾倫．伍德先生已經寫出了一部充滿學術價值與高度可讀性的書。」

※每月一書俱樂部：「就算是那些強烈地不同意這位熱誠的懷疑者的人，也會欣賞這部充滿透視力與第一手資料的傳記。」

※書評人H. D. Lewis教授說：「此書所敘述的故事極其生動而引人入勝，因為此書的主人翁具有多彩多姿的個性與包羅萬象的一生，才能引起廣泛的閱讀，它不但能為專家所欣賞，即使是外行人也會讀得津津有味。」

※羅素哲學發展研究雜誌：「作者以清晰的手法，表現了羅素的思想，因此使人們盼望進一步地去研究羅素更專門的書。」

※書與讀書人雜誌：「這部羅素的傳記，充滿了活力、光輝，但絕不膚淺。」（書評家：Mary Hacker）

※倫敦新聞報：「一部令人羨慕的傳記，也是一部最好的書。」（書評家：E. D. O'Brien）

※雷諾新聞報：「一部出類拔萃的傳記。」（書評家：Collin Wilson）

※Leonard Woolf（羅素好友，維琴妮亞・沃爾夫的先生）：「羅素是一位很奇特而傑出的人物，這本書鮮活地把他的這些特點描繪出來。」

※Morris Weitz教授：「流暢而迷人，不僅是一部好書，也是一部偉大的傳記作品。」

目錄

一、花園裡的孩子

哲學家存在的目的是提出問題，而不是回答問題，他們手頭未解決的問題越多，他們的工作使命越有意義，那些講求實際而嘲笑哲學家的人，他們可以完全忽略了這一點。雖然哲學在知識上不像科學進步得那麼快，可是要是沒有哲學家首先提醒發問，也許科學根本就無法產生，因此科學家得以獲得答案，往往是因為哲學家曾經提出過疑問的關係。

在原子尚未被科學家發現的數千年前，哲學家已經在思索有關原子的事了，結果他們很可能給科學家提供如何去追尋原子的靈感。哲學家常常對一般人視之為當然的事產生疑問，然後科學家便慢慢地同意哲學家的看法：「事物的本質往往並不與它的外表一樣。」對於一般人而言，一棵樹就是一棵樹，常識就是常識，生活不過是一場枯燥無味的事實，但是有一天人類歷史上會出現一些先驅者，首先提出一個哲學的問題——這些往往是不切實際而無用的問題——例如：「假如沒有人在這裡看它，這棵樹尚能繼續存在嗎？要是如此的話，我又怎能知道它會如此呢？」從這位哲學家提出這個問題的那一天，哲學開始誕生了，而人類也變成了更具「自主力」的動物。

第一個提出此問題的哲學家，他的成就並不因為到現在為止尚無人能對此問題獲得完滿的解答而顯得遜色。

至於其他一些哲學的先驅們提出的問題，一旦獲得了解答，便搖身一變成為科學的一部分或者是數學或生理學。羅素有一次曾說過這句話：「科學是你知道的是什麼？哲學是你所不知道的是什麼？」但是最優秀的頭腦仍將對至今尚未解決的問題感到有趣，因為透過哲學的眼光來看人間宇宙，仍是觀察世界最迷人、最刺激的方式，但對科學家而言，那不過是單調的事實——例如太陽每天早上會上升起來，然而哲學家則不同，他會忽然心血來潮地發現推理的問題，並且發問：「我怎麼會知道明天太陽將會升起？」他發現沒有人能回答這個問題，於是他在生活上便發現了新的樂趣。

要做一個哲學家，首先他必須先脫離日常生活中單調無味的既定領域，同時必須經常能夠領悟宇宙與人生的神祕與美妙，換句話說，他必須終生保持小孩子般的新鮮與好奇感。

羅素在學會說話之際，便開始會問一些深入的問題，事實上，在他生下來之後的第三天，他的母親就描述他說：「他抬起他的頭，以一種生氣勃勃的樣子觀看周遭的事物。」雖然現在他已經是八十多歲的老人了，但是仍然以童年的興致在觀察周遭的一切，並不斷地探索。在無數疑問中，其中有很多他已經發現了答案，他輕蔑那些故意以難題來困擾自己的哲學家們，他是一個熱情的懷疑者，因為他想要做一個熱情的信仰者，他對每一件事都要發問，因為他渴望獲得正確的知識。他這樣求知的熱情簡直可以媲美某些狂熱的宗教徒對宗教的奉獻熱誠，但是像所有其他偉大的哲學先輩一樣，最後他所提出的問題總是比能夠解決的問題來得多，關於這點他也曾坦白地承認自己的失敗，可是正因為如此，才使他足以列入古今以來偉大的哲學家之林。

無疑地他是我們當代第一流的發問者（Questioner），最初他所提出的問題是關於數學、宗教與哲學方面的領域，但是後來漸漸地擴大到關於戰爭、政治、性與教育方面的問題，他大膽地向傳統的成見挑戰，為的是使人類的思想能不斷地向前邁進，因此我們可以說要是羅素不曾來到這個世界上，那麼這個沒有羅素存在的世界與現在的世界，二者之間一定會有一段相當大的距離。

那個生下來只有三天的小孩子，以異常生氣勃勃的姿態抬頭望四周的世界，這一點強有力地證明了這孩子承襲了人類精神貴族的血統，他家的族譜在勃克（Burke）所著的一部貴族名鑑上有詳細的刊載，為了節省篇幅，我只打算從他的曾祖父說起。他的曾祖父是貝得福特公爵（Duke of Bedford）的第六代，他跟Viscount Torrington的女兒結婚，他們的第三個兒子就是羅素的祖父，也就是英國歷史上一位很有名的首相約翰．羅素爵士（Lord John Russell），第一代的羅素伯爵（Earl Russell）。約翰．羅素先後娶了二位太太，第一位是雷布勒史戴爾爵士（Ribblesdale）的遺孀，第二位是敏托伯爵（Earl of Minto）的女兒，第二任妻子的長男叫安伯萊（Viscount Amberley），他和史坦利爵士的女兒凱特．史坦利小姐（Kate Stanley）結婚，這二位就是羅素的父母。

羅素的父親一共生了三個孩子。老大是男孩，名叫法蘭克（Frank），生於一八六五年，他繼承了爵位成為第二代羅素伯爵（The Second Earl Russell）；第二個是女孩子，名叫蕾卡（Rachel），生於一八六八年，據她的祖母說：「蕾卡是我生平所見最可愛的小妮子。」最小的一個孩子便是本書的男主角伯特蘭．亞瑟．威廉．羅素（Bertrand Arthur William Russell），他在一八七二年五月十八日晚上五點四十五分，生於靠近威河（The Wye）岸邊的一間住宅，醫生奧德蘭德（Dr. Audland）先生說：「這是一個身體很棒的孩子，三十年來我從未見過這麼大而胖的嬰兒。」凱特・安伯萊在寫信給她母親史坦利夫人時說：「嬰兒重八又四分之三磅，二十一英吋高，很肥很醜，很像他的哥哥法蘭克，大家都說兩個藍色的眼睛離得太遠，下巴較短，現在我的乳還算多，不過要是稍遲一點餵他時，他就會馬上生氣，大哭大叫手足齊飛，直到吃到乳為止……他也很有力氣，而醫生奧德蘭德說：『他具有尋常的孩子們所沒有的強壯肌肉。』」

這個嬰兒應該怎樣給他命名呢？他的祖母約翰・羅素夫人建議以**Galahad**為名也許很適合，可是他的外祖母史坦利夫人向她的女兒反駁道：「請不要以**Galahad**這個名字使這個孩子受罪吧！」因此後來這個孩子就被命名為哲學史上永垂不朽的一個名字——伯特蘭・羅素（**Bertrand Russell**），除外他也繼承了祖先的爵位而成為第三代羅素伯爵（**The Third Earl Russell**）。

所有的母親都認為他們的兒子是不平凡的，羅素一家人也都認為這個愉快而不馴的小傢伙是不平凡的，他的祖母描寫他時說：「充滿著頑皮勁與歡樂。」他的叔叔威廉・羅素（**William Russell**）注意到：「他有一張永遠帶著微笑的臉。」他的姑媽阿加莎・羅素（**Agatha Russell**）在一封信上寫道：「昨天他堅持一定要自己從書架上，將一部很厚的書取下來放在小桌子上，然後他就坐下來，把書打開來看，以一種對自己的智慧洋洋得意的態度在翻看著。」當他一歲十個月大時，就開始會說一些簡單的字，如湯匙（Spoon）、原諒（Excuse）、都走了（All Gone）、不（Don't）等等，他也開始會分享這個貴族家庭的社會生活。有一天當勃悌（Bertie，羅素的小名）正在跟他的祖父一起玩時，適逢維多利亞女王來他家拜訪，他的姑媽阿加莎描寫道：「他對女王做了一個很美妙的小鞠躬，他很乖，對女王一點也沒有我想像中那種不尊敬的樣子。」

但是不久後，悲劇降臨到這位愉快的孩子的雙親，這股悲劇的愁雲籠罩了他以後整個童年。在他出生後第二年，他的父親安伯萊子爵得了重病，一位不太高明的醫生診斷為癲癇症（Epilepsy）；次年他的叔叔威廉也開始有點精神不正常的樣子，直到一九三二年去世時一直沒有恢復過。這時他的哥哥法蘭克也正患了白喉症，不過法蘭克後來痊癒了，終其一生，身心都很健康，然而他的姊姊蕾卡當時正是六歲，同樣感染了白喉症，照顧她的羅素母親也得了白喉症，結果兩個人都不幸死去了。

這時羅素才只有兩歲，他被送到附近的農舍去寄居，以免被傳染。而羅素父親也在他妻子和女兒去世的十八個月後跟著去世了，享年三十三歲。當時的情形，羅素的一位家人在一封信中曾描述道：「法蘭克不停地在哭泣，因此他爸爸的手沾滿了淚水。醫生把勃悌抱上來，他的父親溫柔地吻著他說：『親愛的，我要跟你永別了。』這個孩子帶著一點微笑，顯得異常鎮靜。」

那時法蘭克十歲，勃悌還不到四歲，由於年齡太小，還無法充分了解到底發生了什麼，但是他靈敏的頭腦似乎已經意識到悲劇的來臨。後來他曾寫道：「我是生下來就不快樂的。」這是在他的記憶中後來的不愉快，使他完全忘記了嬰兒時期的快樂，他尚能記憶五歲時，自己是悶悶不樂地學著計算。

羅素的父親安伯萊是一位有力的自由思想家，他曾指定兩位無神論者擔任兩個兒子的保護人。但是後來他的遺囑被摒棄了，這兩個孤兒在法律的決定下，由祖父母負責教養長大。

約翰．羅素是一位尊嚴而有威望的前任首相，他的住宅座落於里奇蒙公園（Richmond Park）內的彭布羅克（Pembroke Lodge），這所住宅是女皇的禮物，當法蘭克和勃悌到那裡時，祖父已經是八十三歲的老人了，兩年後他才以八十五歲的高齡去世。羅素對他沒有多少印象，他模糊地記得祖父是一位常坐在搖椅上的可愛老人，他描寫祖父時曾說：「他充滿了仁慈的快樂，喜愛小孩子，可是不大能忍受孩子們的吵鬧。」祖父死後，法蘭克繼承了爵位，因此對孩子的教養上有著最主要影響的是他們的祖母羅素夫人，有時她也叫做約翰夫人。她來自一個嚴肅的蘇格蘭長老教會家庭，雖然外表上她嚴肅而富有清教徒的氣息，但是她很能享受樂趣與歡笑，她比丈夫年輕很多，而且比她的丈夫更急進（約翰．羅素比較保守的內閣同僚很怕她對丈夫的影響力，因此暗地裡替她取一個綽號叫「死顛茄」（一種植物名，學名：Atropa belladonna）」。

她在七十歲時變成唯一神教派的信徒，並且支持愛爾蘭的地方自治法案，反對英國帝國主義戰爭，而震驚了當時保守的輿論。羅素和他的哥哥就在這種融合著老式的清教徒主義和進步的自由主義，以及摻和著情愛與嚴格的生活規律的方式中被教養長大，用傳統的蘇格蘭粥當早餐作為身體上的嚴格訓練。但是有幾位德國和瑞士籍的女教師卻以自由的思想來啟迪他們的頭腦（在這個時代，英國的自由主義人士比較喜歡德國而不喜歡法國，因為當時的法國尚在拿破崙的獨裁與軍國主義的陰影籠罩下），因此羅素得以有機會在開始學英文之際，也學會了德文。

住在彭布羅克時，家務完全由羅素一位未婚的姑媽阿加莎和叔叔羅洛（Rollo）主持，阿加莎平時總是披著一條白色的圍巾，不管什麼天氣，她總是穿著一雙黑色絲絨的拖鞋；至於羅洛叔叔則是隨便不拘禮、身材矮小而有點怕羞，因此交際並不廣，同時他可能也是第一個啟蒙羅素對科學產生興趣的人。他曾按照《聖經》的押韻以現代的手法寫過一首讚美上帝的頌詞，不過裡面引用了不少科學詞彙，例如大氣壓力、原子和以太等，這種寫法都是淵源於他個人的獨創。

對這兩個活潑的男孩子而言，這並不是一個有朝氣的家庭。傑克森先生（**Anabel Jackson**）寫過一本書叫《維多利亞時代的童年生活》，裡面有過這樣的描寫：「他們像幽靈似地在房子裡面或外邊跑來跑去，似乎從未感到飢餓過。」這位小時候經常到他家玩的訪客回憶說：「法蘭克常常把他的頭髮繫到樹上去，相反地，羅素是一個比較嚴肅的小孩子，穿著一件藍色絲絨的外套，由一位莊重嚴肅的女家庭教師陪伴著，他的表現也比較仁慈溫和，不像他哥哥那樣粗野。」

這段描寫曾被兩位經常到彭布羅克玩的小女孩：芙羅拉和黛安娜·羅素（他們的堂姊妹）所證實，她們回憶童年的生活時說：「法蘭克很頑皮粗暴，有一次保姆走進屋子時，看到法蘭克正在跟芙羅拉鬧脾氣，在屋子裡追她，彷彿是想要把她抓到火爐去烤的樣子；相反地，勃悌呈現年輕人早熟的禮節，態度彬彬有禮，措辭適切有度，有一次祖母叫他帶一位小客人到花園去欣賞，他回答說：『是的，祖母，至少我會努力按照妳的意思去做』。」

另一位他家裡的客人哲學家桑他耶那（Santayana）批評說：「彭布羅克家的氣氛正像波士頓地方老式的家庭。」（這是後來羅素請桑他耶那喝茶時，桑氏告訴他的。）當時他的祖母羅素夫人很少到倫敦去，除非首相格萊斯頓（Gladstone）先生邀請她吃飯。

在彭布羅克家裡，政治的傳統是很堅強的，約翰·羅素夫人屢敘她的丈夫為選舉改革方案所做的奮鬥經過，以及另一位羅素家族的英雄威廉·羅素爵士（William Lord Russell）反抗查理二世的情形，因此從小勃悌的腦海裡就有了這樣的觀念：「羅素一族有為公眾服務的責任，為了服務大眾，有時候反抗是合理的。」他的祖母在他十二歲生日時送他一本《聖經》，上面寫道：「你不要隨著群眾去做壞事。」（**Thou shall not follow a multitude to do evil.**）

當他長得比較大時，羅素也知道了關於母系家族的一些事情。假如我們說羅素家族是學者典型的內向型，那麼史坦利家族則是屬於活潑有生氣的外向型，因此勃悌到他外祖母那裡時，反而增加了他天生的羞怯。外祖母史坦利夫人是一位痛恨欺騙、爽直而於辯論時喜愛略帶諷刺的女性，她曾聲言死後要把自己的腦袋送給皇家外科醫院去研究，因為她認為：「有機會去解剖一個聰明的女性的腦，那對他們將是一樁有趣的事。」她有一個女兒嫁給愛爾利伯爵（Airlie Count），這位伯爵夫人的孫女後來嫁給溫士頓・邱吉爾（Winston Churchill）。

法蘭克遺傳了母系史坦利家的脾氣，所以他往往粗暴地反抗彭布羅克家的監禁，有一次他甚至離家逃跑，後來家裡答應把他送到一所寄宿學校去，他才回來，否則他很可能會一直繼續流浪在外；但是在同一個時期裡，羅素的作風比較像父系羅素家族的人，經過了好多年以後，他才重新獲得史坦利一家「歡樂的精神及興高采烈地生活」的遺傳。

法蘭克後來曾以一種粗暴的誇張口吻描寫他的弟弟：「勃悌在非常年輕的時候就被他們抓住了，同時他也比較願意服從家規，因此他的確享受了在愛的氣氛下家庭教育的全部利益，結果使他成為令人不能忍受的一本正經的人，直到他上劍橋大學後，才慢慢地改變過來。」

勃悌自己在後來曾回憶說：「就像當時其他接受傳統清教徒式教育的人一樣，我也養成了省察自己的罪惡、愚行和缺點的習慣。」

上教堂的習慣，自然是彭布羅克的家規之一，因此每逢星期六晚上，勃悌必須和約翰夫人一起彈琴或唱聖詩，這些聖詩對他影響之深刻，可以由他自己的一句話得悉，他說：「就是八十多年後的今日，我大概還可以很有自信地說，我會背誦數百首聖詩。」

當羅素孤獨地漫步於彭布羅克偌大的花園時，常讓省察自己過失的思想充滿了他的腦袋。由於缺乏同齡的友伴，使他變成了一個沉默寡言、生性害羞的年輕隱士。部分由於天性的羞怯，部分由於貴族傳統的訓練，使他以為表現自己內在的感情是不對的，因此不久之後使他養成了一種冷淡、不善於表示任何個人情感的態度。有一次他的姑媽阿加莎生病，到外邊去住院養病，約翰·羅素夫人告訴他，應該寫封安慰的信給姑媽，這時他問祖母在信中要寫些什麼？祖母回答他說：「你就告訴她，你是多麼希望她回來後身體會變得更健康。」勃悌說：「你要我這樣寫，將會使我一身發熱。」

不過除了害羞與孤獨之外，勃悌並沒有什麼其他不正常之處，他也有一個男孩在遊玩和冒險時所表現的愉悅情操，而約翰·羅素夫人也想盡辦法替他找玩伴。有一個男孩子曾在彭布羅克住了大約一年之久，他和勃悌在一棵橡樹上面斜架一條粗索，經過不少次練習後，他們能夠搖搖擺擺地走過繩子再重新回到剛才的地方，任何判斷上的錯誤均會導致他們猛撞樹幹，當其他的小孩子聞聲而來參觀時，他們二人很喜歡勸他們到繩子上去試試看。

勃悌也很喜歡滑冰和爬到樹上去找鳥巢，當時劍橋公爵有權利在里奇蒙公園的林場內打獵，羅素則極力地要求看守公園的人設法阻止這位公爵的侵犯。

在他逍遙漫步之際，除了他的罪以外，他也想到許多其他方面的事。他的腦海裡充滿了想像與空論，關於他對傳統信仰的懷疑，最早的記錄是在他五歲的時候，那時有人告訴他地球是圓的，他拒絕去相信它，但是他卻在花園裡開始掘一個洞，為的是看看能否貫通到澳洲。同時另外有人告訴他，在他睡覺時天使會在旁邊看顧他，他反駁道：「可是我從來不曾見過她們呀！」人家又告訴他當他打開眼睛時，她們早就走了，因此他決定故意把眼睛緊緊地閉起來讓人家以為他睡著了，然後突然張開他的眼睛，並用手去抓，結果什麼也沒看見，什麼也沒抓到。

另外有一件事更加強了他的懷疑主義，此事發生於他九歲的時候，女修道院長茜普頓的預言：「世界末日將會在一八八一年發生。」就在那一年有一天烏雲密布，顯得有點陰森可怕，羅素以為這就是意味著世界末日即將來臨，但是一直到年底，世界仍然一直存在著。

任何一個懷疑主義者都是經常在追尋事實的真相，關於這方面我還可以再舉出一個例子：當他五歲時，有一次被帶到海邊去玩，他發現海邊的笠貝（Limpet）正在努力地脫離岩石，可是卻失敗了。看到這種情形羅素頗覺懊惱，於是就問他的姑媽阿加莎說：「笠貝會不會思考呢？」她回答說：「我不知道。」羅素說：「那麼你必須學習去了解。」

不久他的興趣轉到數學方面去了，事實上他後來也說過：「要不是想多了解一點數學，也許我早在年輕時就自殺了。」我個人認為他這種熱烈的求知慾，大部分是淵源於他對某些絕對正確的真理，帶有一種神祕的熱情。

當我們知道羅素在剛開始學九九乘法表時，曾痛苦地哭了好幾次，因為他費了很大的力氣還是學不大會，而且他剛開始對代數也是極不喜歡，一般人聽到這件事也許會得到不少安慰，不過他後來進步得很快，並且在他智力發展的過程中，所發生的每件大事都可以找出正確的日期來。

一八八三年八月九日當羅素十一歲時，他的哥哥法蘭克記錄道：「這天下午我第一次教勃悌歐幾里得的幾何學，他的確學得不錯，我們幾乎學完了定義的一半。」在九月九日那天法蘭克寫道：「今天晚上勃悌已經成功地學會了驢橋定理（Pons

Asinorum）。」

但是在歐氏幾何剛開始時，他也遇到了一道障礙，羅素很失望地發現幾何學的基礎：「公理」都是屬於無法證明的鐵的真理。他以詢問者的態度繼續其生涯，他年輕時代的懷疑精神正是驚人的哲學天才的證據，他第一次懷疑的對象是歐氏公理的第一條：「二物同時等於第三物，則此二物彼此相等。」他的哥哥只能回答他說：「假如你不接受公理，你就無法繼續學下去。」因此羅素只好暫時接受此一基本公理，但是從此以後他對數學基礎的正確性的懷疑始終支配他的一生，直到他的巨著《數學原理》完成之日為止。

對數學發生興趣後，接著使他發生興趣的是歷史，再來是文學，他很愉快地發現了雪萊的詩，到現在他還能很生動地回憶起首次讀雪萊早期作品詩的心情。他說：「當我讀它們的時候，彷彿世界已經離開我……我忘記了置身於何處。」人家告訴他祖父圖書館中大多數的書他都不應該看，反而更熱烈地撩起了他的求知慾，結果他說：「我幾乎想不到還有比這更有效的灌輸文學修養的方法。」在這一時期裡，他幾乎是無書不讀，各種學科的大量知識基礎也因此得以建立，雖然羅素的作品包羅萬象，主題廣泛數量驚人，但還是無法完全反映出他閱讀範圍的廣泛，他不願像阿道斯・赫胥黎（Aldous Huxley）那樣，在他的作品中把不相干的事寫進去以表示其博學的程度。

在他大約十六歲時，因為貪讀過度，把眼睛弄壞了，因此有一度他被禁止看書和寫東西，這時他設法背誦大量的詩，包括二巨冊的伊莉莎白時代抒情詩。

在他祖父的藏書中有一本叫《愛爾蘭的歷史》，裡面提到在洪水來臨之前，人類已經來到了愛爾蘭，但是這一批人後來被洪水淹死。這時他那善於懷疑的頭腦馬上就想到：既然他們都死去了，作者怎麼會曉得關於這些人的冒險史？於是他討厭地放下這本書不讀。

作為一個懷疑者，他的下一步是仔細地省察和辯論各種宗教的不同教養，用希臘文把他的沉思所得記在他的祕密日記內。他決定不顧他所欲求的信仰，而完全接受理性的引導。

他的叔叔羅洛認為科學的宿命論是可以和自由意志相調合的，羅洛寫道：「既不是原子也不是太陽系的銀河敢向文字提出抗議，宇宙間沒有一個角落是空虛的。」但是同時他也感謝上帝，因為「祂賜人類以光榮的自由意志」。但是羅素卻以為這是矛盾的，人類的身體正如任何其他事物一樣臣服於力學律，因此人類的行動只要給予充分的知識，也就和那些行星的運行一樣可以事先預測。

他也反對個人不朽的說法，起先有一段很長的時間，他也接受上帝的存在是第一因（First Cause）的說法，但是後來讀過米勒（J. S. Mill）的作品，他就拒絕接受此一說法，並放棄了所有對上帝的信仰。

米勒是羅素父親的好友，對羅素思想的發展影響極大，他是英國經驗派哲學十九世紀的代表人物。所謂經驗派哲學是根據常識的哲學，主張人類所有的知識均由經驗產生。

可是對於這點也有最明顯的例子存在，例如數學的命題即是，二加二等於四，這似乎是不變的先驗真理，而所有的哲學幾乎都是建立在對數學的神祕尊敬上。至於米勒本人也不忽略數學問題，他以為數學的知識乃是包括了許多根據經驗而來的法則，但此事卻是年輕的羅素所不能接受的。羅素認為當你了解二加二等於四，但是你並不能夠由此經驗而推論其他成對的數目，也會得到確定的答案。為此，在花園中孤獨散步的羅素，又再度困惑地思索數學的本質問題。

對那些相信一個人的一生是決定在其童年的人而言，羅素是一個有趣的例子，他後來在道德、教育和宗教方面的寫作，部分是由於他對早年所受的清教徒式教養的反抗而流露出來的反應，但是即使否定他的祖母在彭布羅克時期的教訓，卻仍然有不少東西留在他身上，特別是那種認為很少有任何美德會超過道德的勇氣觀念。最後，他的全副心力已經貫注到那些使他成為不朽哲學家的永恆問題上，他給英國傳統的經驗哲學增加了一種有力的工具，一種是站得住的數學知識理論，另外一種是新的嚴密而精確的邏輯技巧。

就他個人而言，他的年輕時代也很重要。記得有人說過：「我們大家常把生命花費在找尋童年時所錯過的東西。」羅素自己有一次在以〈林肯童年的林中生活〉為題的作文中寫道：「林肯愛人類，一部分可能是因為在森林中，人類較稀少之故。」由於羅素童年的孤獨使他渴望獲得人們的愛，同時也因此而使他缺乏了對一般人的人性知識，雖然後來他很善於判斷人們的個性，但是在那個時候，他時常對所接觸的男女們產生錯誤的判斷。他有一位很了解他的老朋友曾告訴我說：「羅素在童年時期最不幸的事也許是他缺乏了一位姊妹，要是他的姊姊蕾卡沒有死去的話，也許他的生活會改觀也說不定。」

不過另一方面，他的孤獨對他智慧上的發展可能很有幫助，他自己有一次曾寫道：「有時候我覺得——雖然這跟我個人的希望不大相同——那些童年時曾經很孤寂和被忽略的孩子們，比那些經常接受同情的鼓舞者，更有機會獲得偉大的成就。」他又說：「沒有善處精神孤獨的能力，人類天才的至高成就是不可能完成的。」他引用詩人華滋華斯在描寫牛頓時所說的話：「在思想的奇妙大海中孤獨地航行。」

這時期的羅素，混合著高度對抽象思想的智力成就和相當落後的對一般人性的了解，因此艾略特（T. S. Eliot）在中年時描寫他說：「他總是顯得太早熟了。」

還有一點我們必須提到的是，儘管羅素一生的發展有許多可以用其童年的教養與環境來說明，但是仍然有一部分是無法解釋的，要勉強解釋的話，只好用天才這個字眼了。他後來的一位好友查理．桑格曾描寫他說：「他令人欽佩的流利明晰的英文文體，必須歸功於他沒有在公立學校受過正式的古典教育；他的宗教觀和道德個性是得力於父系方面的遺傳，但是他的智慧、他對真理的愛好，以及不懈的工作精神，則是淵源於他自己的天性。」

關於他早年的教育，尚有一事需要提到的是他為了進入劍橋大學，必須把他的拉丁文和希臘文提高到某種程度，同時家人也設法要他獲得一份獎學金，不是因為他沒有錢，而是要給他一個機會，看看他在與其他孩子們競爭時的表現怎樣。為了達到這個目的，他被送到一所教考試功課的學校裡，這所學校專門為英國陸軍培養未來軍官，約翰．羅素夫人之所以送他到此，主要是因為她不喜歡一般英國公立學校。

當他第一次到達這所學校時，有一位老師出來接他，他因為太害羞而癱軟下去了，甚至忘記付錢給車夫，當他聽到老師低聲請僕人付車費時，他不禁自覺羞愧之至。

羅素後來曾解釋道：他早期的害羞個性使他成為其他孩子們取笑的對象。而他的小同學們卻是愚笨和無禮的，差不多過了七十年後的今日，他仍能以嫌惡的聲音回憶道，當有一次人家告訴他們Tanx = Sin x/Cos x時，他發現有一個同學竟無知到認為x是可以互相抵消而得到Sin/Cos。

羅素終於在十八個月內修完了一般學童們必須花六年以上才能完成的古典知識，同時也獲得了一份劍橋的獎學金，但是他從未精通過其他許多當代英國哲學家所徹底了解的死語言，例如摩爾就會把英詩譯為希臘文和拉丁文，或是把這些古代的詩譯為英詩。羅素曾和他的叔叔羅洛討論關於科學的問題，以及科學方面未來的新發展，在討論之際，我覺得羅素方面收穫比較大。羅素能夠讀德國、法國或義大利數學家和哲學家的原文著作，他的兩位祖母都會用流利的英語、法語、德語或義大利語與一些來訪的外國名人相談，因此很自然地他對歐洲文化的各種遺產都很熟悉。

二、劍橋大學時代

羅素在一八九〇年十月進入劍橋的三一學院，當時他十八歲，這時他發現自己已經置身於一個令人感到無窮愉快的新世界。

無可否認的是，在他進入劍橋後的半世紀，正是劍橋執學壇之牛耳的時代，在此之前牛津的布萊德利（F. H. Bradley）曾被認為是英國哲學界的權威人物，但是他的支配權被劍橋激起的一場攻擊，以及後來美國的實在論者的叛變所推翻。當時的劍橋真是風雲際會、人才輩出，就單拿劍橋的一個學院——三一學院來說吧，就有底下一系列的偉大名字，如馬克塔格特（McTaggart）、懷海德（Whitehead）、羅素（Russell）、摩爾（G. E. Moore）、布羅德（Broad）、蘭姆塞（Ramsey）和維根斯坦（Wittgenstein），還有愛丁頓（Eddington）、拉塞福（Rutherford）、湯姆森（J. J. Thomson）。此外，我們甚至還可加上約翰生（W. E. Johnson）、馬歇爾

（Marshall）及凱因斯（Keynes）等諸劍橋才子，在這學術的大觀園裡，正是百花齊放、最多彩多姿的時代了。

沒有人曾經解釋過，這種神奇的天才雲集的現象為什麼會產生？或許我們只能解釋為命運的安排吧！對於此次劍橋的哲學復興，我們所能提供的唯一理由是，劍橋在數學與科學方面一向走在牛津的前面，而近代哲學的發展正是奠基於數理科學，羅素之所以進入劍橋就是因為他想研究數學，相反地，他的哥哥法蘭克卻早已進入了牛津。

羅素進三一學院不久後，就結交了一群才華非凡的朋友，原因是在懷海德（他比羅素早十年，即一八八〇年時進入劍大，一八八五年成為劍大教授團的一員）主持的一次獎學金考試中，懷海德對羅素的答卷非常欣賞，因此他特別要高年級的優秀學生去拜訪羅素，因此大家都以認識他為榮。

在這些新的哲學朋友中，影響羅素最大的當屬馬克塔格特。他是一位研究黑格爾的哲學家，他也有羅素般的機智，可是卻比羅素更羞怯，他在三一學院的走廊上走路時，總是盡量靠著牆慢吞吞地走，政治上屬於保守派，在羅素的朋友中這是少見的。

另外一位羅素的年輕好友叫摩爾（G. E. Moore），比羅素慢兩年才進劍橋，在當年三一學院的同窗好友中，有一些以後我還要提到，有一些已經成為聞名國內外的人物了，如古典學者羅威士・狄金遜（Lowes Dickinson）、西奧道爾（Theodore）和克倫普頓・戴維斯兄弟（Crompton Lewellyn Davies），以及三位曲範良兄弟（Brothers Trevelyan）：老大查理是政治家，老二羅伯特是詩人，老三喬治是歷史學家，查理後來成為英國第一個工黨政府最後的一個閣員，而老三喬治在大學時代即被認為是急進派。

羅素有一個同班同齡而且曾一度同寢室的朋友叫查理・桑格（Charles Sanger），他也是一位有多方面才能的人，是傑出的數學家、律師和語言學家。羅威士・狄金遜在提到桑格和羅素當年的情形時說：「桑格是一位身材矮小、表情靈敏、臉色紅潤、待人熱誠的人；相反地，羅素好像是一個十八世紀的法國神父和英國貴族的混合物。」

這位溫和的狄金遜，是羅素終生的習慣——「真實地坦白」的衛護者之一，有一次狄金遜甚至把羅素稱為柯第麗亞（Cordelia）（註：莎翁劇本中李爾王的第三位女兒），因為甚至在大學求學時代，許多人已經發現，羅素是個相當可畏的人物。查理・曲範良的年紀較大，比羅素早畢業，但他經常回母校來看他的弟弟，多年後在他的回憶錄中說：「對我而言，羅素是太過聰明了，我幾乎有躲避他的傾向……我覺得他是一個能夠透視我內心的偉大人物。」

當時的英國大學教育尚維持著傳統的學術精神，不像今日已經變質為謀求高尚職業的一環，同時當年的學生也不像今日大多數的學生，只是死啃著書本求得高分，以便日後找到較好的出路。羅素和他當時的同窗朋友，在他們專門的學術科目上，同樣非常努力用功，可是他們也廣泛地閱讀並討論關於哲學、政治、文學、宗教以及任何其他引起他們興趣的東西。隨便舉個例子吧：數學家懷海德在回憶當年求學的情形時說：「由於我花了太多時間在康德的純粹理性批判上面，因此此書有一大半我已經會背誦了。」

對懷海德和羅素（當時尚為學生）而言，劍橋的教育簡直就是柏拉圖教育理想的實現，他們把時間分為兩大部分，一半是研究專門的數學，另一半則是與朋友們自由地討論各種不同的東西。事實上依照懷海德的說法，這些談話的範圍與數量足可與柏拉圖包羅萬象的對話錄相匹敵。

他們談話的中心是在名為「會社」（The Society）或使徒（The Apostle）的一個不公開的小團體，由於不太公開，因此它的存在被人認為是祕密。

每逢星期六晚上，他們就聚集在彼此的房間會談一直到深夜，第二天早餐時再度碰頭談論，然後一整天徜徉於劍橋優美的校園，一面散步一面談話，興趣盎然直至日落，才依依不捨地互相道別。

在這些討論會中，羅素是一位鋒芒畢露的人物，他不再生活於祖母清教徒教育的陰影之下，他驚奇地發覺，劍橋大學最聰明的一群人都很愉快地在傾聽他的言論，因此他的個性與機智在這一段時期內有了驚人的發展，他看起來彷彿是一位「新世界中的新人了」。

在這個純學術的知己天地裡，他的害羞天性被遺忘了，這時他也學會了抽菸斗——在童年彭布羅克時代，約翰·羅素夫人曾經認為抽菸是一種罪惡——他一面抽著菸斗，一面滔滔不絕地談論整天整夜而不倦，其怡然自得之神情頗似「如魚得水」。

六十年後，我慫恿摩爾回憶一點他對羅素大學時代的印象，摩爾說：「由於時間長遠，記憶已經模糊了。不過有一件事我是記得的，那就是他老是在談話。」至於摩爾本人，他通常都是靜默的，除非有關哲學的辯論引發他的興趣，這時候由於他情感的強烈，使他忘記一切，他的頭髮會自然地垂下到前額，當他熱烈地表示其不同的觀點時，就會有把手托到腦後的習慣。當另外一個人說：「我不同意你。」摩爾將會說：「天啊，你還不了解我剛說過的一個字哩！」

羅素有一種與他本行無關的非凡本領，那便是他能自然而然地引導別人走向研究哲學之路，摩爾和維根斯坦即是兩個最顯著的例子。他們二人都因接受羅素啟蒙，才進入哲學的領域，有一段時間他們在哲學上的聲譽甚至蓋過羅素，而成為英國哲學界的台柱人物。關於維根斯坦我們以後還要提到，現在來談一談摩爾：當摩爾初進劍橋之時，只不過是想繼續他的古典文學研究，然後當一名教員，把知識傳授給下一代，但是有一天羅素請他到馬克塔格特那邊去喝茶，那時馬氏就開始表述他有名的理論：「時間並非實在」，摩爾認為這是無稽之談，因此觸發了他的辯才，羅素見他辯得頭頭是道，有條有理，於是勸他放棄古典文學專攻哲學，後來摩爾果然表現了他在哲學方面的才華，甚至後來有一段時期，羅素說：「我從摩爾身上得到的，比摩爾得之於我的更多。」

有一段相當長的時間，劍橋大多數人都認為摩爾比羅素更了不起，而摩爾對年輕學子的影響也遠比羅素為大，這主要是因為羅素機智與辯才的豐富，很容易使一般人誤以為他只有表面的聰明罷了，同時羅素鋒芒太露，有時難免會產生生動的誇張言論，而這點卻是摩爾永遠不會犯上的毛病。摩爾經常是以對正確的真理與事實有熱烈的愛好而出名，但是我們由摩爾早期的文章及他給同時代學者們的印象來判斷，他的書並沒有本身的影響力那麼大。

關於羅素的專門學術工作，他在劍橋前三年是專攻數學，到第四年才改攻哲學，在一八九三年的數學學位考試中，羅素名列一等及格者的第七名，成績還算不錯，不過並不突出，他的室友桑格得到第二名。羅素的成績事實上比他導師所預料的結果來得好，在晚年羅素有一次把後來的成就歸功於他的不屈不撓與擇善固執，他又說當他和桑格在一起做數學時，桑格做得比他快得多。還有另一個重要的因素使他只得了第七名，即由於把學生送上優等考試行列的要求，都是固定在一定的呆板形式上，換句話說，劍橋的數學僅是在解題而已，而羅素認為其中有很多練習都是沒有價值的，而且跟他真正興趣所在的數學哲學的基本難題一點關係都沒有，同時他也懷疑他的導師們的觀念，認為他們所教的二項式理論與微積分充滿了錯誤。

由於他對劍橋的數學教育反感極大，因此在通過了數學優等考試之後，他幾乎把所有的數學書都賣光了，並且發誓說他再也不讀數學了。

然後他在劍橋的最後一年攻讀哲學，他攻讀哲學的第一步是走錯了方向，因為他受他的導師們及馬克塔格特的勸說，他們認為過去他從米勒那接受下來的英國經驗派的傳統是錯誤的，康德、黑格爾、布萊德利的哲學才是具有更高智慧的東西。

當年（即一八九三年）英國哲學界的一件大事是布萊德利出版了他的《現象與實體》（*Appearance and Reality*），這本書被一位敵對的批評家說：「它應該被稱為《實體的消失》（*The Disappearance of Reality*）。」因為布萊德利把每一件事物都視為構成日常生活的一部分——時間與空間，事物與本質——依次地排斥它們之間的相互關係，在此關係中他聲言自己已經發現了一種根本的矛盾，他認為現象的世界是支離破碎的，是矛盾而不合理的，唯一真實的本體是一種單純地超越時間的全體，叫做「絕對」（Absolute）。

「絕對」從某種意義上而言，是精神的或屬靈的東西，與日常生活的事物大相逕庭。換言之，布萊德利是一個唯心論者，也是一個實在論的反對者，哲學上的實在論（Realism）我們可以大略給它下個定義：「實在論是相當真實的事物，是真正地存在於那裡（依一般人常識的範圍內），而不問是否有任何的心靈在覺察它們的存在。」依照「主觀的屬性」的邏輯，布萊德利寫道：「所有的論斷都是敘述絕對的觀念。」

經過一番苦口婆心的說服後，羅素終於變成了一位黑格爾與布萊德利唯心論的信徒，顯然地他這次的改變主要是來自與朋友們的談話，而非受學校當局學術課堂上的影響。當他的哲學導師使他脫離英國經驗主義的傳統之際，他的數學導師並沒有介紹給他們像魏爾施特拉斯（Weierstrass）所作的具有新觀念的作品，不管是在數學方面或哲學方面，他都是在畢業之後，才開始獨創性的工作。同時由於他對數學基礎的不滿，導致他最後對劍橋正統派的反抗，他以一篇命名為《幾何學的基礎》的研究生論文，再度回到數學的園地裡來，不過這篇論文仍然反映他在劍橋所學到的哲學的思想，羅素把它獻給馬克塔格特。

儘管後來羅素與摩爾拒絕了馬克塔格特的觀點，可是羅素承認至少有兩件事，他們與馬氏的看法是一致的，第一是他們都一致嫌惡馬克塔格特一向反對的「模糊不清」的觀念，而堅持要把「字的意義」弄得清楚明白；第二是他們有一個共同的信念：「認為知識上最大的罪惡，便是設法運用哲學的辯論，來達到情緒上所欲得到的結論。」

在這裡，讓我們提一提他的劍橋哲學導師對羅素的一個有趣批評，他們經常埋怨羅素的論文和他的考試答卷都太短了，他經常保持簡潔扼要的習慣，雖然他畢業以後的作品是那麼豐富與多產。

任何一位偉大的思想家，不管如何地富於獨創性，也一定會受他那個時代學術氣氛的影響，因此來談一點羅素和他同時代的大學生們所共有對未來的看法是必要的。當他到達劍橋時，正是整個時代思潮開始轉變的前夕，英國正由充滿希望與創造的十九世紀進入充滿懷疑與批評的二十世紀，每一個地方的人對未來的世界抱著光明的樂觀主義，這點與當時的英國國勢及政治並沒有太大關係，真正的原因可能是受德國的黑格爾哲學及英國的達爾文「進化論」的影響而產生，保守派的帝國主義者、自由貿易者和馬克斯主義革命信徒，三者所期待的世界是差不多一樣的。

羅素後來在談到他自己及當時的同時代人時說：「我們大家當時都確實覺得十九世紀的進步，將會繼續下去，並且相信我們都會貢獻一點有價值的東西給自己的時代。」

至於戰爭，它是屬於過去那些時代的野蠻錯誤，現在只是屬於傻瓜的專利品，任何有理性的人將不會再為它而費神，當然在整個帝國遙遠的外邊蠻國，仍然會有小衝突存在。但是直至一九一四年以前，任何一個有智慧的人都很難相信會有戰爭發生，然而在歐洲的文明國家之間，這一年卻真正地打起仗來。

這種維多利亞時代「進步是不可避免的」流行信仰，在現實上突然地被戰爭和獨裁制度所粉碎了，在理論上也為黑格爾主義的被否定和其他的進化哲學所推翻，羅素本人曾不只一次地指出雖然從阿米巴（Amoeba）轉變到哲學家，從哲學家的觀點看來是進步的，但是我們卻無法知道阿米巴也是抱持同樣的觀點，不過在羅素的潛意識界裡，這種根深柢固對進步的信仰仍然保留著，而且曾影響了他某一方面的思想：他認為如果人類社會是在不斷改變與改善中，那麼道德的規律也會隨之改變，由此產生兩種推定：任何根據過去傳統的倫理教訓都有錯誤的可能，因此任何道德上的新觀念也可能比舊的觀念更合理，羅素在他早期大學時代的一篇文章中即透露了這種見解，這點鼓舞他以後欣然地向因襲的傳統道德挑戰，他寫道：「在倫理上也和其他方面的人類思想一樣，有兩種不同的意見，一方面是根據傳統的見解，另一方面是對他們自己有利的見解。」

在大學生時代，羅素反抗的理性主義仍然受其從小就接受之清教徒式的禁慾主義教養所調和，當他初入劍橋大學而首次發現劍橋知識生活的愉快時，他是感到如此快樂，以致他感到這種太愉快的生活也許是不對的，因此他決定每天做一件使自己不愉快的事。這個時期的羅素，他對性的觀念，依然是屬於傳統的範疇，據說有一次他曾嚴厲地譴責一位跟她所不愛的男人調情的女孩子。

當時的劍橋大學，女學生可謂鳳毛麟角，不過偶而老師會舉行宴會，並邀請紐漢（Newham）或格頓（Girton）的女孩子來做陪。現在有一個證據，可以說明當年的羅素對女性是相當有魅力的，他的一位同窗好友後來曾回憶道：「有一位在宴會席上坐在羅素旁邊的女孩子，當羅素跟她談論道德與哲學問題時，其兩顆閃耀著熱情光芒的眼睛緊緊地盯住他。」

由於童年時代的孤獨無伴，羅素在那時對異性可謂毫無所知，加上熱烈的性格，使他在第一次墜入情網時，不可避免地灌注了全部的感情。他的對象是愛麗絲·匹爾索·史密斯（Alys Pearsall Smith），是一位過去曾在英國定居，而後才由美國賓夕法尼亞州回來的福音教友派信徒的女兒，長得相當美，她的哥哥叫羅根·匹爾索·史密斯（Logan Pearsall Smith），是一位名作家；她的妹妹嫁給有名的藝術評論家伯納·勃蘭森（Bernard Berenson）。勃蘭森在多年以後曾經告訴我，當年羅素以追求者的身分去拜訪史密斯家的情形，他說：「羅素有一點膽怯、害羞和受驚的樣子，而且很少說話。」愛麗絲本人描述有一次羅素去見她的一些朋友時說：「我不知道他們對勃悌的看法怎樣，他們對他很親切，可是他還是那麼害羞。」

對一個英國貴族而言，他們的結合是比較不尋常的，羅素的一些朋友曾反對過他們的結合，而羅素的祖母也不贊成這門親事，因此她為羅素安排了一個新的職位——英國駐法使館的隨員，以為這麼一來他大概就不會再想到愛麗絲了，哪知羅素對巴黎使館隨員的生活一點興趣也沒有，後來他唯一記得的事是，整天都在抄那些冗長、有關漁業權利的報告，在《烏特勒支（Utrecht）條約》下，英國外交部正要竭力證明龍蝦（Lobster）並不是一種魚，而法國政府則反駁說根據條約，龍蝦也應算是一種魚。

一八九四年十二月十三日他首次獲得了回國的機會，於是他便利用此機會在倫敦一位朋友家中和愛麗絲舉行婚禮，這時他剛滿二十二歲，愛麗絲比他大了五歲，婚禮是依照教友會儀式進行的，在儀式當中有一段靜默的時間，可以讓那些有意要起來說話的朋友考慮一下，這時坐在後面的查理・曲範良正在書本上滾銅幣，以猜測誰會站起來說話。

三、柏林時代

羅素的一生，並不能很清楚地劃分為幾個時期，這點給後輩的學生和為他寫傳記的人添了不少麻煩，他經常是在同一時期內，對許多不同的事物發生興趣；而他興趣的廣泛可與他自己性格的複雜性相媲美。有一次在論及自己的生涯時，曾說過一句頗能道出他特徵的話：「當我對數學感到索然無味時，就去讀哲學；當我覺得哲學使我厭煩時，就去讀歷史。」在他十一歲至三十八歲的這段時間，無疑地他最大的興趣是在「數學的基礎」上，一直到六十五歲時，他才放棄了對數學領域做進一步的探索。可是他對數學與哲學的雙重興趣，並不能阻止他在柏林研究經濟學的熱誠，此事發生於他婚後的第二年，而他生平的處女作也是政治學方面的著作。

他時常回味一八九五年三月所發生的一件事，那是他在柏林的「動物園」**Tiergarten**（柏林最大的公園，差不多等於紐約中央公園）漫步於正在融雪的大地時，腦海裡產生了要寫好幾部書的決心：一部是由最抽象的數學開始，然後慢慢地使之變為較具體化的東西；另一部是由實際的政治與經濟學開始，然後慢慢地使它抽象化，而達到了融理論與實際於一爐的目的。後來他真的開始動手寫這樣的書，但是自從他放棄了做黑格爾的信徒之後，並未有最新的結論產生出來。

羅素的家庭背景促使他對政治發生了興趣，從格萊斯頓到邱吉爾，英國政壇上出現了不少重要的人物，其中羅素跟他們泰半都很熟，他在他的《不受歡迎的論文集》（*Unpopular Essays*）裡對格萊斯頓有一段很生動的回憶，他描寫道：「格萊斯頓到我那彭布羅克的家訪問過，飯後女士們都離席而去，只剩下年輕的我被留下來招待他，這時我面對著這位可敬的客人，竟因為太害羞而說不出話來，經過了一陣沉默之後，格萊斯頓先生說：『這是很好的紫色葡萄酒，但是為什麼他們要把它放在盛紅葡萄酒的杯子呢？』」羅素第一次與邱吉爾接觸是他在劍橋大學讀書時，那時小邱吉爾尚在哈羅中學就讀，羅素有一天上倫敦理髮去，理髮師就告訴他說：「蘭多勒夫爵士（Randolph Lord）的兒子住在隔壁，他是一個初出茅廬的小傢伙。」

作為會社（The Society）的一分子，他們相信應當學習每一件事情，而不要為任何事所震駭，羅素的政治接觸範圍並不僅限於英國傳統的二黨——即保守黨和他自己的自由黨。在相當年輕的時候，他就透過他的妻兄匹爾索・史密斯（Pearsall Smith）的介紹而與費邊社諸君子相識，他們是一群從事自由職業而鼓吹社會主義的先驅，他們的努力雖然未能消滅英國的資本主義，但卻改變了費邊社諸君子所屬階級人士的思想。

羅素和他的妻子在一八九五年曾二度訪問德國，第二次的主要目的是去研究德國的社會主義運動，對一個年輕的英國貴族而言，對這種事發生興趣，顯然是違反傳統的事。他的妻子愛麗絲提到在英國大使館他們曾參加了一次社會主義的集會，雖然大使先生以外交家的口吻說：「現在我們都是社會主義者了。」但是後來他們從未被邀請再來大使館。

羅素經常是一個第一流的新聞記者，不幸的是，在現代的許多國家裡，新聞記者這個職業已經被報紙俗化了，因此我必須首先聲明，此後我若再提到羅素的某些作品，含有新聞的意味，絕沒有任何輕蔑的意思在裡面。事實上，一個真正新聞記者的理想與第一流學術的靈感是相似的，特別是羅素的哲學最能夠排斥第二流的道聽塗說，事事做深入的實際探索，找尋正確的知識乃是他一貫的態度，而羅素本身又具有敏銳的觀察和生動描繪的雙重天分，他的確有第一流新聞記者的第六感，能夠判斷某一件事未來的可能發展。其中最不平凡的一個例子是一八九五年發生的事，他必須到柏林去調查未來五十多年的二大勢力——德國的軍國主義和馬克斯的共產主義將如何造成世界歷史的命運，他了解當時普魯士的情形，即使在參加社會主義會議時，他也是如此。他注意到那裡經常有警察，他們經常採取高壓手段，他在德國旅館內親眼看見了普魯士官員驕傲跋扈的情形，當他們想要得到什麼時，就必定要達到目的才肯罷休，例如當他們發現廁所有人正在使用時，他們仍然會猛力地敲著門，甚至會破門而入。

羅素和他的妻子愛麗絲二人共同熱誠而堅毅地進行德國社會主義的研究，雖然偶而他們也會有疲倦之感，關於此事在他們的日記內曾有三段記載。第一是：「去參加書籍裝訂工會的會議，大約有一百人出席，過程相當無味，正像其他無數這一類的會議一樣，每一句話都脫胎於馬克斯主義。」過了二天後他又寫道：「我又參加了一個小型的無趣會議，在一間可厭、無味、單調的啤酒廳舉行。」最後一次參加會議的記錄是：「很乾燥無味，我們只在那裡逗留片刻。」羅素此時期的研究精神是夠徹底的，他耐心地把三巨冊的《資本論》讀完，雖然他對這些東西並無多大興趣。

他把這次德國之行的研究心得與感想，在費邊社及新成立的倫敦經濟學院做了一連串的演講，最後在一八九六年把這些演講稿編成一本書叫《德國社會民主制》，這是羅素一生包羅萬象的著作中的處女作。

這些不同的演說集即使在今日讀來，仍然是興趣盎然、極富吸引力，這不僅是因為羅素以其不可思議的高瞻遠矚，預言了德國獨裁政治與戰爭的未來演變，而且也是一部以科學的理性態度與不訴諸於情緒的方式，來廣泛地討論政治問題的典型著作。

雖然羅素本人是一個自由黨人，同時也是天生的急進主義者，但對社會主義者所進行的反抗貧窮與受苦的運動卻深具同情，可是他總是以理性的態度從事寫作。在《德國社會民主制》一書中他說：「馬克斯的共產主義宣言就其字面意義上說是夠吸引人的，因為它簡潔流暢、有動人的機智和歷史的識見，所以在我個人看來，是過去產生過的政治文獻中最好的佳作之一……在這部作品中我們已經有了一些歷史的唯物論的劃時代力量；然而它的殘酷，不帶感情的命運，它排斥宗教與道德，並把所有社會關係變成個人生產力量的盲目活動，這些都是我絕對無法同意的。」

儘管羅素早期對馬克斯的唯物論具有同情與了解，但是很顯然地，一開始他對共產主義就不存在什麼幻想，剛才我曾提到過，一八九六年，在德國時雖然他並沒有參加全部由共產主義狂熱的信徒們所主持的會議——由於這是一個樂觀的時代，因此當時還沒有人會預想到，共產主義者在二十世紀所掀起的恐怖行動——可是他已經對馬克斯主義做了一些尖刻而深入的批評。他指出馬克斯經濟理論中枯燥冗長的細節裡存在許多謬誤，又指出剩餘價值的理論不但是錯誤的推論，而且和馬克斯本身作品中最富獨創性的基本部分：資本集中論，互相矛盾，在這個資本集中論中，他曾預言工業將會趨向於壟斷，並且他說：「一個資本家將會殺死很多人。」對於這點羅素反駁道：根據一般常識來下結論時，應該是當工業達到壟斷階段時，國家應該在不同的時期接管這些被壟斷的不同工業，但是不會同時發生階級戰爭，也不會在一次決定性的打擊中建立所謂「無產階級專政」。

馬克斯的階級鬥爭主義只有在下面這種情形才可能會真正發生：「假如所有的人類都不會死，完全是遠視，並且最後變得唯有經濟的動機在驅使他們做事。」在馬克斯的社會圖畫中，他把整個人類社會分為二大敵對的階級：即資產階級和無產階級。羅素認為他完全忽略了在二者之間有一個新的中產階級正在成長壯大，這些中產階級乃是由於在工業生產行列中，技術專家所占的地位越來越重要而產生的。

在他的費邊社演講「德國問題」時，曾事先聲明他不準備討論社會主義的優點與缺點，他只是要講達到它的最佳途徑，除外他也同時聲明自己不想談到德國社會主義者正在鼓吹的階級戰爭，和他們拒絕與其他進步思想發生關聯的態度，是否正確的問題。他打算把這個問題當作「一個純粹的馬基維利的問題」（Machiavellian question）來討論，他在這裡所提到的馬基維利，與一般常識上的涵義不大一樣，事實上他有一次曾指出馬基維利是一個被人誤解很深的人物，因此他的教訓不是絕對而是假說，他唯一使人震驚的地方是，他以誠實的態度去討論政治上的不誠實。不過羅素在這一時期所說的話中，有一部分是帶有奇妙的口氣，這也許是因為他尚未能完全擺脫對冷靜的實在主義假裝愉快的習慣，另一個可能是他已經養成了一種以最富挑戰性的方式，來表達他所想說的話的習慣。（吉爾伯特．莫瑞有一次對我說，假如羅素和一個主教談話時，他將會直截了當地說：「我是一個無神論者。」但是對別人的話也許他會說：「我不是任何教派的皈依者。」）

羅素說：「德國社會主義者決定他們的政策，並非基於策略上的迫切需要，也不是對人類的政治天性實際觀察的結果，而是由馬克斯階級鬥爭的學說來的。」這時候的羅素雖然尚未成為哲學上的經驗主義者，但已經可以看出他有傾向經驗而厭惡預存偏見的趨向，所以他再提出一個問題：「是否雖然理論上是錯誤的，階級戰爭的策略乃可由實際的結果來證明其為正確？」

羅素自己的見解則剛好與此相反，他認為只有策略本身才能使階級鬥爭實現，同時這也意味著德國資本主義者聯合起來對抗社會主義者。他又說：「馬克斯在很早之前就曾指出，中產階級的存在已經受到了根本的威脅，因此馬克斯又說：『即使我們的主義是正確的，做過早的宣布似乎是不智之舉，因為如此一來將反而使社會主義的敵對者提高了警覺。』」

不但德國的資本主義者在開始提防，英國的自由黨人士也由於社會主義者不願妥協的敵對態度，而對種種進步的改革失去了熱心，因為他們終於明白即使採用更前進的新思想，也無法贏得社會主義者的同情。至於社會主義者本身，也由於他們過度極端的教條主義而被剝奪了許多獲得實現的機會，那些溫和主義者都被驅出黨外，因此與一般德國人的常識見解的衝突越來越厲害，他們甚至反對宗教、家庭和國家主義。

如果這些社會主義者能夠支持其他黨派的進步改革，並設法獲得選民普遍的支持，那麼進一步的改革也許會接著降臨，可惜他們並不能做到這一點。

但是羅素本人依然繼續遵循他的理性主義路線前進，他著手為另一方面做完全公平的辯護。一場徹底的革命性計畫比一些零碎小改革更能夠激起人們的熱誠、活力和自制的情操，關於這一點，因為羅素的理性是如許地豐富，因此他能公平地承認非理性主義的優點，他說：「馬克斯的社會主義能為德國工人所做的，而溫和的英國社會主義不能為英國工人辦到的，便是他們能夠產生強烈的宗教狂熱，挾此宗教狂熱，當然會引起對所有新宗教的不能容忍，並養成頑固的宗派心理，但是他們的確引起了只有宗教和愛國主義才能達到的那種團結力和戰鬥力。至於這種力量的獲得是否值得以容忍力的喪失做代價？他們這種以不可批評的教條主義做代價，而贏得的全體一致的作風是否有價值？這些似乎都是一時無法加以判斷的事。」

但是後來，他卻毫無困難地解決了這一點，關於世界大戰、布爾什維克主義和法西斯主義他都發表過不少精闢的見解，然而即使在一八九六年，他的直覺判斷和論辯的內容都是相當地溫和而客觀。

而羅素也曾提出一個可能的折衷方案，他認為德國的社會主義者不必因為馬克斯主義所激起的狂熱，便對它做正式的唾棄，但最好是「他們不要太固執於邏輯的敏銳，在實際的政治活動上採用一些與他們的基本原則相矛盾的真理，多注意一點實際的迫切需要，也許多少可以調和荒謬的推理路線。」對羅素所說的話，要是不親眼看見他發言時眼睛所閃耀的光芒，而僅僅讀他的印刷著作，往往是會發生誤解的。人們很難想像後來羅素會說：「那些錯誤的推論有時也必須加以容忍。」

德國的社會主義將會採用什麼方法去獲取更多合作的政策？在英國那些主張進步的溫和主義者將會繼續和保守黨合作下去，他說：「據我們所知，那種進步的自由主義者的典型在德國是找不到的，因為產生自由主義者的力量，已經被轉移到社會主義者的產生上，他們後來不是被驅策前進，而是被恐怖的紅色魔鬼所嚇退；同時因為資產階級害怕社會主義更甚於害怕軍事專政，他們將會屈服於各種壓迫、獨裁和錯誤的領導。」——羅素這段話真是了不起的預言，他做此預言的時間是在希特勒政權崛起於德國的三十年前。

羅素以為不僅德國的社會主義者需要容忍與節制，同時他也要求德國的統治者停止政治的壓迫，並允許完全的民主及言論自由存在，他像先知一樣地預言道：「假如他們不這樣做的話，那麼戰爭與國破人亡將是德意志帝國不可避免的命運。」

羅素對費邊社的演講並沒有被他的聽眾好好地接受，因為這是他第一次在大庭廣眾之前說話，因此使他覺得很緊張。（他說：「我怕它，我真希望在演講之前我能夠跌斷我的腿。」）他在對付問題及批評方面也處理得不太成功，這時華萊斯（Graham Wallas）常常會把他拉到一邊，給他一些關於這些問題及批評的暗示，還有一個更重要的理由是：他是一位自由主義的貴族，由他來給社會主義者解答那些議論紛紛的問題，常常會使社會主義者不知道是要跟隨獨立的工黨來實現他們的目標，還是與自由黨合作參加改革的事，至於羅素本人，他的論辯趨向似乎是屬於後者。

還有一點必須了解的是，他在政治上的先見之明，不但在德國，在英國也同樣被證實。英國工黨之所以能崛起於英國，最後並完全取代了自由黨的地位，最大的原因是，工黨遵循了羅素在他評論德國社會主義時所提出的那些政策，關於此事那些自由主義人士也都了解。但是在二次大戰之間保守黨當政的二十年間，英國也產生了一次政治危機，主要原因是工黨也改變了昔日的作風，而變成了更狹隘的充滿門戶之見的黨派，同時階級戰爭的觀念也開始在工黨黨員之間抬頭，我相信要是工黨的領袖在這一段時期內願意與自由黨人士合作，大量失業的悲劇可能會提早結束，而第二次世界大戰也可以避免。另一方面，要是德國和英國的社會主義者，能夠密切注意羅素在一八九〇年說的話，那麼二十世紀許多不必要的災難將會減少很多。

因為我以後還會提到羅素政治判斷發生錯誤的地方，因此我必須公平地指出，這個早期的例子，他是完全正確的。

四、天才的工作

一八九六年，羅素夫婦到美國訪問了數個月，他拜訪美國詩人惠特曼的故居，並且在約翰霍普金斯大學及布林莫爾（Bryn Mawr）學院開課。他所講的是幾何學的基礎，在訪問過德國與美國之後，他在英國的薩塞克斯郡（Sussex）鄉下定居下來，大部分時間都在辛勤而嚴肅地從事於「數學哲學」的工作，奠定他日後成名的基礎。

前面我們曾經提到過，他和他的妻子結交了不少費邊社的朋友，特別是與韋伯夫婦過從最密，韋伯夫人以對秩序與科學方法的熱愛而出名，在她一八九五年九月二十五日的日記裡，有一段關於羅素本人及其夫人愛麗絲的描寫，她說：「羅素夫婦曾與我們共度過不少時光，羅素此時很年輕，他具有可觀的智慧的前途——思想慎密而好爭論，但是他不喜歡依照一定的模式去工作，在這點上，他可以說是無政府主義者；他的夫人是一位漂亮而明朗的美國教友派的信徒，比羅素稍微大了幾歲，她同樣討厭刻板的生活，他們二人在這一方面是很一致的。」

韋伯夫人在薩塞克斯郡訪問過羅素家後的第二年，她又寫道：「羅素夫婦過著一種單純而富於詩意的生活——彼此相愛，彼此奉獻——他們過的是相當無秩序的過度單純的生活，但是這種單純的生活卻使羅素產生了非凡的成就。羅素每天約有六至七小時花在形而上學的作品裡，愛麗絲則每隔一段時間上城去參加女性俱樂部及禁酒集會。」

偶而羅素的機智會被他的教友派親家所激發，例如他的丈母娘特別喜歡引用《聖經》上的話，有一次她說：「把你的麵包拋到水裡去……」羅素馬上就頂嘴說：「是的，當你把它撈回來時，必定會變成美妙的食物。」

在一九〇一年的七月，韋伯夫人對當年的羅素有一段很仔細的描寫，她說：「在外表、服飾及風度上，他的表現都很合乎傳統的標準，同時在禮節上，他也是屬於古老的拘泥形式的那一類；在說話方面，他的談吐清晰而表情正確；在道德上，他是一個清教徒；在個人的生活習慣上，他幾乎可以說是一個禁慾主義者，除此之外，他的生活過得很有效率，同時他也總是希望保持體力上的最佳狀態；但是在知識上，他卻是無比大膽的諷刺家——一個憎惡宗教與社會傳統的人，一個勇於懷疑一般意見的人。

他熱衷於那些似非而是的議論和廣泛有深度的笑談，他的諷刺性笑話並不是粗俗的那一種，而是具有極深奧的智慧流露。他是一個令人愉快的健談者，特別是在一般性的談話方面，他以超越的高峰上來觀察這個世界——他對人性的解剖、反對各種主義的推翻也都是從這種角度出發。

綜觀他的智力與他的感情都是很敏銳的、嚴厲的和具有永恆的特質，他是一個很好的嫌惡者，對於這一點，我絲毫不覺得裡面有任何的罪惡感存在，同時也不希望看到它受到懲罰，但是相反地羅素本人幾乎是冷酷地熱望，殘酷的現象受到報復。」

在這一段時期，羅素是一個嚴格的戒酒者，因此他有一度曾指責摩爾為什麼不能像他一樣戒酒。這點頗使摩爾感到為難。羅素經常是有意在訓練自己，鞭策自己獲得學術方面的成就，因此他每天安排的生活時間表，幾乎像正在接受訓練的運動員一樣嚴格，韋伯夫人在拜訪過他們後，她把羅素一天的作息表列了出來：

早上九點鐘——羅素與愛麗絲在書房用早餐。

九點到十二點半——羅素從事數學方面的工作。

十二點半到一點十五分——彼此高聲朗誦給對方聽。

一點十五分到一點半——在花園散步。

一點半——午餐。

午餐後到四點半——與史密斯（Logan Pearsall Smith）玩槌球等。

四點半到六點——再從事數學的思考。

六點到七點半——再和愛麗絲大聲地朗讀。

八點到九點半——晚餐及一般性的談話。

九點半到十點半——再做一小時的大聲朗讀，大概是小說或歷史方面的書。

十點半：熄燈就寢。

當上面這個羅素的生活作息表，在韋伯夫人的著作中發表出來後，羅素對它的批評是：「韋伯夫人總是對作息表及收集統計資料方面過度熱心。」根據他本人的回憶是，他在數學方面所花的時間比表上所列的更多，至於大聲朗誦的時間則沒有那麼多，他通常都是從上午九點到下午一點及下午五點至八點從事數學方面的工作。但是事實上他也的確嚴守作息表上的規定，因此不管他是如何地熱衷於工作，只要時間一到，他就馬上停筆去用膳，他說：「我非常羨慕那些為了工作而忘記吃飯的人，但是這種情形從來不曾發生在我身上。」即使是一個句子寫到一半時，他也會停下來，吃完飯後再坐下來，不假思索地完成剛才未完成的句子，因為句子的結尾早就存在於他的腦海裡了。

有一點值得一提的是：羅素在這段時期所過的生活，顯然是依靠那微薄而自足的個人獨立收入來維持。事實上，這段時期幾乎所有偉大哲學上的進步，都是那些不必為謀生而工作的人創造出來的，這點不但適用於摩爾，也適用於維根斯坦。

羅素對哲學的研究主要是透過數學，例如康德與黑格爾在關於無限小及無窮大的問題上，很困難地進行他們的工作，由此他們推論出常識世界的不真實，但是羅素在德國之行時，研究過魏爾施特拉斯（Weierstrass）的著作後，他已經了解微積分並不必依賴無限小，同時在讀過肯特（Cantor）的著作後，他知道肯特無窮大的理論似乎看起來很古怪，但並不自相矛盾。羅素對肯特的了解是花過一番心血的，當他第一次接觸肯特的作品時，他並不了解它，但是以他固執的毅力，他把肯特的作品逐字地抄在筆記簿上，最後終於認同肯特的見解是對的。

其次，還有一件幸運的事降臨到羅素身上，馬克塔格特（McTaggart）本來準備於一八九九年在劍橋講授「萊布尼茲」，但臨時有事想回他的紐西蘭老家，結果羅素獲得了瓜代的機會，他講授的內容便是後來出版的《萊布尼茲的哲學》。在他研究的過程中，他完全採取理智的分析態度，對萊布尼茲的哲學提出了完全獨創性的新詮釋，不久有一些從未出版過的萊布尼茲的原稿被發現了，證實羅素這些新的獨創性見解都是正確的，使他有了一次愉快的人生經驗。

更重要的是，羅素研究萊布尼茲的哲學後，幫助他對主詞－敘詞的邏輯及布萊德利的哲學重新做了一次批評性的檢討，並決心拋棄它們，我們必須記得的是，布萊德利曾否認陳述的最後真實性。另外，有些唯心論者便利用這點，辯護說常識世界中有許多不同的事物是不真實的，而唯一真正的實在是那包羅萬象的全體。最後羅素終於發現布萊德利的觀點使任何數學哲學的問題成為不可能，因此他開始反抗黑格爾與布萊德利，經過好友摩爾的刺激與鼓勵後，終於回到由摩爾本人做開路先鋒的實在論來。

羅素後來曾說：「摩爾發現黑格爾的哲學，不能引用到椅子和桌子的問題上，同時我也發覺它無法應用到數學方面去，所以經過摩爾的幫助，我終於掙脫了它，而回到了由數學邏輯所調和的常識世界來。……這時我的確有一種逃離監獄的感覺，而允許自己去想到草是綠色的，並且承認即使沒有人在看，太陽與星星也會存在那裡的說法。」

現在雖然肯特和魏爾施特拉斯以及非歐氏幾何派已經證明了康德與黑格爾關於數學知識方面的錯誤理論，但是當時的羅素仍然必須靠自己的力量，去尋找正確的答案。到了一九〇〇年代的後期，他決定數學仍是邏輯更高的發展形式，後來他才明白在德國的弗列格（Frege）早已經解答了這個問題。

在一九〇〇年初期，他參加了在巴黎舉行的哲學會議後，羅素才有機會去了解義大利數學家皮亞諾（Peano）的作品，及其門人在符號邏輯方面的成就，經過了一番研究後，他終於精通了皮亞諾的符號哲學，在他後來收集於《邏輯與知識》的一篇論文中，他把這種哲學擴大應用到陳敘的邏輯上去，同時他也開始計畫寫作《數學原理》，目的是要建立他的理論：「數學與邏輯基本上是相同的」，這本書原先是計畫寫成兩大冊，第二冊是用象徵符號做工具，凝想出嚴格的論辯，第一冊則是對普通的日常語言的一種評論與介紹。

《數學原理》的第一冊在一九〇三年出書，這時羅素和他的老師兼好友懷海德（他在一八九八年已出版了《一般代數學》的第一冊）已經決定他們二人將來要合作寫出未完成的《數學原理》，因此結果使原先計畫只要出兩冊的《數學原理》，變成了四巨冊的經典之作，此書的第二冊是在一九一〇年才出版。

他們合作的方式是這樣安排的：羅素在劍橋講課時已經把這部作品的一般大綱擬好了，他自己和懷海德各分擔二部分，然後二人分頭去寫，把第一次寫成的原稿送給對方，讓對方以批評的眼光去修正原稿，因此每一個部分都至少修正了三次之多。為了能夠與懷海德親自交換意見，羅素每年總有幾個月會回到劍橋。

這部書最後的謄清工作是由羅素擔任的，每一個命題都必須分別寫在一張紙上，為的是隨時預備新命題的插入，因此存在一長列的箱夾內的原稿，它們體積之龐大，頗為驚人。

為什麼羅素在《數學原理》一書花了那麼多時間呢（先後將近十年以上）？羅素本人的解釋是：「有兩年我被一些問題絆住了，我花了五年的時間才把這些絆住我的東西解決。」他被絆住的兩年是指一九〇三和一九〇四年，他的痛苦是淵源於底下的事實：在他把數學寫成邏輯之後，他發現邏輯本身也有不能解決的矛盾，他把他的煩惱寫信告訴弗列格，弗氏給他的回音是：「**die Arithmetik its ins Schwanken geraten**」，翻譯起來大概是：「算術已經在它的基礎上發生了動搖」。羅素最後在《數學原理》中得到了此問題的解答，那便是邏輯型態是很專門而且爭論很多的問題，因此我不打算在這裡提它。

《數學原理》一書雖然是羅素一生最偉大的學術著作，但是據我所知，很少有人讀過此書，事實上許洛丁格（Schrodinger）有一次告訴我，他不相信羅素和懷海德本身曾看完過它，就像其他大多數古典的經典作品一樣，雖然有公認的價值卻很少有人實際研究過它，甚至那些專攻數學邏輯的人也不一定熟悉它。後來有一次在美國，賴欣巴哈（Hans Reichenbach）告訴羅素，他剛剛想到了一個數學歸納法的新理論，羅素很快地脫口而出表示，他可以在《數學原理》一書中找到這項理論。到現在為止，幾乎沒有人敢懷疑這本書不是人類心靈最高超的成就之一。在這部作品中，羅素傾注了所有的理性、熱情與精力。為了完成這部著作，他花了整整十年的工夫，但是很可能全世界讀完這部巨著的人不超過二十人，即使它為羅素贏得了無比崇高的學術地位。

在這部作品完成之後，羅素告訴劍橋的數學家哈代（G. H. Hardy），他曾經做了一次古怪的惡夢，夢見二百年後有一天他正在劍橋大學圖書館，忽然看見一位圖書館助理工作人員正拿著一個書袋巡視著，在這袋子裡所放入的，都是一些他認為不值得保存而必須丟掉的書，這位助手最終取出當時世界上唯一尚存在的一部《數學原理》站在那裡猶豫不決……這時羅素就醒過來了。

在下面二章中，我打算從事一項英雄式的工作——也許我必須稱為是匹夫之勇的工作——那便是設法以簡單的語言，來解釋羅素這些年所產出作品的重要性。在結束本章以前，我還預備談一點關於他如何寫作此書的事情。

對於人類天才的產生，沒有人可以提供一個完滿的解釋，唯一可以肯定的是遺傳似乎占了一個相當重要的地位，在這一點上，羅素是一個明顯的例子，除此以外所有的都是無端的猜測罷了。正如羅素自己異想天開的推測：他說一個人具有超人的智慧，可能是因為在嬰兒時期吃了一些含有某種特別成分的食物，這些奇妙的成分是因為鍋子和盆子洗不乾淨的結果；懷海德在他的家族中，是唯一的傑出人物，他常常喜歡開玩笑說，他的聰明很可能是因為母親在生他之前曾遭遇了馬車出事，而在地上滾了好幾圈的結果。但是如果我們拋開這些無稽的推測，而以學術性的觀點去研究天才，盡可能地收集某一個哲學家工作的心路歷程，那一定是一件很有趣的事情。

談到羅素心靈的工作方式，尤為有趣，他的工作由耳朵方面獲得的比眼睛更多，他的聽覺的想像力比視覺的想像更為靈敏，他很喜歡別人大聲朗誦給他聽，有一次他表示，為了追隨他所讀的東西，他必須在心裡大聲地念給自己聽，他記憶的方式主要是靠說出來的聲音，而不是看印在書上的字，他曾批評柏格森說他是一個視覺主義者（雖然柏格森本人否定這種說法）。而且他又說一個人要是只能用視覺的想像去思考，他將很難從事於抽象事物的思考工作，例如你沒有辦法把邏輯的觀念弄成視覺的想像，也沒有辦法單憑視覺去思索四度空間的問題。

由於我本人是一個根深柢固的視覺主義者，所以我很高興聽到像李特伍德（Littlewood）這麼有名的數學教授能否定羅素的說法，李教授認為視覺本身毫無任何缺點；同時我也很喜歡提出反駁羅素的論點，我認為眼睛至少可以使我們體驗到三度空間，但是一連串的聲音只能覺察出一度空間而已。也許羅素有一對特別敏感的耳朵，能夠迅速捕捉說話的聲音，並發現聲中音調、音量和音色各方面額外的涵義，另外一個可能的理由是羅素的視覺天生就很遲鈍，他無法把一些東西形成視覺的形象，記得有一次他曾說：「每當我想畫一條牛時，牠看起來卻總是像一匹馬。」他對詩和音樂都有十分敏感的賞識力，但是美術方面他的欣賞力卻不高明。還有一點必須考慮到的是，有些事情與聽覺及視覺的想像均有關係，另外一些事情，則隨各人天賦的不同而分別以耳朵或眼睛去湊近它們，但這也是一種推測而已，總之有一件確定不移的事實（這點對將來研究異常心理學的學生也許有用處）是：羅素通常都是透過他的耳朵在工作。

他對聽覺的重視甚至也反映在他對教育與文學批評的見解上，他說：教學生發音正確遠比拼字正確更重要，此外他又說：「文體的一大祕訣是下決心使寫出來的東西可以朗朗上口，而不致使呼吸發生困難。」根據他個人的經驗，他覺得自己起先寫得很糟（我很難找到羅素寫得很糟的例子，除了有一小段時期他因工作過度而發生疲勞症時，是他一生中唯一寫得較壞的時期），同時我很高興地找到一句艾略特（T. S. Eliot）評論羅素文體的意見，艾氏說：「羅素的文體即使是在寫作像萊布尼茲的哲學這麼嚴肅的作品時，依然是處於最佳狀態中。」但是他用上述的方法磨練自己後，進步了很多。羅素在後來談到現代詩時說：「現代詩的困擾是它寫成的目的是在吸引眼睛，而不是耳朵。」

當然我也不想誇張這一點，事實上羅素有一雙視力很好的眼睛（他是遠視），他可以讀大量的書而不會產生眼睛疲勞或頭痛。一條複雜的數學方程式，要是他不曾親眼過目的話，他是不敢聲稱他能了解它的，而且他的《數學原理》也是一本很難大聲讀出來的東西，雖然羅素給這部書中的許多符號發明了不少他自己的暱稱（Pet Names），雖然他的思想仍然無法脫離視覺的感覺而存在，不過在視覺的想像方面他卻是超然而獨立的，在做夢或生病發燒時，他會產生出生動而仔細的視覺想像，但是他卻說：「思想把視覺弄模糊了，有時則阻礙了去路。」

關於羅素的工作方法還有一點是很有趣的，魏斯曼博士（Dr. Waismann）有一次曾說：「清晰的思想可能會成為知識進步的敵人，因為進步的唯一淵源往往是來自某些不滿足的模糊感情。」關於這點，我相信對愛因斯坦而言的確是事實，因為愛氏之所以發現《相對論》，起先是對真理抱著一種神祕而富於詩意的洞察力，數學是隨後才產生的。一般人可能會認為像羅素這樣思想精確慎密的思想家，可能完全是兩回事，但至少在他早期的作品裡，他是屬於愛因斯坦式的。一九一四年，他寫信給布萊德利時說：「我不知道其他人是如何從事哲學的思考，但是就我個人而言，起先總是先有一種邏輯的本能，在告訴我真理一定是存在於某一地區，然後才設法去發現它的正確地點何在。我絕對信任這種本能，雖然它是盲目和模糊不清的，但是我也知道沒有足以表現它的文字，假如我沒有擊中這個地方的正確點，矛盾和困難依然會困擾著我不放，但是即使我知道我可能會有點錯誤，我也不認為我是在錯誤的地區。在我內心的思想裡，對於我的任何觀點，我唯一敢聲稱的事是我總是希望沿著能夠達到真理的方向去，而從不認為我的思想與觀點就是真理。」

他也曾寫道：「理性是一種和諧的力量，而非創造性的東西，即使是在最純粹的邏輯領域裡，理性仍是首先抵達新領域的洞察力。」還有一個羅素的思考技巧例子值得在此一提，那就是他能夠有意識地利用潛意識的心靈。他已經由經驗上得知如果他要寫一些很艱難的東西時，他就必須先在這個題目上做數天或數小時的苦思，然後把它暫時拋開，也就是說讓他在潛意識中去醞釀，幾個月後他再有意識地重新回到這個題目上，這時他會發現這項工作並不像起先那麼難以解決，他說：「在我發現這項技巧之前，我通常都是把中間的幾個月花費在擔心我會毫無所獲，但是現在我能夠利用這中間的數月，全心地奉獻於其他事務的追求上。」

儘管他的推理過程是在模糊的潛意識中進行，然而他思想的最終產物經常是很精確的，顯然這些東西早已在他的腦海中完全成形了。以前我從不肯相信班強生（Ben Johnson, 1572-1637）讚美莎翁的一句話：「他從來不塗去一行話。」但是自從我看到了一些羅素的原稿時，我才相信這不一定是神話，而是可能的事實。我認為所有好的寫作都是經過痛苦的嘗試與錯誤，不斷地修改與刪減的結果，但是羅素第一次使我相信也有例外存在的可能性，因為他的原稿與信件每一頁都是不可思議地乾淨整齊，幾乎看不到有一個字的改動或塗去，他本人的解釋是：一旦他的思考成熟而開始坐下來寫時，他彷彿只是把一些已經寫好的東西再重新抄一遍而已。他說他已經把所有的事都寫在他的頭腦裡了，因為在他的頭腦中刪改遠比在草稿紙上刪改更容易。在他說話的時候，頭腦中尚未想清楚一句話時，他從不冒然把此句寫出，甚至在他做夢的時候，任何的對白在句子的構造上都是完美無瑕的。

當他還很年輕的時候，史密斯（Logan Pearsall Smith）告訴他說：每一次他寫完任何東西，他總是必須再加以修改或潤飾和重寫，否則便見不得人；羅素聽了之後，他也回到家裡，再把他剛完成的東西，重新再寫一遍，但是後來他自己還是覺得，原來的那一篇遠比第二次重寫來得好，因此他曾說：「從此以後，我再也不曾重寫任何我所寫過的東西。」不但如此，他還奉勸所有從事寫作的人：「永遠別改動任何你所寫的東西——特別是別人要求你這樣做時。」

五、數學與哲學

要在幾年之間，不停地閱讀他將近兩千萬言的著作，然後著手寫一部羅素哲學的通盤研究，這是比較容易的一件事，事實上，我個人現在也正在這樣做；但是要利用兩章的篇幅來和一般讀者討論本世紀初羅素在邏輯與哲學上的重大發現，其困難實在是令人難以想像。

他最偉大的作品，對一般人而言，實在是太專門化了，所以沒有受過「專技」訓練的人，是無法全部了解的。但是完全忽略它不談，我們也將無法明白羅素在現代學術界所占的地位，同時對他個人的才幹也會發生錯誤的印象，因此現在我準備冒險投身於任何聰明人所不敢踐踏的領域，試圖把羅素「數理邏輯」的重要貢獻，做一個簡明輪廓的素描。我必須先向讀者聲明的是，我可能會描述得很糟，而百年之後——或者甚至是今日——大多數人可能會從某種完全不同的透視角度去看羅素，但是至少我有把握的是，由我來擔任這件工作也許比羅素本人來擔任更為適合。

由於羅素本身從小就習慣生活於數學與抽象思考的領域裡，因此他很難明白為什麼一般人會不了解它們，同時現在的學生很少有人像羅素那樣，在布萊德利哲學與古老邏輯的傳統下被教養長大。羅素有辦法在街頭上用簡明流暢的話語向人解說任何其他的事情，然而他卻無法闡明自己哲學的重要性在哪裡。在他的《西方哲學史》的最後一章，他曾試圖做這樣的工作，但是有一位評論家立刻批評他說：「羅素已經做了一項了不起的事，因為他對待自己的作品，比對康德的作品更不公平。」

現在我想先對羅素的哲學做一個通盤的概述，在這裡有一點必須注意的是，他的許多見解是與別人共享的，有些則是他自己對這些共有見解的推論。在我相當漫長的專技哲學研究中，我曾試圖清理這些屬於他個人的推論部分，這是一件非常困難的工作，因為羅素把這些推論歸功於自己的創獲這一點上一向不太熱心，相反地，他總是謙虛而且經常是過度慷慨地感謝別人給他的影響。我曾提過羅素在摩爾的影響下，很早就擺脫了布萊德利，但是布萊德利有一部分觀點，他還是接受的。新的符號邏輯是從十九世紀的布勒（Boole）氏開始，有一位現在幾乎已被人忘記的人——休・麥克科爾（Hugh MacColl, 1837-1909，蘇格蘭數學家、邏輯家），他堅持說最重要的一點是，邏輯的基本觀念並不包含等級的分類，而是在命題之間的涵義。羅素對數學的詮釋，正是過去弗列格所期待的，他的數學工作在開始時也是以弗列格的理論做基礎，不過後來皮亞諾表示，有一種比弗列格更簡便的邏輯符號系統可以被創造出來，最後羅素在與懷海德密切合作之下寫成了《數學原理》。有一次有人提到這本書而沒有提到懷海德時，他馬上抗議道：「這本書裡面沒有一頁不是我們二人共同的工作結晶。」

然而不僅是為了節省篇幅起見，我覺得我們可以合理地，把底下的一些新觀念認為是屬於羅素自己的東西——事實上他的最重要的許多觀點，都是獨自獲得的而非受到別人的影響，例如他在完全未接觸過弗列格的作品之前，自己就已經獲得了很多與弗氏相同的結論。在這裡，我順便提一個關於達爾文「進化論」的類似例子：正如每一個人都知道，「進化論」是達爾文與華萊士（Wallace）分別提出的，而且是華萊士首先準備出版他的論文，但是我們現在把它稱為「達爾文的理論」也不能算錯，因這是經過達爾文整理所有的證據，然後擬出十分有系統的可靠結論，使人無法忽略它。

在邏輯方面，羅素也有類似的傑出成就：要不是透過羅素專門技巧上的辯護，相信今天很少會有人記得休．麥克科爾；要不是羅素提醒大家注意弗列格的作品，相信很少有人會再聽到弗列格這個名字；至於懷海德，作為一個普通的數學家，他是羅素的前輩，而且也很精通創造邏輯符號的藝術，《數學原理》裡面有不少奇特的符號系統都是他所發明的，但是因為懷海德只有在放假不授課時，才從事於著作，所以一大部分的工作都不可避免地落在羅素的雙肩上，因此我想我們可以很公平地說，要是沒有羅素的話，《數學原理》是永遠不會完成的，事實上原先計畫以幾何學為題的《數學原理》第四冊，就是由懷海德準備的，可是後來一直沒有下文。

因此，當我要邀請讀者去了解其他人的工作時，特別是弗列格的，讀者必須記住，我要談的只是羅素的見解，而且我將由底下這個簡單的問題開始：「羅素把數學邏輯化的重要意義是什麼？」《數學原理》一書的真正重要性是什麼呢？這部奇妙的作品，在給「1」這個數下定義之前，已經占去了三四七頁，同時它的第二冊在尚未證明$m \times n = n \times m$之前，已經占去了不少篇幅。

我想它主要在哲學上的重要意義（《數學原理》當然對數學家也是非常重要的，就是羅素自己也曾說過，此書有十分之九的重心是擺在數學方面），並不是要使數學基礎變得很困難和很複雜，相反地，此書的目的是使數學變得更簡單而且容易了解，並可把數學知識中的「神祕」成分除去。認為數學存在著某種高深莫測的奇妙事物，仍是人類思想中最根深柢固的觀念之一，就是在今日，人們對某些數目仍存在著迷信的感覺，譬如像3、7、13這些數目，人們常常以為它們對善與惡有某種象徵意義存在。而且就是數目本身也經常會引起古怪的問題，舉個簡單的例子：由3裡面減去7，答案是–4，但也許你們會說–4並不存在呀！因此它不就是等於無嗎？然而–4與0是不相同的。

另外，人們也常常覺得還有比這種想像的數更妙的東西存在，例如$\sqrt{-1}$即是，此數自乘即變成–1，但$\sqrt{-1}$在某種方程式中扮演一個很重要的角色，特別是電機工程師常常用在發電廠的設計上。數學與神祕主義的關係，由畢達哥拉斯開始到詹姆士．金斯（James Jeans, 1877-1946，英國天文學家、物理學家兼數學家）為止，都沒有辦法解決，因此他們只好認為上帝才是最高明的數學家，所有這些曲解的部分都被羅素的理論所掃蕩。

那些認為所有知識均來自經驗的經驗派哲學家們，從來沒有能力去解釋數學的問題，因為數學的知識似乎與經驗無關，但卻可以應用到實際的世界。像米勒（J. S. Mill）一樣，主張我們之所以知道二加二等於四，是因為我們曾經在日常生活中，經驗過很多二件東西再加上二件便會湊成四件的事實。其實這種表面上似乎講得通的說法，從未被證明為真理，因此像康德這種哲學家才能沉迷於利用所有各種的誇張哲學來解說數學知識，現在羅素產生了一種交互的理論（The Alternative Theory），他說二加二等於四的問題很像底下這種簡單的邏輯原理，即一個命題不可能對與錯同時並存，有一度由於他早期對數學的興趣與尊重，他甚至很勉強地相信，數學和邏輯只是一種利用符號與文字的慣例而已。「二加二等於四」就跟「三呎等於一碼」是一樣的。

「數學必須牽涉到一些奇妙的直覺」，這種觀念一旦擺脫掉，就比較容易採取徹底的經驗主義立場，雖然羅素本人並不像他的許多後繼者那樣完全走這條路線。

結果，消極方面的剔除，導致了朝積極的結論更向前邁進一步，作為一個哲學家，羅素的貢獻經常是採用這種方式，當他把布萊德利推翻時，他也同時推翻了康德和黑格爾的許多理論，而使數學向前邁進了一大步。這點乍看起來，似乎只配贏得後代青年學子的感激，因為他使他們擺脫了那些無意義的東西，而替他們節省了不少時間與精力，可是事實上，每一次他的破壞總會同時帶來更積極而富有建設性的東西。

在此我們可以得到一個類似的例子：歷史上有不少人設法製造可以永遠轉動的機

器，卻都先後失敗了，但是當人們一旦了解為什麼他們會失敗時，他們對機器原理的了解便自然而然會向前邁進一大步。同樣的事實也可以應用到每一次試圖建立一個完整的哲學體系的失敗上，一旦明瞭它們為什麼失敗，那不啻是意味著人們對自然的本質將會採取一種根本的不同看法，一種新的哲學體系或許會因此而誕生也說不定。

羅素與布萊德利和黑格爾信徒的紛爭主要是在艱深的專技問題上，但是我認為他們爭執最重要的一點，可以用非專技的通俗語言來大略說明如下：

譬如你想去研究人類的眼睛，可以用兩種不同的方法去著手，第一種是布萊德利和黑格爾這類哲學家所採用的方法，他們在一開始會說，眼睛是身體的一部分，因此除非你把它當作身體的一部分，否則你就無法了解它。事實上一個好的眼科醫生，他也會這麼說，所以當他檢查一個視力不好的病人時，他會同時問他全身的健康情形如何。如今全身的健康（包括眼睛在內）主要是依賴所攝取的食物，而食物的品質又須依靠現行的專業技術與運輸食物的交通工具是否方便而定，這兩件事又須依賴在問題時，世界的歷史發展狀況來決定，而這最後一點又須取決於地球的整部歷史及太陽系的存在；或者你可以用另一種論證方式說：「一個曾經在晚上見到星星的眼睛，顯然與從未見過地球以外的事物的眼睛有很大差別，因此假如星星不存在那裡的話，眼睛也將會是不同的。」以這種觀點出發，那麼不管是人類的眼睛還是任何其他事物，你可以表示，假如其他事物改變的話，眼睛也不會是相同的眼睛，並且主張凡是不考慮全體，只考慮事物孤立狀態的分析方式都是錯誤的。你可以說宇宙（假如你對它有正確的觀念的話）並不是許多孤立事物的組合，而是一個完整的統一體，因此你也可以把自己稱為「一元論者」（Monist，此字是由希臘字Mono變來的，其原義和英文的Single相同）。

但是還有另外一種研究人類眼睛的方法，這是羅素所採用的：首先你可以把眼睛視為孤立的個體，並且認為你唯一必須知道的一件事是光線如何進入眼睛裡面，然後如何由神經傳到腦子裡，把眼睛所見的結果報告給腦中樞，之後眼睛才接受由腦中樞反射回來的運動刺激，告訴眼睛應該向哪一個方向看去。因此你可以說在整個宇宙中若有任何其他的東西影響了眼睛，一定是透過這三種東西的作用，才會影響到眼睛，因此只要你明白了這三種東西，你不啻知道了所有有關眼睛的事，假如你是採用這種方式去研究事物的話，那麼你可以說已經在信仰分析的哲學了。你將會否定「分析的意義就是曲解」的說法，而且也會設法避免去建立一個龐大網羅一切的哲學體系，相反地，你將會集中力量去注意孤立的個別問題上，然後試圖把這些孤立的問題一件一件地解決。

這兩種觀點表面上看起來似乎公說公有理、婆說婆有理，雖然要是被推到極端的話，二者都很難去為自己的觀點辯護。例如在英國有一個人，他的名字叫鍾士先生（Mr. Jones），他有一個姪兒住在澳洲，若根據第一種觀點（即黑格爾的看法），假如這位姪兒死了，鍾士先生即使尚未獲悉惡耗，他也已經是不同的人了，因為他已失去了做叔叔的資格。這種說法似乎很難使人置信，並且從常識的觀點來看，在尚未接到惡耗之前，鍾士先生並不會有什麼改變，但是如果有人回答說，在上帝的眼中，鍾士先生已經變成了不同的人，這點我不以為邏輯的反駁是可能的；另一方面極端的分析的觀點，也似乎很難令人心服，雖然它在邏輯上無法加以反駁，現在我將舉一個最粗淺的例子：假如你要把宇宙切成碎片，你將會發現，要把它再合攏起來實在太困難了，同時也難以解釋為什麼宇宙會像目前這樣子。

我個人則認為這二種研究方式的取捨，決定於哲學家個人的脾氣，你的頭腦真可能是屬於喜歡把實在的全體當作一種神祕的統一來思索的那一類，或者也許你有像羅素那樣喜歡剖析事物的頭腦。（有一個反對羅素的批評家，有一次說：「他有一個被切碎的頭腦。」）假如我們承認這二種思考方式的選擇，只是哲學家的氣質與性格的問題，那麼我想我們比較容易了解為什麼羅素會選擇分析的方法，如果你像一元論者一樣，認為唯一值得談的真實只是宇宙全體，那麼你真正能夠談論的題材顯然是太少了，縱使過去大多數設法想說得多一點的一元論者也不例外。你只能說出一些重要的想法，例如「實在仍是有機的」或「上帝就是愛」，不久你的思想會越弄越糊塗。事實上，站在一元論者的立場，你將永遠無法認出或想出任何完全真實的事，因為就一般常識而言。我們人是無法每一件事都懂的。

另外一方面，如果你不喜歡模糊不清的概念以及對感情有朦朧的吸引力的事物，並且渴望了解某種精確的知識，那麼你將會喜歡走另外一條路，也就是這種熱烈的渴望中使羅素產生了分析的癖好，並且使他走上經驗主義之路，後來他揭露了一元論者所採用的邏輯論辯的錯誤，更使他自己和他的後繼者獲得了一股有力的推動力，而毫不遲疑地沿著這條路前進。

關於羅素的破壞性工作另外還有一點很重要的是，他指出他的前輩們對邏輯供給我們關於宇宙本質的知識的能力，未免估價得太高。

當有人問：「為什麼羅素會被人稱為亞里斯多德以後最偉大的邏輯學家？」一般的回答大概是，他啟示我們很多亞里斯多德所沒有發現的推論形式。希臘的邏輯家為了設法謹防謬誤的推理，他們把所有各式各樣有正確根據的推論形式列成一覽表，他們稱這張表為「推理的規則」。亞里斯多德認為，這些規則幾乎都是屬於三段論法，例如：「凡人都會死，蘇格拉底是人，因此蘇格拉底也會死。」羅素告訴我們，除了三段論法外，邏輯還有更多的方法，而且三段論法的力量並沒有早期邏輯家所想像的那麼神通廣大。我想假如我們要問為什麼羅素是一位偉大的邏輯學家？另外有一個很重要的似非而是的回答：「那是因為他告訴我們邏輯所能做的事太有限了。」（It was because he showed how little logic can do.）

羅素說過一句話：「當邏輯越進步時，能夠證明的東西就會越來越少。」他指出一個缺乏邏輯思考力的人，他的最大特徵是：常會用一個命題包含另一個不可能的命題。從這個觀點出發，他曾一度說過：「邏輯是一種避免獲得結論的藝術。」（Logic is the art of not drawing conclusions.）例如亞里斯多德的三段論法，其中有一些已經不像過去那樣正確，羅素更進一步地強調邏輯與數學給我們的知識都是假說而已，它們不過是告訴我們假如某些東西是真的，那麼另外一些東西也可能是真的。

上面提到的三段論法，舉個例子說吧，首先都要應用這種形式來陳述出來，即「如果凡人皆會死，蘇格拉底是人，那麼蘇格拉底也會死。」我們必須把邏輯視為很像今日電腦一類的東西，電腦只會解決有充分的資料送過來的問題，但是假如沒有一些事實首先被丟進去的話，它就沒法子產生任何結果出來；必須有與邏輯不相干的前提被提出來，邏輯才能開始工作，其都必須由尚未證明的前提來開始，這點一旦被提出來後，似乎很簡單，沒什麼了不起的地方，而且也不是什麼獨創性的見解。可是即使早在亞里斯多德時代，在理論上也被人承認過，但是它在人類思想史上，卻一直扮演著絆腳石的角色。

但是在開始時，在某些人的天性裡，自然會存在著追求正確知識的渴望。我們也曾提過，羅素在十一歲時因為發現歐氏幾何的公理無法證明，而引起的失望。他的哥法蘭克並沒有告訴他：「你必須從一些無條件接受的東西開始，而且你也可以此為學習的起點，這和從其他地方開始是一樣的。」要是法蘭克曾這麼說的話，他便錯了，因為並非所有歐氏幾何的公理都毫無問題，而且推理的系統事實上還是可以再向後退一步，羅素自己當然很自然地希望看到，是否能再向後退，而達到一些絕對正確的東西，這件工作正是他的《數學原理》所致力的目標。後來歌戴爾（G del）又繼續做同樣的工作，目的也是在正確地表明，那些東西是數學的基礎所無法證明的，以及為什麼無法證明的原因所在。

像康德及其他羅素的哲學先輩，都認為歐氏幾何的理論給我們很多關於真實世界的知識，他們尚未了解像任何其他的推理系統一樣，歐氏幾何也無法超越剛才所謂：「先假定某些前提是真的，那麼某些結論才能隨之而生」的範圍。羅素很早就一直堅持這一點，而不是在後來的追憶中才提起的，因為當他第一次著手研究幾何學時，就承認真實的空間事實屬於歐氏的範圍，《相對論》尚未使科學家認為它是非歐氏幾何的範圍。

人們之所以沒有看出，任何邏輯或純粹數學的論辯應該是假說這點，我想最普遍的理由是，人類有一種要想去證明情緒上所欲滿足的信仰的強烈慾望（**A strong desire to prove some emotionally satisfying belief**），因此古今以來不知有多少哲學家，儘管邏輯並不能證明任何事物的存在，他們還是一再地以為自己已經成功地運用邏輯去證明一些事物的存在，事實上這些不過是他們內心希望去信仰某些對象而已。這點很像無數的發明家，儘管永遠運動的物體是科學所無法辦到的事，他們還是繼續在幻想已經解決了永遠運動體的祕密。

笛卡兒認為他已經用「我思故我在」這句話，證明了自己的存在，然後他又進一步以此為基礎演繹出一套哲學體系。很多哲學家也都認為他們可以用本體論的辯證法，去證明上帝的存在，就是與羅素同時代的馬克塔格特也相信，他已經用邏輯證明了個人不朽的可能性，甚至於那些知道邏輯並不能直接證明任何事物存在的哲學家，也認為邏輯也許可以間接地做到這一點。有一個很顯著的例子是，布萊德利（像康德與黑格爾一樣）聲言已經在日常世界的現象上發現矛盾的方式。

上面這些利用邏輯獲得了所要的證明，一部分是由於證明技巧上的錯誤，另一部分則是基於語言運用的錯誤，還有一些是因為認為我們不得不相信的事必定是真的。羅素在哲學史上的重要貢獻之一，是他使邏輯從心理學的領域解脫出來，並且告訴我們邏輯並不是「思想的法律」（The Laws of thought）。

「明白邏輯的限度」一事的真正意義，後來才慢慢地明顯化，就是羅素自己也花了相當的時間才完全了解其意義。例如沒有任何邏輯的辦法可以證實某些事情到底是善還是惡，除非你在前提上以此為命題而開始探究，在一九一四年出版的《哲學中的科學方法》一書中，羅素仍舊寫道我們人類有一種前驗的倫理知識（A priori ethical knowledge），但是這點立刻遭受桑他耶那的挑戰，他否定人類有任何可以建立倫理理論的客觀前提存在，桑他耶那說：「善與惡正像左邊與右邊一樣，是由個人的觀點來決定的。」

他利用比喻的方式為人類辯護道：威士忌酒比咖啡毒性更大，但這並不是說威士忌被滲透，而是它本來就有毒性，才使人喝得爛醉。羅素先生和摩爾先生就是用這種方法孕育出事物的善與惡的觀念，在摩爾的《倫理的原則》（*Principia Ethica*）一書中，羅素接受了摩爾的主張，認為宇宙間有所謂客觀的倫理知識存在，但是既然桑他耶那向他挑戰，羅素便重新考慮，最後決定桑他耶那是對的，倫理的爭論其前提不是「這件事是善的」，而是說「我認為這是善的」，道德的主觀判斷變成了純粹的主題。

這種結論一點也不新穎，但是羅素和別人不同的是，他願意面對這個問題，其他的不可知論者在拒絕把上帝和《聖經》當作倫理價值的衡量標準後，仍然以曖昧的態度承認，他們可以對自己所擁護的倫理規範做一個合理的辯護，當傳統的道德律仍然具有相當大的勢力時，為避免失敗，這樣做似乎是很重要的，甚至像「布魯姆斯貝利」（**Bloomsbury**）這類擁護新道德的團體（這個團體的成員均以為，他們的生活方式是根據摩爾的教訓），他們的團員之間對什麼是善的內涵也很少有不同意的地方。但是在羅素漫長的一生當中，他親眼看見許多強國的掌權人物會公開地向新舊道德挑戰，他們宣稱基督教的觀念是錯誤的，他們認為弱肉強食是合理的，也覺得北歐民族之消滅非印歐民族，布爾什維克黨之奴役非布爾什維克分子是天經地義的事，他們為殘酷的暴行和人類的錯誤而辯護，對於這一點羅素也無法證明他們是錯誤的，根據他的理論，他只能說：「我非常厭惡你們的觀點，但是我必須承認這純粹是個人意見的問題。」人類中只有具有最高超的知識正直的人，才能坦白地承認與自己所希望的信仰完全相反的結論。

有一次他向羅威士．狄金遜（Lowes Dickinson）說明他的理論時，他說：「善與惡沒有客觀的確實性。」過了幾分鐘後，狄金遜大笑不已，因為在談話中，有人提到羅素所不喜歡的人的名字，羅素就馬上以堅定的憤怒語氣說：「他是個無賴！」

這是羅素的一大矛盾：他所有的本性都傾向於理性主義那一邊，他最討厭那些高舉情緒的色彩或任何種類的神祕直覺而摒棄理性的人，但是正因為羅素是所有理性主義者中最偉大的一個，因此他才會不得不承認：理性是不能證明神祕主義者的錯誤，事實上，在他內心的隱密處，他本身也是一個神祕主義者（雖然最不平凡的是：他是一個憎惡神祕的神祕主義者，終其一生都是在努力從事排除神祕的工作）。雖然他曾在《神祕主義與邏輯》一書中寫道：「過去那些哲學家中最了不起的人物，都曾感到科學與神祕主義是同樣需要的。」但是他天性中的這一面，卻很少為人所知。

六、羅素的「描述論」

現在我必須懷著戰戰兢兢的心情來談一點羅素的「描述論」（The Theory of Descriptions）。要在任何一本書上，為一般的讀者闡明羅素的「描述論」，實在是一樁吃力不討好的事，主要是因為它表面上看起來好像很容易。羅素第一次構思這項理論及後來的推論，都是用專門的技巧來處理，而且也很艱深，但是如果要把它的這項理論做簡單的解釋，看起來又似乎顯得太簡單而不值得人們為它而費神。即便如此，我們卻不能故意避開它不談，理由是一般都公認它是羅素對哲學最重要的一項貢獻，這不僅是他個人有此想法，連像摩爾及維根斯坦這種具有第一流的哲學眼光的人，也有同樣的看法，摩爾曾說：「『描述論』是完全新的東西，它是羅素最偉大的哲學發現，比他後來所說的一切都來得重要，這是他自己的獨創性工作，不曾受過任何人的影響。」

經摩爾這麼一說，讀者也許會興致大增，而期待過高，急於想知道到底這了不起的哲學發現是什麼？要是如此的話，一旦了解謎底後，起先定會大失所望。讀者首先必須了解的是，這理論的產生一部分是為了答覆奧國哲學家邁農（Meinong）所提出的問題。邁農過去即常思索一些不存在的東西的狀況，假定你說：「金山並不存在」或「完全的正方形並不存在」，這些陳敘不僅真實，而且也是很有用的。譬如那些易為神話及傳說所惑的富有浪漫情操的探險家，很可能會把第一句話當真，認為它是一個關於世界的真實境界；第二句話，常被老師們利用去糾正學生錯誤的幾何學觀念，或者有時也被用在幾何學的定義上。現在有一個問題來了，難道你能對「無中生有」的事做一些真實而有意義的陳敘嗎？剛才那二個句子不啻是說：「無中生有的東西是屬於不存在的事物。」金山似乎正是「無中生有」的東西，一個完全的正方形也是一樣，但是根據這個觀點，這二句不是都相同嗎？然而事實上也不盡是相同的，其中一句是告訴我們關於金山的事，而另外一句話是告訴我們正方形的事，同時從某種意義上說，金山和完全正方形都是存在的事物，否則我們怎麼會談到它們呢？

以上是邁農所想到的問題，邁農自己的結論是，像金山和完全正方形這類東西，即使它們並非真正存在，但仍然是屬於某種存在的東西，雖然它們的存在方式與日常的一般東西（像桌子和椅子）不大相同，那麼既然它們是存在的事物，我們就必須為它們找到安置的所在，因此他就創造了這些屬於子虛的領域。

羅素反對他這種說法，但是羅素並不說：「金山並不存在」，他主張我們可以說：「世界上並沒有金與山這二樣實體存在。」任何這類分析，都會把「金山」這個片語從句中除去，同時也會把任何相信某種存在的原因除去，當然這只不過是羅素「描述論」主論的開始，和最簡單的表白形式，不過我認為它也是最根本的開始。

在這個階段上，我想也許會使聰明的外行人不耐煩起來，因為剛才曾說過羅素的理論有某種獨特的地方，但是現在似乎只不過是「一個哲學家向另外一個哲學家表示：他不應該對不存在的事胡說八道」。羅素已經解決了一個難題，但是他可能讓一般人不能了解為什麼有人過去會為這個難題而費神，羅素所做的事顯然也是一種簡單明白的文字遊戲，一般聰明的外行人也許會覺得他對哲學無用論的疑惑，已經獲得了徹底的肯定。

對於這些人，我們首先可以向他指出的是，所有偉大知識上的進步，一旦獲得了公認的肯定後，通常都會有「顯而易見」的共同特質，當伽利略從比薩斜塔上把二種不同重量的東西拋下去時，他做過的事，現在連小孩子也會做，可是伽利略卻受到當時所有聰明之士的反對。就拿一個現代的例子來說吧！凱因斯《就業理論》的基本觀點，現在已經被普遍地接受了，人們幾乎無法想像當年竟有人為它爭論得那麼厲害：就在不到二十五年之前，因為幾乎所有學院派的經濟學家和財經專家都未能了解凱因斯的觀點，而使百萬人挨餓。

至於羅素的「描述論」，我們必須首先注意到它所激起的史實。關於羅素所談論的為什麼他認為它很重要，一般人即便不是抱著敵意，至少也是迷惑不解。羅素首次提出他的「描述論」，是在他的一篇名叫〈論符號〉的論文上面，這篇文章列在一九〇五年出版的《心靈》（*Mind*）雜誌上，這是英國第一流的哲學刊物。《心靈》雜誌的主編史陶特教授（Stout）不大欣賞羅素這篇內容，要是其出自默默無聞的年輕哲學家的手筆，無疑早已被退稿了，可是由於羅素國際性的聲譽，所以使任何他所寫的東西都會被自動地接受下來；但是依照摩爾的看法，他認為這篇作品無懈可擊，任何人都無法對它加以畫足添蛇。摩爾本人曾經很坦白地告訴我說，直到羅素在他的《數學原理》序言中做了明白清晰的陳敘後，他才真正地了解羅素的「描述論」。

現在我們可以輕易地做個大膽的假設：那些不能了解羅素的哲學家，正像過去那些不能了解凱因斯的經濟學家一樣，無疑地他們都是愚者。但是這樣的假定顯然也是錯誤的，比較妥善的辦法是先去尋找一些更基本的闡釋，來超越那一種新觀念剛開始形成時，所難免會出現的困難與晦澀。

為什麼很多人類史上偉大的知識進展，常常會引起強烈的反對，但後來卻成為顯而易見的真理？理由是一般人類有一個普遍的弱點，那就是不敢向當時一般公認的想法挑戰，這是尤其困難的工作，把那些潛意識的假定帶到意識層來，但是這樁工作一旦被完成，人們的第一個反應往往是不知道是否應該向它挑戰，而之後的承認卻比較簡單了。例如相信地球是圓的遠比相信它是平的要來得簡易明白，因為如果相信地球是平的話，會牽涉到許多尚未解決的問題，譬如地球是怎樣被支撐的呢？它是無限遠嗎？當你走到地球的末端時，會不會掉下去呢？太陽和月亮在西邊降下去之後，怎麼又會從東邊升上來呢？歷史上第一個提出以上懷疑「地球是平的」之問題者，雖然所問的似乎不是什麼了不起的問題，可是人類知識之所以向前邁進，就是靠這些懷疑，因而後來「地球是圓的」此一說法，就自然而然被大家所承認了。一個偉大的思想家便是能夠對一般人視之平凡的事提出懷疑的人，羅素是一個偉大的哲學家，因為他也具備了這種能力。

羅素的「描述論」最根本的一項成就，是指出有些在潛意識裡被認為對的事情，實際上卻是錯誤的。羅素指出「一個字必須代表一件東西」，以及「文字的意義與實際的口頭表示應是相同的」這些假定，顯然都是錯誤的，假如這些假定成立的話，那麼不啻是說：「一個句子的文法構造和它的邏輯構造是相同的」。現在就以剛才邁農的舉例來說明吧！他假定一個關於金山的句子乃是在談及一些關於金山的事，因此這些東西一定必須存在，否則它們不可能被人們提及。羅素分析的結果，證明他這種假定是錯誤的，羅素也同時提出，還有許多方式可能讓我們被文字和句子的形式所誤導。

假定我們談論一些關於邱吉爾的事，現在我們必須注意的是邱吉爾漫長的一生中，有各種不同的生活時期：起先是一個喜歡大叫大鬧的嬰兒，後來是哈羅的學生，接著是職業軍人、藝術家、磚匠、政黨的領袖和一位偉大的世界性政治家，所有這些不同的個人身分，我們都用同樣的字眼「邱吉爾」來描述；可是那個叫做邱吉爾的嬰兒，顯然跟老當益壯的政治家「邱吉爾」有很大的差別，這兩個個體可能並不是由共同的單純分子所構成，但在嬰兒與老政治家之間，也可能存在著一些共同點或一些關聯，至於他們之間的關聯是什麼？這是深奧的形上學問題，我不想在此討論它。現在我們可以用常識的領域來領悟，任何一個人要是認為「邱吉爾」這個字眼是代表一個不變的人，那麼他顯然是錯誤的。

羅素相信我們對其他許多字眼也常常會發生同樣的錯誤，只是沒有剛才那個例子那麼明顯罷了！為什麼會發生這種錯誤呢？理由是一般人都認為一個字應該有固定和明確的意義存在，它必須代表某種不變和真實存在的事物。

最有名的例子是有關「本質」（Substance）的古代學說，當我們談到一張「桌子」時，我們可以說它是木頭做的、它是笨重的、它是黑而發亮的等等這一類描述它的話；大家這樣說，是因為先假定一定有某種具有上面這些屬性的物質存在。後來羅素對這種觀點開始懷疑，當我們要去解釋那用木頭製成的東西是什麼、那笨重的東西是什麼、那黑而發亮的東西是什麼時，我每一次都是用同樣的字眼「桌子」，這讓我們誤以為在這些屬性後面有某種不變的物質存在。（甚至於實際上根本沒有這種東西，我們也會這麼想。）這是羅素在一九一四年所發表的一部著作《吾人對外在世界的知識》裡所提出的結論，幾年以後，他用同樣的方法懷疑笛卡兒所謂：「我思故我在」，同時也懷疑一般人對「我」這個字眼的觀念，羅素寫道：「要是假定思想需要一個思想家，此乃文法的誤導所致。」

這些觀點在下面幾章中，我還會進一步地提到它們，但是我所說的已經足夠表示出「描述論」，雖然乍看起來好像只是用不同的字眼來談同一事物而已，事實上，它卻使我們人類開始對宇宙的本質觀念，產生了根本的革命性改變。羅素曾對他的觀點做過很好的結論，他說：「不要讓文法來支配本體論。」換句話說，就是不要讓它來支配我們對存在事物的觀點，「描述論」與存在意義的明確解釋有關，與反駁上帝存在的本體上論辯也有關係，它使羅素反對「主詞—敘詞的邏輯」（Subjective-Predicate logic）的信念，更加堅強，它與認識論也有很大的關聯。（所謂認識論是哲學的一個分支，它討論我們人類獲得知識的方法。）羅素把我們由「經驗」直接得到的知識，和由別人的「描述」間接得到的知識，做了一個明白的區分。

到現在為止，讀者也許仍會覺得很奇怪，單從那字的誤用的發現，怎麼可能獲得那麼多可貴的發現？但是當我們想起幾乎所有我們的思想、幾乎所有我們觀念上的交流，都是用文字來做媒介的工具時，我們就不會再感到這是奇蹟了，因此一旦文字被誤用，我們的觀念就沒有正確的可能。

「描述論」所引起的第一個結果是消極的，這也是事實，它在消極方面的貢獻是，它指出有些過去的哲學家用文字描述事實時，常會得到錯誤的推論而走入哲學的歧途，但是羅素也能由這些消極的貢獻而得到正面的結論，因為他一直堅信「語言如果可以避免錯誤的推論，它就會給我們一幅真實世界的圖像」。讓我們考慮這樣的一個句子看看：「一隻貓在一張地毯上。」（The cat is on the mat.）在這個句子中有兩個名詞、一個動詞和一個介系詞，它們合在一起表示了某種存在的關係，同時這句子本身也對這兩件東西——即一隻貓和一張地毯，彼此的關係做正確的描述。假如把句子寫成「The cat is on the mat.」那麼其中可能會有小誤解，因為「is on」這兩個字和「the cat」及「the mat」居於平行的地位，可是事實上「is on」是代表一種關係，而其他二字是代表兩種物體；假如我們把這句子改寫成「The cat the mat.」語言將會為我們描述出一幅更佳的真實圖像。

所以羅素認為，假如我們首先能小心地注意到所有文字被誤用的各種方式，並指出錯誤的假定，我們才能夠從文字的描述上獲得大量關於真實本質的知識。他甚至曾談到關於完美語言的觀念，他希望有一種完美的語言，可以把真實完美地反映出來，這一點我以後還會再提到它。

七、評論與政治

在他寫作《數學原理》的後期，羅素打破了自己一貫的生活原則：「我從不過度地耽溺於某事，即使是工作也不例外。」他開始拋棄過去一向嚴守的正常而有節制的作息表，他對工作的過度，可由他後來對劍橋數學家李特伍德教授說過的一句話得到證明：「《數學原理》幾乎把我的身心都吸去了，因此有時候我甚至會懷疑今日的我，已不復過去的我了。」

由於他在這段時期內勞心工作的結果，產生了一部劃時代的著作，所以很容易使一般人認為他在一九〇〇年至一九一〇年之間，除了《數學原理》的創作外，沒有做其他別的事。事實上，在這十年間，他還是不斷地在《心靈》和其他專門刊物上，發表他的哲學論文及書評，《心靈》雜誌的主編一收到無人能了解且用德文、法文或義大利文寫的哲學作品時，他自然而然地就會把它們送到羅素那裡去，而羅素總是很快且很仔細地把他的評論寄回給主編。

我們必須說羅素經常是一個無情而且無憐憫心的評論家，特別是他最早期的評論，他的批評態度有點像站在手術檯旁邊的外科醫生，他的解剖非但精確而且絲毫不為感情所左右，表面上他曾毀掉了許多作家，事實上要不是羅素給他們寫了評論，這些作家將永遠不會被後代記得。

例如那位倒霉的歌布羅特（Edmond Goblot），他是《科學的分類》一書的作者，他可能寧願忍受別人的許多辱罵與批評，卻不願面對羅素一句殘酷的結論：「他的作品似乎沒有多少優點可言。」（註：由這段評論，我們可以得知羅素驚人的記憶力，這是他在二十六歲所寫的，我在這裡特別把它提出來，是因為現在已經很少有人知道這篇東西，而且從它出版到現在尚未有人引用過它，我在一九五五年（那時他已經是八十三歲了）把我這章原稿大聲地朗誦給羅素聽時，他立刻向我說，我的引句不夠完全，並且一字不差地把整段背誦出來：「這部作品似乎沒有多少優點可言，除了他所引用的材料有一部分相當正確，例如該書第四十三頁上即引用『知識即權力』的主張。」）另外一位是朱利亞斯・舒茲博士（Dr. Julius Schultz），他是《心理學與數學公理》一書的作者，他曾受到羅素冷酷的責難：「舒茲博士在幾何學上的立論，乃是集邏輯的謬誤、歷史的盲目及數學的錯誤之大成……此書的標題尤易讓人們對邏輯與心理學之間的關係感到混淆不清，而且作者似乎有意使它如此。」

人們也許會難以了解，羅素寫評論時是如此刻薄，但他的為人卻又那麼富於人性的慈愛，有時候甚至因為太過仁慈，反而被列入「愚笨哲學家」的行列中，然而他對學生的幫忙總是不遺餘力，而且慷慨之至，正如桑他耶那（Santayana）對他的描寫：「他對那些謙遜無助的知識流浪者，總是顯得異常仁慈慷慨。」

假如有人問他，為什麼他要這樣嚴厲？他的辯解可能是：「最重要的一件事是你必須毫不妥協地對一本書說出你內心的真話，除此以外，其他的事都是次要的。」對於羅素性格的這一面，韋伯夫人有一段很精彩的描述，她說：「所謂『妥協』、『緩和』、『複雜的動機』、『身心的健康狀態』、『修飾的陳敘』及『不穩定的感情』，羅素對上面這些事情似乎毫無所知，他知道得最清楚的是：一個命題的真或假、一種個性的善或惡、一個人的可愛或不可愛，以及他說的是真話或是謊言。」

可是在那些年頭，甚至在後來，羅素有時候也會不必要地賣弄他的機智，我相信羅素像很多其他具有特別的敏感性與領悟力的人一樣，為了適應環境而生存，有時不得不發展一種表面上的硬工夫，以便應付人類生活中隨時會產生的悲劇、醜惡及傷害。（同樣的事情也曾發生在蕭伯納身上，他在年輕時代也是和羅素一樣害羞與神經質，但是羅素從未達到蕭伯納那種口頭上尖酸刻薄的程度。）

另外一種解釋是，羅素的機智有時候未免太激奮，而使他暫時為這股激奮之情所引導，忘卻了做冷靜的思考，但是羅素差不多只有在講笑話時，才會偶而流露那種無情的話，就像王爾德（Oscar Wilde）的一種個性：「除了誘惑以外，他能抵抗任何事物。」同樣地，我們也可以說羅素：「除了開玩笑以外，他能抵抗任何事物。」一些比較沒有那麼機智的哲學家常會抱怨，當他們認為在辯論中已經占了羅素的上風時，他常常會用一些幽默的笑話來轉移大家的注意力，這種做法和邱吉爾的作風頗有異曲同工之妙。邱吉爾每當在下議院碰到尷尬的場面時，也常會用一些巧妙的喧鬧對答或做恫嚇狀，來解決他的窘境。

在寫作《數學原理》這些年頭，羅素也會找些時間從事政治方面的活動，他參加了一個名為「協力合作」（Co-efficient）的討論團體，威爾斯（H. G. Wells）也是其中的一員，他全心全意為保護自由貿易政策而說話或寫文章，而且在一九〇七年，甚至參選國會議員。

在溫布頓（Wimbledon）要舉行一次補選，該處一向是保守黨的地盤，那位曾經擔任市長的自由黨候選人，他覺得自己應該退出政黨政治，所以就放棄競選，這時羅素答應出馬作為「婦女選舉權協會聯盟」的補選人，這時的女權運動分為兩大派，羅素強調自己是屬於「信仰經由立法的方式取得選舉權」的那個派。

對於此事，他也像大多數其他的政治事件一樣，他很不喜歡極端主義者，當一位極端的女權主義者告訴他說：「每一個男人有一半是瘋癲的。」他回答說：「正是較好的一半。」

在溫布頓做競選活動時，他向人們解釋說：他是代表民主、自由和正義，所有這些都意味著必須把投票權給予女性，據他當年登在報紙上的一篇談話中，他表示自己會支援所有自由黨政府的問題，唯一的例外是對婦女投票權所採取的態度。羅素是一個自由主義者，終其一生，始終未曾改變，而自由黨政策中最重要的一部分就是自由貿易。

雖然他不是自由黨正式的官方候選人，但是羅素仍然受到了自由黨領導者的好感，他的對手是亨利・卓別林（Henry Chaplin），他是當時最重要的保守主義的政治學家之一。

底下由羅素的一句話，可以知道在戰前那些日子裡，人們對女權運動並不太熱心，他說：「把投票權贈予女性的問題，即使不是最重要的問題，至少也差不多可以說是目前我們國內相當重要的問題。」雖然當時的政治危機不像今日這麼嚴重，但是一般人民對政治競爭均具有濃厚的興趣。

當時的競選仍然停留在街頭公開演說的階段，尚未進入在平面電視露面的地步，因此當他第一次公開發表街頭演說時，常有一群故意找麻煩的人噓他下來，而他的敵對者更是想辦法開那些女權主義者的玩笑，所以故意在羅素的女助選員演講之際，在聽眾之間放出兩隻老鼠，目的是要使那些女性大叫起來。倫敦《泰晤士報》在描寫此事時說：「那裡激起了一陣騷動，直到老鼠被殺後，才平靜下來。」但是根據另外一家地方報紙的報導，似乎並非如此，《溫布頓新聞報》說：「他們的計畫並沒有獲得預期的效果，這兩隻受驚的小動物，牠們的辨別力相當高明，所以牠們絲毫未使那些女權主義者受驚，倒是使那些坐在講台前面的一部分男人，看見這不速之客出現後，慌張不已，經過一番追逐，老鼠就被解決了，這些男人才再度恢復了他們平靜的紳士之風。」

但我們必須了解的是這家地方報紙的言論，是難得有不偏不倚的。它是強烈地親羅素的報紙，常用讚美與誹謗性的猛烈抨擊來支持羅素的競選，它的一些大標題都是在為自己說話，例如：「下流的懦夫在瓦普勒大廳內放老鼠。」「一些無賴與小流氓自己在大聲喊叫。」「女士們精彩的演說贏得了聽眾的心。」「在雷尼斯公園，羅素夫人遭受兇惡的攻擊。」關於此事，這家報紙的報導是「另外一件下流怯懦的暴行在星期二晚上發生：羅素夫人——她是一位對丈夫的競選極為熱心的迷人女性——當她正要開車駛離雷尼斯公園時，有人向她投擲一顆蛋過來，這個令人不快的投擲物正好打在她的雙眼之間，頓時引起了一陣相當的劇痛……不久她的臉上腫了一大塊……對於這些野蠻人的暴行，聽眾均表現出極大的憤慨，他們似乎很適合做南非洲野蠻民族的公民。」

選舉的結果，卓別林以一萬零二百六十三對三千二百九十七票，擊敗了羅素。

一九一〇年五月，當《數學原理》快要完成時，羅素更積極地設法進入國會，因此他希望被提名為自由黨的正式候選人，當時的特點是在期待或想到戰爭的人非常少，所以在提名會議中，他發表政見時並沒有提到外交政策，他只是攻擊貝托爵士在立法方面的不當，並支持地價稅、自由貿易和婦女投票權。雖然他獲得提名似乎已成定局，不料有一位地方贊助選舉會的委員發現羅素是一個不可知論者，所以當他坦白地說自己並不常去教堂時，另外一個候選人獲得了提名，並且順利地被選入國會。

如果羅素在此時踏入政壇，參加當時的首相阿西奎思（Asquith）所領導的自由黨國會團體（此時自由黨中的知名人物尚有邱吉爾、路易・喬治（Lloyd George）、哈爾登（Haldane）、赫伯特・薩繆爾（Herbert Samuel）和約翰・摩萊（John Morley）），羅素的一生將會有怎樣的結果呢？這是個有趣的問題，就我個人而言，我很同意查理・曲範良（Charles Trevelyan）的看法，他說：「羅素太不肯與人妥協了，所以很難成為一個成功的政治家。」

在一九一一年的制憲危機中，發生過一件不算太嚴重的插曲。當上院聲明反對自由黨政府的改革方案時，有人建議應該設法增加新的自由黨貴族，以便使自由黨成為上下兩院的多數黨，這時有人便提到可以考慮給羅素爵位，羅素聽到這個消息便說，假如有人要賜給他爵位，他願意選擇「Snooks爵士」（Snooks是瞧不起人之意）這個頭銜，有人聽後大為吃驚，羅素辯護道：「但是我想政府有意使上議院盡可能地顯得可笑。」

羅素有時候會堅持認為（我想這部分是由於他倔強的脾氣），「在他的哲學與政治見解之間，並沒有任何關聯存在，他很喜歡指出在哲學上自己很接近屬於保守黨的大衛・休謨（David Hume）。」可是事實上，我卻覺得在他的哲學與其他事物的見解之間，有很明顯的關係存在。他的哲學成果之一是，指出很多過去認為能夠由邏輯解決的哲學問題，事實上只能根據個人的脾性來決定，因此很自然地，引導他們在哲學上產生某種結論的氣質，在政治上也往往會產生同樣的結論。

在開始的時候，像羅素這種重分析、輕道德的哲學家，很自然地我們會發現他會走重視個人而輕視國家的思想路線，而黑格爾則剛好和羅素相反，他主張國家遠比個人重要。（從黑格爾主義對法西斯主義及共產主義的興起，所擔任的角色來看，它在英國和美國之所以被推翻也許有學院以外的重要意義。）

羅素在哲學上整個思考的傾向是設法在擺脫先入為主的觀念，並同時強調經驗的重要性。在他的政治思想上，他也是走同一個路線，除非你了解羅素對政治問題的觀點，都是根據當時的經驗及實際的情形來立論，而不是根據一些先驗的原則和偏見，否則你不會了解為什麼他的政治見解是這麼多變。由於我們所生存的世界乃是一個不斷變動的世界，所以他這樣做是十分合理和值得讚揚的。在不斷變動的環境中，羅素也繼續不斷地修正自己的觀點，以求合理的平衡。

要是不能充分了解上面這一點，大家對一部分羅素的政治論著可能會感到失望，我想這是不應該的。另外可能有一種錯誤的假定，那就是以為羅素的工作不過是用一些他也自以為是永恆真理的「主義」、「思想」或「誇張不實的理論」去解決每一件問題，事實上羅素認為產生政治智慧的第一步，便是了解並沒有這種所謂永恆不變的理論存在。

在這裡我必須談到關於羅素的怪事。當他高興地敘述自己在哲學上見解的改變時，常會說到他的政治見解的改變是自我批評的結果（雖然他的一些見解本來就很正確）。他之所以如此，我個人的理由是：當他理智地在做哲學問題的嚴肅探討時，顯然他並不考慮到道德與實際方面的事，他說得不錯：任何反對改變和發展他的思想見解的人，一定仍不了解哲學的淵源是和「神學」不同的，並且誤以為哲學的理論也必須像神學的教條一樣死板。他天性上熱情的一面，在他的專技著作中找不到出路，所以便發洩到政治與社會問題上來，他從來不會為某一種政治上的主義而奮鬥，但是當他一旦深深地為人類所遭受的不必要痛苦所感動時，他會毫不遲疑地挺身而出，並決心向製造這些痛苦的愚昧挑戰。在哲學上，他所採取的一貫原則是必須有一種方法和目標，正如高超的技術家最感到自豪的乃是他的技巧；在政治上，他基本的一貫性是具有熱烈的人性同情，同時他以一種增益其所不能，面對各種攻擊提高個性力的心情，來投身於實際的行動。

但是羅素不管對哪一種政治問題獲得結論，他事先總是能夠對兩種彼此衝突的觀點做公平的思考與評價，這種從各種角度去觀察一個問題的習慣，在哲學方面他也是經常在使用。懷海德有一次說：「在羅素本人的腦海裡，就有一場蘇格拉底的對話在進行。」

任何一個想要設法追蹤羅素政治見解的發展過程的人，很可能會碰到一些無法解決的謎（雖然我個人認為這些難解的謎並不太重要）。他是以自由主義的身分被養大的，然後在韋伯夫婦的影響下，加入了費邊社（在當時參加費邊社，並不意味著就是要脫離自由黨）。因此有一度他成為一個帝國主義者，並支持波耳戰爭，但是到了一九〇一年，他的一篇廣播演說中提到：「我已經有了一次類似宗教信仰所謂的『轉變』（Conversion）體驗……在幾分鐘之內，我改變了對波耳戰爭的看法，改變了對嚴厲教育的看法、對刑法的看法，以及對私人之間鉤心鬥角的看法。」從此以後，他對政治的態度開始像年輕時講授「德國社會主義」那一段時間那樣地漠不關心。

羅素一九〇一年的「轉變」，是因為他突然深深地覺察到大多數人生活的孤寂，並且熱烈地設法想要減少這種悲劇性的疏遠狀態。他把個人這時期的感受完全反映在他最出名的一篇散文裡，這篇散文叫《一個自由人的信仰》。關於此文，我要說的是，讀者應該再去買一部他的《神祕主義與邏輯》並且去讀它，這時他將會發現，除了其他的東西外，羅素的一些箴言讀起來頗似從《新約》上摘錄下來的詩句。

羅素脫離費邊社的原因，是他對自由貿易的過度熱心而導致的，在外交政策上，他反對聯合法、俄共同對抗德國的政策，他第一次聽到這個政策是在一九〇二年，「協力合作」社舉行會議時，由愛德華·格雷爵士（Edward Grey）提出，但是到了一九〇七年他在溫布頓參加補選時，他說自己是所有自由黨政府的政策支持者，另外還有一些明顯的證據表示他也曾一度支持過格雷的外交政策。一九一一年十一月，倫納德·吳爾夫（Leonard Woolf）剛從錫蘭回國，到劍橋摩爾家裡渡假時，吳爾夫有一段生動的追憶，他說：「有一次適值羅素和桑格一起來摩爾家拜訪，他們對格雷的外交政策展開了一場激辯，桑格誓死反對他，相反地羅素卻在為他辯護。」

一九五六年，羅素曾向我解釋過這件事。他說他之所以支持格雷的外交政策，只是因為當時他還不了解格雷的真正用意所在，格雷撒了一個大謊，他隱瞞英國連累法國的情形，其錯估了格雷的人品，還以為他是一個比較老實的人，並且以為他在國會的證詞都是真的。

八、平靜的生活

我想我們可以推想，一九〇一年當羅素突然清楚地覺察到人們生活的孤獨時，他對婚姻的觀點也開始有了改變，經過多年的思索，他已經慢慢地信仰以兒女為中心的自由戀愛。

羅素本人一生曾有過四度結婚的記錄，除外他還有不少親密的友誼，這些友誼並非全部是柏拉圖式的，這本書並不打算發掘這方面的事實，我不認為任何男女的親密關係除了他們本身以外，對其他任何人有什麼關係，這方面的生活還是留待羅素本人去敘述吧！

不過這一方面仍是相當重要的，因為有關羅素的許多惡意中傷與謠言都是由此引起的，但是我在這裡只是把一些人人都知道的事實做簡略的敘述，我所根據的資料是回憶錄、傳記、報紙上的各種離婚過程記述，和羅素本人的作品。他曾以「婚姻與道德」為題發表過不少文章，這些事我在後面的〈婚姻與道德〉一章會詳細地討論，這本書是在一九二九年出版的。

早在一九〇二年，韋伯夫人就開始注意到羅素夫婦之間有點不大對勁，第二年她在日記中寫道：「他們夫婦之間的關係，存在著悲劇性的嚴肅及費力。」事實似乎是羅素心智上與精神上的敏銳，無法與愛麗絲熱心的教友派背景相融合。

作為一個局外人，我們只需要注意到隨後他所做的不肯妥協之決定所發生的影響，他認為與其過幸福不再存在的婚姻生活，不如乾脆離婚。

羅素在他的嗜好及嫌惡上，經常是屬於貴族式的人物，但是現在他卻和與自己的階級同一背景的人開始疏遠，最主要的原因起初是由於他的離婚，後來是他反對第一次世界大戰的和平主義宣傳，結果他與一群反抗傳統而具有新思想的男女們建立了新的友誼。

他哥哥的名聲對他幾乎毫無幫助，法蘭克．羅素在牛津求學時，變成了一位佛教徒，因為三度結婚而以重婚罪被控下獄，因此人家在說閒話時，把他叫做「邪惡的伯爵」（The wicked Earl）。他的朋友桑他耶那說：「法蘭克幾乎被法律訴訟及事業上的損失所摧殘，但他還是繼續執掌幾個不安定的公司。」因此很自然地，大家都認為羅素兄弟是相當古怪和不受敬重的人。

羅素在一九一一年開始與其夫人仳離，結束了十七年的婚姻生活，但是直到一九二一年才完成離婚手續。在此我們必須記住的是，我們後代不少地方必須感謝羅素的第一位夫人，因為羅素是在與第一位夫人生活在一起時，寫下了他一生中被公認為最好的作品，羅素夫人為她的丈夫做種種的安排，使他能專心從事於「創造性思考的工作」，例如由於愛麗絲把家務處理得井然有序，才使他能安心不受干擾地工作。

羅素在他的一部著作裡曾說：「平靜的生活乃是偉大人物的特徵，他們的快樂並不是外表上看起來很富於刺激性的那一種，沒有持久不懈的工作，任何偉大的成就將是不可能的，這種工作必須貫注全部的力量，又是如此艱難，因此就沒有多少精力從事於各種費神的娛樂了。」對羅素本人而言，這點正是他個人的忠實寫照，例如本來他是很喜歡跳舞的，但是當他下鄉從事數學的工作時，他卻放棄了跳舞；他不擅長於各種運動，雖然他會玩一點網球，他說：「我唯一能擊敗的人是馬克塔格特。」

一九〇二年六月剛完成了《數學原理》時，他曾從劍橋寫信給韋伯夫人（這時他是住在懷海德的家裡）說：「在這五月的季節，不斷地有社交宴會……但是我對逛公園、球賽這些娛樂的事不再感興趣了，我常常走到大學校園裡去，靜靜地從柳樹欣賞晚霞的色彩，自從我完成了這部書後，我就開始把時間放在妳所謂有益於精神及養生的活動上，到目前為止，效果不錯，除了讀一點懷海德的作品外，前兩個禮拜我幾乎沒進行什麼工作，一整天差不多都在戶外沐浴於夏日陽光中。」

但是有一點我們必須記得的是，羅素所謂不費勁的運動，通常是指徒步旅行而言，有時從奧國走到義大利，或者是參加湖區的一個讀書會，偶而爬爬山或玩玩水。

羅伯特．曲範良（Robert Trevelyan）的妻子是一位很迷人的荷蘭姑娘，多年以後，仍能記起當年她與丈夫及羅素在一起旅行的情形。那時候這位太太對英國這些年輕人的習慣不太熟悉，當她聽說一天需要趕十五至二十哩路時，內心著實吃了一驚，更糟的是，他們不是在欣賞沿途的風景或輕鬆地漫步，羅素一直都在高談闊論哲學。後來曲範良夫人曾做合理的解釋說：「我不能夠一邊走路、一邊思索哲學，要研究哲學，我一定要坐下來才行。」晚上一行人為了輕鬆起見，她為大家朗誦喬治．艾略特的作品《米德爾馬契》（*Middlemarch*，近代英國最偉大的小說之一）。她勇敢地跟他們一道走了三天，但是最後一天她支持不住了，改搭汽車前去。

羅素的服飾一向是乾淨整齊的，他穿的是漿過的光澤硬領，衣領很高，以致看起來他的脖子似乎不見了。不過在這次的徒步旅行中，他同意在白天穿著軟的衣領，但是一到晚上他仍舊穿那種過高的硬領子，即使是在偏僻的鄉間旅棧也不例外。

在這裡順便介紹一段曲範良夫人的插曲。她是一位很優秀的業餘小提琴家，當她首次遇到愛好彈鋼琴的摩爾時，摩爾曾請她合奏一首奏鳴曲，而使她有了一次受窘的經驗，因為摩爾的演奏風格是很富於進取的那一型，帶有一種強烈的節奏感和不可思議的敏銳感，使他認為任何困難的樂段，他沒有不會處理的，他就是以這種藝術風格在演奏他的鋼琴，因此他似乎時常忘記配合小提琴的部分。

羅素對騎自行車的嗜好並不下於他對徒步旅行的愛好，一九〇三年他在倫敦曾發生過一次車禍，這次意外差一點就使他送命，那一次他被夾在一輛輕便的馬車及笨重的運貨卡車之間，起初他幾乎撞到了那輛卡車，後來又彈過來跌在馬車下面，馬車從他上面壓過去，可是他卻奇蹟式地沒有受到什麼傷害。

在那尚未發明護照的時代裡，文人學者可以自由地來往於英國與歐洲大陸之間，這時羅素曾旅行到佛羅倫斯與伯納．勃蘭森（Bernard Berenson）住在一起，勃蘭森常帶他到各地的藝術走廊去參觀，並騎自行車到鄉間去遊覽，勃氏後來回憶說：「羅素有時候會以一種富於詩意與神祕的情操，狂熱地談論數學的問題，這時我常常欣喜若狂地傾聽著。」勃蘭森本人對經由藝術作品的興趣而引發數學的靈感這方面，比較不如羅素，至於羅素對視覺美感的欣賞，勃氏說他只記得一次：那時他們正從勃氏的別墅出來，準備上山去，這時勃氏指點給羅素看偶然安排得很整齊的石子和木屑，此時羅素似乎深受感動，這也許是突然觸動他神祕主義的天性緣故。事實上尚有很多的例子，可以證明羅素對視覺的欣賞比勃蘭森想像中要來得敏感，但是無可否認的是，聽覺的藝術對羅素似乎更有吸引力，特別是那些抒情詩人的作品，他能背誦雪萊的整篇長詩，莎士比亞的十四行詩他也背得爛熟，除外很多其他英國詩人的詩，他會背誦的也不少，他對詩人布雷克（William Blake）似乎特別喜愛。

這是一個英國知識分子的黃金時代，這群有學問的知識分子都有足夠的收入和相當的閒暇可以到外國去旅行，韋伯夫人在她的日記中記敘自己和丈夫當年的生活情形時說：「我們經常和華萊斯（Graham Wallas）、蕭伯納、查理・曲範良及薩繆爾（Herbert Samuel）諸人到比奇爾（Beachy Head）去渡假一週。」她又寫道：「我們真是一群幸運的人，因為我們擁有愛情、工作、友誼和健康，只要我們感到需要，隨時都會有假期，這真是理想的生活。」

我們後代的讀者只能從他們這一群知識分子對長期鄉居愉快生活的片段回憶，而了解一點當時的情形，他們（包括羅素夫婦、韋伯夫婦、蕭伯納夫婦等）早上都有自己不同領域的工作要做，但是一到下午就會聚在一起，把時間花在閒談或散步上。

在羅素的《羅素回憶集》一書中，他回憶當年的蕭伯納時說：「蕭在寫作他的劇本時，經常要把每一個劇中的角色的名字分別寫在一張紙上，然後放在棋盤上調遣，以便提醒自己，現在輪到哪一個角色要上場了。另外有一次是蕭在剛學會騎自行車時，曾撞上了我的車子。」

關於威爾斯，他也有一段記述：「威爾斯曾說了一句使我頗為受驚的話，他說：『雖然我是自由戀愛的信仰者，但是我不願意公開地承認它，直到我能夠儲蓄足夠的版稅得以為興趣而生活為止』。」

除外，韋伯夫人嚴格的素食主義也不斷地提供羅素以幽默嘲弄的機會，可是說也奇怪，這樣反而使她的脾氣改善了不少。

韋伯夫人嚴格地執行有系統的食譜，第一條是每人兩天的食量剛好一磅：其中早餐是四盎司，午餐六盎司，晚餐六盎司，這個食譜執行越來越嚴格，例如每天早上一定是二盎司麵包加上一個蛋，有一次韋伯夫人得意地告訴羅素說：「她的素食主義使她變得更有精神，同時給她更美妙的幻想力。」羅素回答她說：「是的，假如妳吃得太少的話，會產生幻想；假如妳吃得太多，會夢見蛇。」

有時候，頭腦比較嚴肅的西特尼・韋伯先生也會發覺羅素的機智使他苦惱，有一次羅素以開玩笑的口吻說：「民主政治至少有一個優點，那就是一個官吏或議員一定不會比他的選民更愚笨，因為儘管他們多麼愚笨，總有比他們更笨的人會選舉他們。」韋伯先生對這種羅素型的幽默似乎頗懊惱；有些人可能會以為羅素的幽默和蕭伯納是屬於同一類型的，事實上羅素的幽默（除了偶而耽於過度的諷刺外）更為微妙而細膩，而且都是有事實做根據而獲得推論，法國的數學哲學家尚尼科德（Jean Nicod）說：「羅素的談話，略帶一種滑稽的意味，但絕非無的放矢，而是有事實的根據。」相反地，蕭伯納卻是喜歡顛倒事實的諷刺性幽默，而羅素則喜歡那種「水落石出」式的真實性幽默，但是羅素本人有一次卻回憶說：「他在小孩子時代常常喜歡翻筋斗。」

在他們這一群人中，另外有一個名叫吉爾伯特・莫瑞（Gilbert Murray）。他說自己很清楚地記得羅素曾一下子喝光了四杯茶，並常常用雙手捧著茶杯使它們溫暖，羅素這種習慣在他的朋友間是頗為出名的，因此有一次喬治・曲範良在第一次帶未婚妻參加茶會時，他突然向她叫道：「珍妮妳看，他又做了！」

吉爾伯特・莫瑞又記得有一次正在比賽網球時，羅素忽然接到了他哥哥法蘭克的電報，他要人家念給他聽，結果是：「法蘭克又遭遇了一次困難，需要一個人把他保釋出來。」羅素一面打球一面回答說：「豈有此理，打完這局再說。」

後來莫瑞把他們這一群人的生活情形拿來跟雪萊、高爾溫那一圈人相比，因為二者均有同樣的懷疑主義與理性主義的精神，並且同樣地認定過去的習俗與傳統往往是錯誤的。

莫瑞的太太是羅素的堂姊妹，他是在進入劍橋不久，有一次朗誦自己的譯作《希波呂托斯》（*Hippolytus*）的作品時，才開始認識了羅素，羅素很欣賞這部譯作，於是趨前問他是否可以把一本給他。羅素在一九〇五年搬到牛津附近的巴格萊林莊（Bagley Wood），一部分原因可能就是希望能與莫瑞夫婦經常相見，他們之間的友誼確是相當深厚；吸引羅素到牛津來住的另一個理由可能是：他希望有機會能與當地的唯心論的哲學家們做愉快的辯論。

我們很難記得羅素與摩爾的新觀念是怎樣才慢慢地為大家所接受的，現任耶魯大學教授的布蘭德·布蘭夏德（Brand Blanshard, 1892-1987）回憶說（他是在一九一三年進入牛津的）：「當時唯心論在牛津大學聲價之高，真是如日中天，一枝獨秀，以致使其他的一切理論都變得黯淡無光，當時的大人物布萊德利（Bradley）幾乎被捧上天而成為神話中的傳奇人物，他的威勢籠罩當時整個牛津學界，無疑地此時的牛津大學是英國哲學的首都。」從後來哲學發展的過程看來，這段描述似乎有點誇張，但也很可能是那時候大多數人共同的看法，不一定有誇張之處，對羅素本人而言，牛津是他敵對者的大本營，他有趣地期待著一場暴風雨的來臨。

他對牛津大學貝里爾（Balliol）學院的一位黑格爾唯心論的信徒——史密斯（J. A. Smith）特別感到討厭，因此有一次當史密斯說：「真理蘊藏在我們絕對的心底思想中。」羅素反駁他說：「你的意思是說，假如那個絕對的心停止考慮我頭上的頭髮時，我就會變成禿頭了？」史密斯以氣呼呼的顫抖口吻說：「我覺得羅素先生的這種觀點，簡直是在對我們宗教創始者的真理開玩笑，這個宗教對我們某些人是神聖不可侵犯的，也是我們所賴以長大的。」至於羅素這方面，他決定把史密斯視為一個欺詐者和偽君子，羅素對他的批評是：「他藉口說是要改進年輕人的道德，事實上反而使他們墮落了，因為他教導他們去相信那些不真實的東西。」

有一次莫瑞和羅素談論一位牛津的導師時，莫瑞讚美他，而羅素則不以為然，他表示不願意聽到有關他的話，莫瑞卻讚美這位導師是如何能把思想灌輸到學生們的腦海中，使學生們感到他們所想的東西是多麼地重要。羅素馬上回答說：「你的意思是他叫學生說謊，結果使他們也和他本人一樣。」

羅素也常常和當時英國第一流的實用主義者（Pragmatism）席勒（Schiller）發生爭辯，雖然他們二人對牛津的唯心論都有很激烈的批評，但是羅素同時也是一位實用主義的批評者，他一度曾把實用主義描寫為：「這是一種認為真理是站在大多數人那一邊的哲學。」一位曾經親聆過羅素和席勒辯論的年輕學生事後回憶道：「他們二人之間有一種生動的對比：席勒的哲學被認為是富於人情的，可是他在辯論時，卻是獨斷而乾燥無味的；相反地，羅素的哲學是冷淡而合乎邏輯的，可是在辯論時，他卻讓人感到充滿了溫暖和人情味」。

羅素帶著磊落爽快的輕蔑結束了他在牛津的生活，這種對牛津所表現的「輕蔑」態度，往往是劍橋學人共有的典型作風，就羅素個人而言，他所強調的一點是牛津的教育通常都忽視了科學方面的研究，他常常很開心地述說一段往事：當他第一次訪問牛津時，人家以驕傲的口氣告訴他說：「我們牛津現在有一個科學家的幻燈片。」接著羅素就說：「羅吉爾・培根（Roger Bacon）曾一度在牛津做過實驗，後來他被捉去關了十四年，從那個時候起就沒有人在牛津做實驗了。」

據羅素個人的看法，他發現牛津中唯一了解數學邏輯的只有倍利（G. G. Berry）

一人而已（這一點他也曾在他的《數學原理》一書內提到過），不過倍利在牛津大學內並沒有學術上的地位，他只是在博德利（Bodleian，此城以牛津大學圖書館而出名）當一名謙遜的牧師，他們二人初次見面的情形頗為有趣：倍利為了投羅素所愛，以一個簡潔有趣的邏輯難題作為見面禮，他走到羅素的家門口，遞給他一張紙，上面寫著：「這張紙反面的陳敘是錯誤的」，羅素看到後就把紙翻過來，哪知另一面也是同樣寫著：「這張紙反面的陳述是錯誤的」。

這時牛津大學從南方購入了一個儲氣桶，對牛津的外觀頗有損害，因此有些人在抱怨這件事，羅素卻認為「這是牛津大學內唯一可以點燃起科學之光的東西」。

同時羅素辯論的機智也使設在倫敦的亞里斯多德協會充滿了生氣與光彩。有一次羅素以他一貫的熱情激動地批評康德哲學，有一個好心的人低聲說：「但是康德對他母親是很孝順的，而這點當他的哲學體系被忘掉後，仍然是值得被記得的。」想不到羅素卻立刻回答他說：「我不能接受你這種犬儒式的假定，像康德這樣偉大的哲學才華，難道比不上他對母親孝順這種平凡的事嗎？」

就在羅素擔任亞里斯多德協會會長時，他剃掉了顏色別緻的鬍鬚，這些鬍鬚是他年輕時代的主要特徵之一，這樣一來使他的外貌有了很大的改變，以致第二天早上他在協會裡出現時，起初竟沒有人認得他，羅素自己說：「我用剃刀把我的鬍鬚剃掉後，才第一次發覺原來我具有一張諷刺意味的嘴，而這個發現改變了我整個個性。」我覺得他這句話，正是典型的「羅素式幽默」的代表。

根據可靠的說法，羅素這次剃掉鬍鬚乃是奧托琳・梅勒爾女士（Ottoline Morrell）的建議。梅勒爾女士的鄉居之所位在加辛頓（Garsington），距離牛津只有數哩而已，她是當時的學界名人之一，不過後人之所以會記得她也許並非她本身的緣故，可能是由於她與羅素之間的親密學術友誼。但是梅女士確實是一位相當傑出的女性，相信當年的任何學術上的大事記載，都免不了會記她一筆，像羅素一樣，她也是出身貴族家庭，是波特蘭公爵的妹妹，她身高六呎以上，頭上覆蓋著生動的褐色頭髮，她很喜歡穿華麗鮮豔的衣服，無論到什麼地方去，都是很吸引人注意的人物，哲學家桑他耶那在會晤她後說：「她是一個不可思議的人物，又高又瘦，身上穿著藍色的絲裙。」

她違反傳統的打扮與行為，漸漸地使她成為一位傳奇性的人物，不過有關她許多公開的故事，大半都是人家捏造的。她也是一位擁有充分藝術鑑賞力的女人，她最大的才華是懂得辨識男人們的天分，並鼓勵他們加以發揮，在她主持的文藝沙龍裡，她使形形色色完全不同典型和風格的才智之士，濟濟於一堂，在第一次世界大戰期間，她在加辛頓愉快地勝任此一角色。

羅素住在牛津附近的那一段時期，曾發生過一件小插曲，這件事頗能表現出羅素獨特的個性，因此我們不能不提到它。事情的經過是：有一位工人喝醉了酒，經過住在附近的一位平常人緣不太好的先生家門口時，他就在這位先生家的籬笆上亂寫罵他的話，後來這個工人被控要坐牢或罰款；他沒有錢付這筆罰款，但假如他要是坐牢的話，他將會失業，而他的妻子又快要分娩了，所以無論如何他必須去工廠工作。羅素知道這件事後，他就替這位沒有人肯為他說話的工人辯護，並且去看那位被罵的人，他看見他剛做完了禮拜由教堂內走來，羅素就趨前向他懇求把這位可憐的工人放了吧！可是這個人拒絕了，並且道貌岸然地說：「做錯了事，就應受處罰。」羅素對這種基督徒式的仁慈，內心深為憤慨，後來他用自己的錢把那位工人保釋出來。

九、劍橋與哈佛時代

一九一〇年十月，羅素回去母校三一學院做邏輯和《數學原理》的講師，年薪二百一十英鎊，他所教的班很小，但是學生的素質都很優秀，他教的數學邏輯那一班只有三個人聽他的課——一個是哲學家布羅德（C. D. Broad），一個是數學家芮維爾（**E. H. Neville**），另一個是諾頓（**H. T. J. Norton**，他把數學應用到遺傳學的問題上去），他們三個人讓羅素得以很自豪地宣稱：「我的學生百分之百都獲得了獎學金。」

這時候經濟學家凱因斯也在劍橋教書，他的老師兼老朋友懷海德則在羅素來劍橋任教的這一年離開劍橋前往美國，擔任哈佛的教席，但是他的好友摩爾也在第二年加入了三一學院的行列，加上維根斯坦的前來，更是如虎添翼，遂使劍橋成為領導英國哲學界的盟主。

維根斯坦是一位出身豪富之家的奧國年輕人，起先他是在曼徹斯特大學做工程學的研究生，後來他被航空這門嶄新而富於冒險的學科所吸引，他用風箏做實驗，結果使他覺得要是不先設計一架引擎，單設計飛機是沒有用的，於是他便去設計螺旋槳，但是這件工作牽涉到許多數學的方程式，在構想這些數學方程式之際，他突然對數學產生了濃厚的興趣，竟使他忘記了原先想設計螺旋槳的事。有一天他問人家英國有沒有了解任何有關《數學原理》的人？有人就向他提起羅素，於是維根斯坦便啟程前來劍橋聽羅素的課，並拜在他門下學習。

後來布羅德（Broad）把維根斯坦描寫為：「他是一個乍看起來有點像騙子的天才」，羅素自己起先也無法決定他到底是怪人還是天才，例如有一次維根斯坦曾提出了一個怪論說：「所有肯定或否定命題的存在都是無意義的。」於是羅素便例舉一個命題：「現在我們所在的這間教室裡沒有河馬。」然後便在課堂的桌子下到處找，結果沒有發現河馬的存在。但是維根斯坦對羅素的這個舉例仍然不滿足。

維根斯坦也上摩爾的課，因此羅素問摩爾對維根斯坦的印象如何？摩爾說他很器重維根斯坦，羅素問他為什麼呢？摩爾做了一個典型的回答：「因為他是在我講課的時候，唯一有困惑不解的表情顯示出來的學生。」事實是當維根斯坦陷入苦思或表示不同意時，常有皺眉的習慣。

維根斯坦在劍橋結束了他第一學期的課程時，便跑去問羅素自己到底是不是白痴，如果是的話，他打算下學期放棄學哲學而再回到過去航空學的研究，這時羅素要他寫一篇哲學方面的論文給他看，寫完後，維根斯坦馬上交給羅素，羅素看不到幾行後便叫他必須繼續學哲學。

在維根斯坦的信件裡曾屢次談到羅素給他的鼓勵是多麼大，摩爾在三一學院內的住宅正與羅素是斜對面，他常常可以看見羅素房間裡的電燈到午夜時分還亮著，他知道這時維根斯坦準是在那裡與羅素探討關於邏輯的問題。

但是有時候維根斯坦只是在房子裡沉默地踱方步，根據羅素後來的敘述說：「維根斯坦每次到我那裡時，他的開場白往往是：『當我離開你的房間時，我就準備打算去自殺。』因此我不大敢催他回去睡覺。」由於羅素有時說笑間常常會形容過度，所以他的話似乎必須打折扣，但是我個人認為這種事至少曾發生過一次。

由於維根斯坦具有強烈的條頓族的嚴肅性，因此有時候羅素和摩爾不大能夠了解他。有一次他們三人在一起喝咖啡談天時，羅素突然轉身對摩爾說：「你不喜歡我，摩爾，不是嗎？」摩爾想了一下回答說：「不。」接著他們就繼續聊其他的事情，使在旁邊的維根斯坦困惑不已，他覺得很奇怪，既然問了這種話，他們二人卻還能享受彼此的友誼，這件小插曲頗能顯示出他們三人之間的關係。

此時在三一學院的同事中有一個很堅強的教會組織，而羅素常以淘氣的態度惹惱他們，例如有一次在聯合教室舉行考試時，羅素隨意拾起一張考卷，上面有十個大題，但是底下的附註說明只要考生答六大題便夠了，這時羅素說：「呀！是的，正好像十誡的規定一樣，你們不能做六題以上喔。」

根據凱因斯的回憶錄，他對戰前劍橋的印象是當時第一號的風雲人物是摩爾，羅素只不過是在談論批評時才偶而被提到，無疑地從摩爾早期求學時代開始直至回到劍橋做老師為止，他對當時劍橋的影響力是巨大的，但是凱因斯對羅素似乎有個錯誤的印象，在一群以凱因斯為首的皇家學院同仁中，他們常常喜歡毀謗某一位特定的劍橋人物。

但是根據其他可靠的文獻與證據，顯示摩爾是當年唯一可以在辯論時與羅素對抗的人，在辯論當中摩爾常會問羅素：「你的意思真的是這樣嗎？」他也常常以搖頭代替口頭上的回答來表示懷疑的申斥，據那些當時曾聽過他們辯論的人說：「摩爾所關心的只是對真理的追求，相反地羅素卻喜歡擊敗人家的論點。」在這裡我願再提起一次，就是我覺得人們之不滿意羅素主要是因為他那不可救藥的機智，這種機智使整個辯論顯得風趣、多彩而富有挑戰性，但是他所說的話不能完全照字面來解釋。有人曾親自告訴我一個代表羅素說話不誠實的例子，羅素說：「我自己的信仰事實上是很單純的，不過我不願提倡它們，因為它們不能給我運用機智的機會。」他這句話就等於是說：「如果在最後的審判日有個筆試的話，他就無法把握他的機會；但是如果是在口試場上，他將會有很好的表現。」

約翰遜博士說過一句話：「在人類的天性中，有一種要使人覺得驚奇的趨向，對於這一點每一個聰明人都該設法治癒它，而且也唯有自己才能治癒自己的毛病。」我不認為羅素曾治癒過他這個毛病，但是似乎沒有人為此而感到惋惜，相反地，這點使人們與羅素之間的談話更為愉快而有趣。

至於凱因斯與羅素之間，似乎有一種潛在的敵意存在，凱因斯說羅素誤把一般人看得太理性了，另一方面羅素發現凱因斯頗有馬基維利主義（Machiavellism）的味道，因此凱氏才會有輕蔑一般平民的傾向。據羅素自己的說法，他覺得凱因斯是他所見過的人中最厲害、最明達的知識分子，他說：「凱因斯那些具有毀滅性的辯論，彷佛毒蛇的舌那麼快地投射出來，所以當我跟他辯論時，我覺得我把自己的生命握在自己手中，這時我很少不暴露出愚者的形象。」但是羅素自己的回憶卻與當時曾目睹他們辯論的倫納德・吳爾夫（Leonard Woolf）不大一樣，據他的印象是當他們在爭辯時，羅素似乎比凱因斯更為敏捷，更能迅速地抓住致勝點。

在這裡值得一提的是羅素有名的「柏格森講座」。柏格森哲學被劍橋社會視為「異端」。但是他的神祕進化哲學在當時卻受到極大的歡迎，羅素有意著手推翻它，有一群熱心的聽眾在聆聽他的這門課，而每一個都有一種置身於偉大時刻的感覺，這些演講後來被收集在他的《西方哲學史》一書中。在享受羅素的文筆風格之餘，讀者必須想像羅素是以一種冷淡的、精確的諷刺語調去講述它，但時常夾以詼諧贏得聽眾的拍手喝采而不得不暫時停頓，在羅素的一生中，這是一件相當重要的事，幫助他重新恢復昔日在劍橋的領導地位，尤其重要的是作為一個公開的演講者，這是他首次獲得了盛大的成功。

羅素自己這時期的哲學觀點以不可思議的清晰，闡明在他的《哲學問題》一書中，這本書是在吉爾伯特・莫瑞（Gilbert Murray）的建議下為「家庭大學叢書」而寫的，這是一本很重要的哲學入門書，到現在為止我仍然覺得這是一本最好的哲學入門書，可是對於那些初學者，當他讀完了這本書並且欣喜地發現，他能完全了解此書所有的觀點時，他可能會因為發現羅素的某些觀點後來已經完全改變而略感失望。他後來的思想觀點從未像這本書寫得這樣簡潔而容易明白，因為他的思想越是向前進展，我們就發現他的觀點也越有微妙難解的傾向以及更複雜的改變，因此沒有人能夠綜歸他的哲學，而使他的名字歸屬於某一單純的哲學派別，在這一點上羅素很像過去的笛卡兒或柏克萊（George Berkeley）。

在哲學史上我們經常可以發現一個偉大的哲學家，往往在相當年輕的時候，就毅然地承擔某種顯著的挑戰性的立場，而後來這個立場便與他的名字緊緊地連在一起，成為他有名的頭銜，同時由於一般人性的虛榮，足以使他終其一生抱住這個頭銜不放。對於「虛榮」這個人性的弱點，羅素有比較合乎人情的看法，有一次他說：「所有非凡的精力往往是由一種非凡層次的虛榮所激發出來的。」但是羅素卻是哲學史上少數能夠擺脫「虛榮」的哲學家之一，大多數哲學家之所以珍視他們自己固有的哲學，往往是得力於虛榮的幫忙；而羅素之所以能夠常常以今日之我與昨日之我挑戰，卻是得力於他能擺脫虛榮的能力。他常常會產生一種他自己很驕傲地宣稱屬於他個人的理論，可是在一年左右之後，他會毫不留情地把這個思想的嬰兒扼殺，他會以像許多哲學家無情地砍伐他們敵人的同樣方式，去砍伐和改變自己過去的學說理論。

他這種行為乃是淵源於他對真理的熱情追求，我想再用簡單易解的話，對這點做補充說明，當他的學術生涯尚未走完一半時，就已經獲得了不朽的地位——他是自希臘時代的亞里斯多德以後，使邏輯得到最偉大進展的思想家。這歷史性的地位早已穩固地被建立起來了，因此當他回到一般哲學的研究時，不管是在意識上或潛意識中，他始終不存有建立獨特的、不會有攻擊危險的羅素學說的慾望，但是由於他對富有刺激性與挑逗性的諷刺頗為愛好，使一般不明底細的人獲得一種膚淺的印象，認為羅素的那一套不過是辯證的獨斷學說。不過當你經過一番仔細的研究之後，你將會發現任何時刻羅素對自己觀點的評判，正如他對別人的批評一樣地清晰有力，而且他也經常準備去思考從任何方面來的新觀點。

但是儘管他的哲學立場經常改變，他所使用的方法卻是不變的，他的方法就是所謂「歐肯之刀」（Occam's Razor），它所根據的原則是：實體不應該做不必要的重複（Entities should not be multiplied unnecessarily）。羅素運用「歐肯之刀」是由他的數理哲學和「描述論」中得來的，例如他曾問道：「到底有沒有2這個數存在呢？」對於這個問題，羅素首先以一種柏拉圖式建立在天上的觀點，認為確有這個數存在，但是自從他那有名的「數」的定義——數乃是「類中之類」（Classes of classes）發表後，他卻回到人世間來，認為「2」這個數不過是「所有偶數中的一類」罷了，同時他認為並無與每一個偶數皆有關的神祕2存在；同樣地，所謂「二呎長」也不過是代表了所有二呎長之類的東西罷了，我們不必想像天上有某種適合它們全體的尺度存在。

在「描述論」中，羅素曾表示一個包括有像「金山」（The golden mountain）這種片語的句子，即使片語本身並不代表任何事物，這句子也可有一種意義存在，他把這種片語稱為「不完全的符號」（Incomplete symbols），羅素把「數」的定義描寫為「類中之類」以後，他認為「數」與「類」二者的符號，同樣也是屬於「不完全的符號」，後來他又追隨懷海德的指導，把時間的點與刻剔除了。

與「歐肯之刀」有關的一種方法是「分析之法」，簡言之，作為一位專技的哲學家，他的主要方法便是先把宇宙中他所不能處理的一部分除去，然後把那些剩下可處理的部分，盡可能地細分為若干小部分，以便能正確地看出他所留下來的是什麼。最後羅素所得到的是「感知數據」（Sense data）——即知覺中所知者如聲、色、味、觸等是，他又把這些由經驗得來的最正確的知識稱為「硬感知數據」（Hard sense data），現在的問題是我們如何由這些可經驗的感知數據出發，而達到了物理世界的存在。

為了舉一個明確的實例，現在姑且以桌子（Table）為例吧。不知道為什麼，哲學家似乎特別喜歡談論桌子，羅素也不能例外，他在《哲學問題》及《吾人對外在世界的知識》這兩本書中，均曾頗為詳細地討論過它，只要我們把這兩本書中論及桌子的部分比較一下，將不難看出羅素觀念上的改變。

在《哲學問題》一書中，經過了一番漫長的討論後，他肯定認為唯心論者是錯誤的，因為他正在從事寫作的這張桌子，的的確確是真正存在著；但是在《吾人對外在世界的知識》一書中，他又再度使用他那有名的「歐肯之刀」，他先發問道：「我們對桌子真正知道的是什麼？」接著他回答說：「當我們看它時，它代表了某種形象；當我們敲它時，它會發出某種聲音；當我們觸摸它時，它代表了某種感覺。為什麼在這些具有實體現象的後面，我們卻假定有一張抽象的桌子存在呢？」最後羅素得到似非而是的結論：「一件東西的所有各面，都是真實的，而事物只是一種邏輯的架構。」

但是不久後羅素發現，單憑經驗得到的「硬感知數據」，就把桌子視為邏輯的架構，這點似乎頗有困難，於是他不得不加上一些比較不能確定的知識，這些不確定的知識，他名之為「軟感知數據」（Soft sense data），而且除了「感知數據」之外，他也不得不承認「可覺知者」（Sensibilia）之存在，而這二者之不同，僅在於「Sense data」是在覺知中，而「Sensibilia」則不在覺知中，故又名「不可感覺到的感知數據」（Unsensed sense data），或者也可以解釋為，在沒有人注視的時候，一張桌子所呈現的形象。在此我不準備再談論有關他的邏輯架構問題，因為這些都是屬於專技哲學的領域，我想對一般讀者而言，它之所以有趣，完全在它引導羅素獲致「中立一元論」（Neutral Monism）的學說，並導致他相信，心與物之間並無本質上的差異。

讀者最初或許會認為羅素的「歐肯之刀」與他的邏輯架構的綱領，不過是他的專技哲學的典型例子，除了職業性的哲學家以外，一般人是不會產生興趣的，而且羅素自己也曾一度承認，他對於運用哲學的技巧，看看由那麼少的資料到底能產生多少東西出來，產生了濃厚的興趣，這點正和他過去所描寫的「把哲學弄成泥餅的樂趣」相符合。但是事實上，「歐肯之刀」的運用，把我們引進了所有思想領域中最迷人的部分，這也是哲學與科學互相貫通的動人領域，在這裡哲學與科學互相提攜，而使彼此同時獲得了長足的進步，近代科學的發展就是沿著羅素的「剔除程式」（Russellian process of elimination）而向前邁進的，愛因斯坦的《相對論》就是最典型的一例。愛因斯坦把十九世紀的「以太」觀和絕對的時空觀念除去後，才建立了他的《相對論》。而後來的原子學說也是剝除了視原子為最小型的太陽系的想像圖案後，才開始承認除非原子放射出可見的能量，否則我們對原子可謂一無所知。

羅素的《吾人對外在世界的知識》，原是為一九一四年他在哈佛大學所主持的「羅威爾講座」而寫的，但是這些演講稿，他曾在那年年初以當作初步試驗的性質，先在劍橋大學發表，那時候《劍橋雜誌》的主編是後來以發明「基礎英語」（Basic English）而成名的奧格登（C. K. Ogden），他知道大家早就獲悉羅素要發表這些演講，果然當天竟有六、七十個人來聽講，結果他不得不打開一間連在一起的講堂，以容納擁擠的聽眾。過去羅素只習慣在小型的教室內講課，而且他依然是一位很怕羞與缺乏自信的講師，因此當他到達時，一看到他聽眾的數目，他起先似乎猶豫不決，幾乎不敢上去演講，有一位當年的目擊者說：「羅素進來時，奧格登正在他的身後，看起來好像羅素是被他硬推進來似的。」

但是一旦羅素開始講下去後，漸漸地機智之泉汩汩而出，終於使他忘了害怕，而變成怡然自得之態，後來他在哈佛大學也獲得了同樣的成功。

現在讓我們在這裡停一下，來談一些有關他此次訪美的趣事，他剛好是在第一次大戰前夕的那些悲劇性年頭來到美國，我很高興能摘錄幾段羅素對美國人的讚美（至少在那時，他確實很欣賞美國），首先使他驚奇的是，美國人追求新觀念與新知識的熱誠，他說：「任何人若企圖把一種新的哲學向牛津或巴黎大學及美國的大學發表，將會震驚於美國人隨時準備向陌生的學術領域探索的勇氣。」

除了「羅威爾講座」外，羅素也開了一門「符號邏輯」，並且經常邀請他的學生去喝茶做非正式的討論。當年他在哈佛寫信給一位朋友說：「我的學生一般而言並不太有趣，也不大有才氣，但是有兩個是例外，一位是希臘人拉裴爾・第莫斯（Raphael Demos）（註：他後來成為哈佛的名哲學教授），另外一位是艾略特（T. S. Eliot）（註：他後來成為二十世紀詩壇的代言人，比羅素早兩年，即一九四八年時獲得諾貝爾文學獎）。」

艾略特在他的一首詩〈Mr. Apollinax〉中，曾描寫過他心目中的羅素形象，而在艾略特晚年時，他說：「在羅素的指導下學習『符號邏輯』是一大快事，雖然這門課與現實無關，但是它給我一種愉快的感覺，並且覺得能處理那些稀奇古怪的小東西，使我也有了一種權力感。」至於他對羅素本人的回憶是：「他是一個很有趣的哲學老師，因為他一點也不裝腔作勢，同時又是如此地平易近人。」當時在美國大多數的哲學教授常故意裝出德國式的腔調，而且通常都是盡量表現出冷漠的態度，以便讓人覺得他們的學問深不可測。

後來羅素回到英國之後，艾略特也啟程赴歐洲，有一天當羅素上街去買牛乳當午茶時，他們二人竟在大英博物館附近的一條街上不期而遇了，然後一道回到羅素在伯利街的公寓。當艾略特結婚時，羅素建議他們夫婦來住在他家裡，因為那時艾略特正在鬧窮。羅素也把艾略特介紹給雪梨．瓦特羅（Sydney Waterlow，他是英國一元論的代表人物）和另一家美國的哲學雜誌，結果使艾略特獲得了評論哲學書籍的工作。而後來羅素之所以在馬羅（Marlow）租下一間小房子，主要就是為了能讓艾略特夫婦有容身之地。

當他們二人在一起時，有時艾略特會向羅素高聲朗誦他自己的詩，我們可以很公平地說，羅素是最先發現艾略特詩的價值的人之一，艾略特詩中的見解有不少是得自他與羅素間的閒談，它們與羅素的作品確實存在著某種親密的關係，而且當羅素的《神祕主義與邏輯》在第一次世界大戰末期出版時，他宣稱所有有關此書的書評中，唯一了解他的便是艾略特在《國家雜誌》上寫的那一篇。

十、第一次世界大戰

凱因斯在他的《回憶錄》中，描寫第一次大戰前，劍橋思想界的情形時說：「最可笑的是勃悌・羅素，他同時具有二種彼此衝突的見解，他認為人類的事務，事實上已依循著極端非理性的方式進行著，可是他卻認為『解救之道』是十分地單純而容易，因為我們所要做的，只是讓它們向合乎理性的方向進行而已。」

我不知道凱因斯所引述的這段談話，是不是可以當作羅素談話方式的典型代表，也許可能正是如此；但是另一方面，這段話也的確是凱因斯對羅素所做的令人震驚的批評。就羅素這方面而言，在一九一四年八月戰爭剛爆發不久的那一剎那，他承認他過去的許多想法是錯誤的，因為他突然發覺了人類並不如他過去想像中那麼合乎理性，於是他開始根本地改變他的思想方式和生活方式，但是對凱因斯和他的一些屬於「布魯姆斯貝利」（Bloomsbury，由Virginia Woolf、Lytton Strachey、E. M.

Forster諸人為首的知識分子團體，羅素、凱因斯、赫胥黎兄弟、威爾斯也偶而參加他們的聚會）文人團體的朋友們，戰爭的來臨並沒有引起他們思想上或感情上的激烈變動，相反地，對凱因斯本人而言，戰爭可以使他完全免除軍役，而且使他在財政部獲得了一個他蠻有興趣的職位，他很顯然地欣賞戰爭使他在世界上得以嶄露頭角這件事，同時他也很高興戰爭使他結交了許多當時的政壇顯要，包括當時的首相阿西奎思（Asquith）。羅素有一次問凱因斯說：「你怎麼能夠做到一方面同情那些有良知的兵役反對者，另一方面卻仍然繼續你在財政部的工作。」根據羅素個人的看法，凱因斯的工作任務乃是：「盡可能以最便宜的方式去殺德國人。」換句話說就是：「以最低的消費，做最大量的屠殺。」對於羅素這個問題，凱因斯始終沒有做過任何明確的回答。

雖然「布魯姆斯貝利」文人團體中，有很多凱因斯的朋友，也是有良知的兵役反對者，但是他們絕不會為了良知的感召為此事挺身而出，甚至於入獄亦在所不惜，他們只是想以此為手段獲得免役，而得以留在國內工作。固然他們很厭惡戰爭，但是也無法忍受直接參加反戰運動時，所必須遭受的勞苦和輿論的指責，因此他們只是故意對戰爭裝得漠不關心，繼續做他們自己一向感興趣的寫作、繪畫或高談闊論。

他們的態度可以由底下這位打扮得很漂亮的年輕人，所遭遇的故事來做代表：有一個打扮入時的年輕人，一天在街上蹓躂之際，一位滿面怒容的老婦人向他攀談，並且責問他道：「當其他的年輕人，正在前線為文明而奮鬥之際，難道你不為你這種不合時宜的打扮而感到慚愧嗎？」這位年輕人回答說：「夫人，我就是他們為之捨身奮鬥的文明的代表。」

在這裡我要特別強調的是，這絕不是羅素所懷抱的態度，雖然他比任何人更有資格接受「文明的代表」的頭銜。

事實是，戰爭在他身上首先發生的影響，是使他頓時陷入絕望與恐懼的休克狀態中，在戰爭發生後不久，有一天晚上，他與查理．桑格夫人在西普餐廳進餐時碰到了不少熟人，包括艾迪．馬西（邱吉爾的私人祕書），他們都以興致勃勃的心情談論著戰爭，並預言早期的獲勝希望，飯後他與桑格夫人沿著堤防散步時，羅素說他無法忍受這種事情，並且說他要退休做一名隱士。因此這場戰爭的來臨，對羅素的一生而言，可以說是一道很重要的分水嶺，他曾說過：「那段日子裡，簡直可以說是活在地獄裡，當時我真希望我能在一九一四年之前就死掉。」

可是不久之後，他的心情由消極的失望轉變為積極的反戰運動，這件事使他首次成為大家注目的人物。

有些人指責羅素常前後不一，自相矛盾，其中最受人責備的一件事是：「他反對第一次世界大戰，卻支持第二次世界大戰。」在這點上，無疑地是他的批評者錯誤了，羅素蠻有資格可以說：「一場戰爭比被德皇征服更糟，但是被希特勒征服卻比一場戰爭更糟。」而且羅素從未說過：戰爭在任何情形下，都是一種道德上的錯誤。總之他的反戰並不是屬於原則的問題。

這點使他的哲學和他在人類問題方面的寫作之間獲得了連繫，同時也是了解後者所不可缺少的鑰匙。我們必須記得的是，在一九一四年來臨之前不久，羅素已經承認桑他耶那所謂：「世界上並沒有所謂客觀的倫理價值這回事，善與惡只是表示主觀上的喜歡與不喜歡。」同時我們還必須記得的是：羅素曾強調邏輯應用的限制性，所有理性的辯論只能當作假說而已，它們不過是：「如果你想要這樣，那麼要得到那個結果，你就必須如此如此做。」

因此羅素不能夠純粹站在道德或理性基礎的立場上去譴責戰爭，他對戰爭或每一件其他政治或社會問題的討論，都必須融合感情的宣傳（關於目標方面）與科學的或邏輯的論辯（關於手段方面）。

這種熱情與冷靜的奇異混合，說明了為什麼羅素那麼容易被人誤解和誤傳，又因為他自己本人並非經常在熱情與冷靜之間維持明顯的界線，同時他也並非經常保持嚴格的哲學家的職業性立場，因此更增加了人們對他的誤解，例如他常常提到「善」與「惡」有某種客觀的意義存在，他舉例說：「錯誤的教育能夠導致價值的完全顛倒，因此善的事物往往會被認為是惡的。」除非他經常喜歡使用容易被人誤以為他是一位老式的理性主義者——過分地強調理性的重要性的人——的字眼。舉個例子，他曾寫道：「遲早有一天，我相信理性將會征服目前引致國際大戰的盲目衝動。」在這一段話中他使用「理性」一詞並沒有哲學上的涵義，它的意義與「自我控制」或「自我的悔悟」相似，因為他的主要論旨乃是：「征服壞的衝動的唯一方法，便是鼓舞好的衝動。」

當然，由一位哲學家的通俗著作中，引用其中的一、二句話來非難他的錯誤，並且指出它們與他專業性作品中慎重考慮過的見解互相矛盾，這種斷章取義的做法是有點不公平的，在前一類通俗的著作中，無疑地羅素之所以用「善」（Good）與「惡」（Bad）只是因為這種方便的通俗字眼，易為一般的讀者所了解，正如一個天文學家在離開他的工作崗位時，他也會說到「日出」和「日落」這些字眼，但是我們不能根據這點，就諷刺他說他不懂哥白尼的學說。

我認為羅素的前後矛盾，有時不僅是口頭上的言詞而已，我過去經常覺得在內心的深處，羅素從未相信他是正統的道德哲學家，結果產生了一種內在的衝突，這點他自己有時也知道，但卻從未獲得解決。

當羅素公開反對「對年輕人的大量屠殺」之際，這不只是意味著他個人內心主觀地不喜歡這件事，他真正的見解可以由他的談話、寫作和行動清楚地表現出來。

一般人都有這種看法：當羅素從事於書寫人人都看得懂的通俗著作時，他的作品水準是比專門的數理哲學為低，但是羅素本人並不以為是如此，他的政治和社會改革方面的作品，都是他貫注全生命力的熱情與努力的結晶，在數理哲學的學術性著作中，只有知識思想方面的困難，但是在通俗的政治與社會問題的著作中，還得加上想像的感情和說服力的困難。從一九一四年開始，他就經常感覺純粹學院派的生活無法滿足他內心的要求。

後來他個人也曾追憶道：「在我的一生中，從未碰到過像從事和平主義運動這樣毫不猶豫地奉獻全部心靈熱誠的工作，我生平第一次發現了我把全副的天性浸沉到工作的韻律中。」就這樣他投身於反戰的宣傳工作，發揮了雖千萬人吾往矣的道德勇氣，而與戰時社會的輿論為敵，我們可以用下面一首詩，來描寫他當時的心情：

你不能跟隨群眾去做壞事，
堅強的意志是你至高無上的慾求；
去反抗討好一般人的每種腐敗意志，
去反對群眾無理性的吶喊，
讓善良的意志成爲我們的先導，
是你目前的責任。

羅素絕不是一個親德的人物，從一八九五年他到柏林訪問時，他就痛惡德皇和普魯士的軍國主義，而且他也曾寫道：「我絕非恨英國，除了真理以外，我愛英國更甚於其他一切。」他也說過，這場戰爭，德國比協約國更應受譴責，同時他也衷心地希望，協約國方面能贏得這場戰爭，但是他認為戰爭的罪惡是如此重大，因此即使是沒有結論的和平，也比無限制地打下去來得好。

雖然如此，但在他的一篇文章〈戰爭的倫理〉中，他曾仔細地區別各種不同型態的戰爭，並且認為其中有些戰爭是合理的，其中之一便是「殖民地戰爭」。在這場戰爭中美國的移民打敗了印第安紅人，而使該地的文化水準獲得了大大的提高，羅素說：「如果由結果來下判斷的話，我們似乎不該後悔這種戰爭的發生。」這是羅素和一般的和平主義者不同的地方，他這一段率直的談話，不僅表示他能把知識上的正直帶入政治問題的討論，也表示了他在討論政治問題時能顧到實際的情形，而不是讓原則來偏概一切，在合理的「原則之戰」（Wars of Principle）中，羅素的舉例是查理二世時代在荷蘭發生的那一次，至於討論到「自衛之戰」（Wars of Self-Defense）時，他認為這一類戰爭很少是合理的，他的理由是：「我們沒有辦法摧毀德國，即使獲得了一場壓倒式的軍事勝利也不能例外；同樣地，德國也無法摧毀英國，即使我們的海軍全軍覆沒，倫敦完全為普魯士人所占據也不例外，因為英國的文化、英國的語言、英國的工廠乃將繼續存在，而且就實際的政治情況而言，德國人要在我們這個國度建立獨裁政治是不可能的。」

至於那些「為了增加威望而發生的戰爭」永遠是不合理的，羅素把第一次世界大戰歸入這一類戰爭，他說：「當兩隻狗在街上打架時，沒有人會以為牠們是為了某種高貴的目標而奮鬥，其只不過是受瞬間的本能驅迫罷了，牠們打架的唯一原因是彼此臭味不相投，就是為了這點，引起了牠們彼此的憤怒，這是街狗打架的事實，同時也是現在正在進行的國與國間戰爭的事實。」因此這場戰爭必須盡量避免。

但是我們不能在下意識中，把這件事聯想到在希特勒的納粹政權，因為對羅素和其他人而言，希特勒政權是過去那種野蠻文化——想盡辦法要消滅或奴役敵人的迴光反照，後來整個事實的演變證明了他的和平主義是對的，他的預言也獲得了證實：即「第一次世界大戰導致了獨裁專政的恐怖和第二次世界大戰」。

一九一五年，德國人戰敗後，羅素預言道：「一般的德國人，將會設法尋求如何在下一次準備得更好的方法，而且將會更忠實地服從他們軍國主義領袖的話。」

儘管他的思想和見解與一般正統的和平主義者之間有一段距離，但是自然而然地，他很快就與其他的和平主義者在一起工作，勞倫斯（D. H. Lawrence，英國近代小說大師，《查泰萊夫人的情人》一書的作者）也是其中之一，他來劍橋和羅素住過一段日子，很久以後凱因斯回憶羅素邀請他和勞倫斯一起吃早餐時，在餐桌上大部分都是他自己和羅素在說話，凱因斯寫道：「且莫說他那一副神經質地表示異議的冷漠表情，勞倫斯幾乎從開始就愁眉苦臉，而且很少主動說話……劍橋的理性主義與犬儒主義正在興高采烈之際，當然會引起他的反感。」

不久勞倫斯與羅素之間通訊頻繁，有一件事頗可表現出二人不同的個性，勞倫斯並不在乎保留羅素的信件，但是羅素卻把所有勞倫斯給他的信都給保留起來，經過一段時期的頻繁通信後，漸漸地在羅素追求精確的理性主義與勞倫斯的浪漫主義之間，發生了無法妥協的裂痕（另一點是羅素對民主政治深具信心，而勞倫斯則不信任民主政治）。根據羅素的見解，他認為：「勞倫斯在法西斯主義尚未被發明之前，他已經是一個法西斯主義者了。」勞倫斯有一次要求羅素支持一項可以「一舉達到所有產業國家化的社會革命」，結果羅素拒絕了，因此勞倫斯就寫信給羅素說：「既然如此，那麼讓我們再變成陌生人吧！」並且莫名其妙地告訴他說：「你是一個內心充滿了被壓抑的慾念的人，因為有一個曾與你參加過同一宴會的女士曾告訴過我：『那似乎是一件令人不可思議的事，當他在談論和平與愛之際，他的臉色竟顯得那麼難看。』」但是羅素和其他的和平主義者則一直保持聯繫，他也是「反徵兵同盟」（No Conscription Fellowship, NCF）委員會的一員，反徵兵同盟是負責和平主義宣傳的最重要機構。

羅素不但是那些「有良知的兵役反對者」精神上的靈感，同時他自己也不斷地寫作、演說並擔任《勞工領袖雜誌》單調無聊的記事工作，此外，他也是「反徵兵同盟」與「有良知反戰者」（Conscientious Objectors）這二個團體的主要橋梁，後者由於進行積極的反戰宣傳而招致了人們的反感，但是前面我們曾提過的：「布魯姆斯貝利」文人團體裡面的「有良知的反戰者」，在大戰期間，卻在奧托琳・梅勒爾女士的家裡找到了安全的避難所，她的丈夫叫菲利普・梅勒爾（Philip Morrell），是一位自由主義的鬥士，他在國會中經常為和平主義者辯護。

每逢星期四，她便邀請這些社會的放逐者到她座落於貝爾福特廣場四十四號的家裡，他們都聚集在第一層樓房的兩個相通的大廳內，這個大廳有柔和的燈光，牆上掛著不少現代畫，四周布滿了一簇簇的花朵，大家一到這裡，就隨心所欲地喝咖啡、抽雪茄，開始無所不談；另外也有人在傾聽室內樂或穿著毛線衣和花花綠綠的褲子隨樂而舞，羅素對跳舞一向不感興趣，因此他一到這裡總是坐下來就談，他的周圍經常有一群熱心的聽眾。

更令人難忘的是，在牛津附近的加辛頓莊園（Garsington Manor）所舉行的幾次家庭茶會，與會的「有良知的反戰者」在菲利普・梅勒爾的農場上，做個人所喜歡做的事，而獲得了徹底的心靈解脫，客人之中大部分時間都花在無休止的閒談上，偶而他們也會換一下胃口而出去散散步。

當其他人正沉浸於高談闊論之際，奧托琳・梅勒爾常常喜歡編織各種色彩鮮豔奪目的墊子，有一次她把特別華麗的一張遞給勞倫斯。她本人並不太熱衷於談話，但經常是快人快語，胸中毫無城府，因此對增加談話的氣氛方面頗有幫助。有一次當克萊夫・貝爾（Clive Bell）和其他人正以他們通常敏銳的方式進行漫談之際，她又開始織墊子，貝爾就略帶慍怒地轉向她說：「奧托琳，妳沒在聽吧！」她回答：「你們所談的並不值得聽呀！」接著繼續她的編織工作。

來到加辛頓的一些人，偶而也會發覺羅素是一個令人不愉快的談話者，原因是他的論辯有時太過機智而冷酷無情，這點可以從萊頓・史特拉屈的一封信中得到證明，他寫道：「今天勃悌像往常一樣的運用他那圓鋸式的辯才，和他在一起我從未感到十分地自在，因此我只好假定他不喜歡我。」

羅素和大部分其他的和平主義的知識分子，都是加辛頓的常客，萊頓・史特拉屈也曾在此定居過一段時期，小說家阿道斯・赫胥黎（Aldous Huxley）也曾住過這裡，他們都是布魯姆斯貝利文人集團的主要分子。總之，加辛頓乃是由奧托琳夫人所贊助和鼓舞的許多年輕的天才作家的避難所，但是很奇怪的是，在這些作家所寫的書中，卻有不少在批評或諷刺她，例如阿道斯・赫胥黎在他的《鉻黃》（*Crome Yellow*，作者小說處女作）一書中，就把她和加辛頓的家庭茶會諷刺了一番。

後來羅素解釋為什麼這些作家會攻擊奧托琳夫人的理由，乃是因為她對待他們太好了，因此她才會受到懲罰，羅素闡明道：「人類常不能忍受曾經受過他人之恩這件事，所以他們經常藉誹謗恩人來減輕內心的受恩之感，此乃『人性律』之一（A law of human nature）。」

凱因斯也是加辛頓的常客之一，當羅素成為論辯的中心人物時，凱因斯就靜靜地坐在後面，以低沉的聲音表示自己的意見；有趣的是，奧托琳·梅勒爾偶而也會邀請首相阿西奎思先生（Mr. Asquith）來參加，阿西奎斯對機智的談話及有迷人女性作為談伴深感興趣，而這二點隨時可以在加辛頓獲得滿足，他也很高興人家總是以不拘禮的方式接待他：在英國的確沒有其他地方，會聽到一個新的女僕在引進二位訪客時大聲宣稱：「凱因斯先生和另外一位紳士」——所謂另外一位紳士就是首相大人。

除了上面所提到的人以外，在加辛頓的客人中，尚有不少傑出有名的人物。在一次歷史性的聚會中，奧托琳夫人正打算把她起居室的柱子塗上一點紅色的東西，然後弄上金色的鑲板使其變得更好看，那時跟她在一起的是羅素和牛津主教果爾（Gore），她堅持他們二位都要幫她塗畫一番，於是她便向果爾說：「主教，來吧！把您的圍裙穿上吧！」因此這兩個男人就開始並肩作畫了，據說羅素比主教塗得更高明。

當羅素因為他的和平主義活動贏得了不少新朋友及崇拜者之際，另一方面也同時招致了政府和他的劍橋同事日益滋長的敵意。

三一學院的一些戰爭支持者經常發現他們常被羅素的機智所刺傷而苦惱，羅素自己也開始注意到，當他在學院的餐廳中用餐時，其他同事都避免與他同桌，豪斯曼（A. E. Housman）有一次向數學家芮維爾（E. H. Neville）說：「假如我是一位和平的王子，我將會選擇一位較溫和的大使。」在皇家學院的同事中，只有和藹文雅的羅威士・狄金遜（Lowes Dickinson），始終對羅素絲毫不存任何的敵意。

三一學院年輕一輩的學員都認為羅素有自由表達思想的權利，但是一旦他們也被調去作戰，以後就不能夠再說這種話了。至於那些老一輩不需當兵的學院教師們，經常無法容忍羅素的言論，而與他處於交戰者的地位。他們之中，最不能容忍的是黑格爾的信徒，羅素大學時代的好友——馬克塔格特（McTaggart）。（唯一例外的是摩爾，他提出了一個諷刺性的建議：三一學院的禮拜儀式應該廢止，因為「愛汝之敵人」這條基督教最根本的箴言顯然已被推翻了。）這些反對羅素的人在「艾佛雷特案件」（Everett Case）發生後，終於獲得了報復的機會。

歐尼斯特・艾佛雷特（Ernest Everett）是一位「有良知的反戰者」的一員，他已經被調去當兵，後來以不服從命令而被判服兩年的勞役，於是（反徵兵同盟）出版了一本小冊子，為此事提出抗議，結果有六個人因分發此小冊子而被捕，因此羅素就寫一封信給《泰晤士報》說：「我希望能讓人知道，我就是這本小書的作者，因此如果有任何人因為它而受到迫害，我才是應該要負責的人。」

一九一六年六月十五日，羅素在市長大人面前受審，罪名是「對大英帝國的三軍徵招與風紀，發表不利的言論」。當審問進行之際，由於奧托琳夫人的出現而增加了不少光彩，她穿著一件多彩多姿的羊毛外衣，頭上戴著一頂鮮豔奪目的帽子，當法庭命令說大家必須站著聽時，她的表現最為憤慨。

羅素沒有請律師，他為自己的立場而辯護，底下是他辯護詞的一段：

「這本小冊子的目的，是想讓大家知道，一個人為了拒絕服從規則，而被判兩年的勞役，是否應該？這樣做是不是反而在鼓勵人們去反抗規則呢？」他的辯護邏輯是如此地有力，所以由NCF出版的他的辯護詞及法庭審問過程，都被英國政府禁止發表，但是最後羅素仍然被判有罪，並被罰了一百英鎊。

一個月後，即一九一六年七月十一日，三一學院的校務會議一致決議，羅素必須被開除教席，在那一段日子，像往常一樣，羅素內心的感觸比他的外在表現更為敏感。自己的名字從大學的名冊上被剔除出去，這件事顯然已經深深地傷害了羅素的心，因為這不啻是宣布了他與劍橋的關係完全終止；另一方面他還得忍受繼續在滋長的公眾敵意，和不受歡迎的精神上的低氣壓所苦惱。這樣一來，很可能使他陷入一種被刺傷的狀態中，因此在這種心情下，他本人也難免會說出一些刺傷別人的話，多年以後，他曾偶然談及：「當時三一學院的所有老師都恨我。」遺憾的是，他這一句話，我現在無法直接從那些還活著的老師中，獲得證實。〔但是至少他這一句話不能適用於哈代和詹姆斯・華德（Hardy and James Ward）這二位老師身上，後者是羅素大學時代的哲學導師之一。〕事實上，至少到了戰後，一般劍橋的師友都改變了對羅素的態度，馬克塔格特本來很受尊敬，但後來由於他戰時對羅素所採取的態度，而失去了大家對他的尊敬。

羅素繼續做他的和平主義宣傳工作，並準備把這一年的年初一連串的演說收集起來，出版了一本書叫《社會重建的原則》（*Principles of Social Reconstruction*），在這本書中，他提出了許多有關戰爭以及教育、婚姻和其他問題的急進思想見解，這些以後我還會討論它們。

在戰爭剛開始的那一段時期，最使他感到吃驚不已的是，街頭上的人們似乎都很欣賞戰爭的來臨，他曾向羅伯特・曲範良（Robert Trevelyan）提過此事，曲範良建議他去讀伯納・哈特（Bernard Hart）的《精神病心理學》（*The Psychology of Insanity*），哈特的理論是根據佛洛伊德的學說而來，所以他特別著重在潛意識的衝動，於是羅素這下子才了解，他自己的結論很像佛洛伊德的學說，雖然在此之前，他從未接觸過佛洛伊德的東西。在第四章裡，我曾經提到過他已經發現了潛意識的妙用，因為他發覺自己能夠把所從事的工作問題暫時丟開不管，然後不久後自然而然地會在他的腦海中得到解決方案。看完了哈特的著作後，他肯定地認為：只要世界上有壓制性的教育制度存在，而使人們產生一種對戰爭與殺戮的潛意識衝動，那麼人類的和平便成為不可能的事，因此每一件社會秩序都有加以重新考慮與修正的必要。

萊頓・史特拉屈這位當代最傑出的傳記作家對羅素當年發表演講的情形，有一段獨到的描繪，他寫道：

「昨天我慢條斯理地走到了那座可怕的卡斯頓大廳（Caxton Hall），雖然我覺得此刻比平常更接近墳墓，但卻是值得的，他那種什麼也不顧慮的樣子，確實壯觀非凡——政府、宗教、法律、財富活像被滾球撞到的九柱——這真是一個迷人的境界，然後他的建設性思想很莊嚴堂皇地被一一提起來，接著他把它們貫穿起來，開始建構一個理想的模型，再使它根深柢固地植根於現實，讓它在人們的腦海裡閃耀起理想的火花。我不相信此刻，在我們生存的地球上，還能找到一個像他這樣具有不可思議威力的人。」

在戰爭方面，羅素建議，不管是哪一邊，最好的途徑是立刻以可能找到的最佳理由去謀求和平。

在政治和社會問題及其他方面發表演說與寫書是一回事，把這些東西出版又是另外一回事，但是在一九一六年底，羅素邂逅了一位和平主義的出版家史坦利・溫恩（Stanley Unwin）。

溫恩後來被封為爵士，並成為英國出版界的領導人物，他在一九一四年七月獲得了喬治・艾倫和溫恩出版公司的職位，他和債券持有者聯合起來，把公司接管過來，在剛開始時，他只是四位董事之一。由於他對羅素在戰時發表的一些文章印象很深，因此他寫信問羅素是否已經有足夠的資料可以編成一本書，於是羅素以《社會重建的原則》一書的原稿作為答覆，溫恩高興極了，但是另外三位董事卻為此書而感到苦惱，所以溫恩只屬於少數的一邊，可是他想出一個聰明的計策，那就是建議把此書原稿送給「哲學文庫」的總編輯繆爾墨德（Muirhead）教授去做決定。溫恩的那些董事夥伴都料定這位教授一定會把此事擋下來，所以就答應了溫恩的提議；但是在溫恩這方面，他也很有把握地認為繆爾墨德教授將會接受這本書。結果證明他是對的，因為在這位教授的報告書上，他說：「我幾乎不同意這本書中的每一個觀點，但它確實是一部傑出而重要的著作，因此它應該被出版。」

就是到今天為止，羅素這本書尚可列入重要的傑作之林。

這本書的出版為羅素的一生建立了一個新的里程碑，因為它首次顯示羅素也會寫一般人都能了解的暢銷書，從此以後，他不僅是一位能為學究們寫書的專家，而且也成為吸引大眾及為人類追求幸福的一位先知。他在此書中寫道：「戰爭已經使我深切地感到建設的極端重要性，我們應該努力建立一些積極的東西出來……我不希望我的聲音，成為原野中的吶喊，我希望我的呼聲能為大家所聞，並獲得迴響，我想說一些人們都會注意去聽的事情……」

《社會重建的原則》一書，開始建立了他和史坦利・溫恩之間的友誼。他們的友誼不但對羅素的一生很重要，對溫恩的一生也是同樣重要。他們的友誼終生沒有中斷過，雖然偶而羅素也會讓其他的出版家出版他的作品。

溫恩是一個十九世紀常見的商人典型，他的為人融合了最高的道德原則與最現實的商人腦筋，他的看家本領是能為他所出版的書徹底地開闢國外的市場，他的學徒時期是在德國度過，而他本人也曾數度周遊世界，從他的旅途中，他獲得了種種資料，並自己做成了一套索引卡片系統，把全世界各角落（包括最偏僻的地方）書商的詳細目錄都包括在裡面。

羅素雖然早已在歐洲和美國贏得了很高的學術地位與聲望，但是羅素之所以成為全世界眾所周知的人物，主要乃是透過溫恩的努力。在德國，溫恩使羅素成為英國哲學家的作品中，被閱讀最廣的一人，而且在許多國家裡（如印度和日本）使他的著作成為暢銷書，雖然有時候，其他的哲學家由於學術潮流的不斷變動，在英國本土比羅素更受人崇拜，但是羅素的國際性聲望始終是沒有一個英國哲學家能望其項背的。

當然我們也不能說羅素永恆的哲學成就，必須歸功於任何一位特殊的出版家，但是至少我們可以說，要是沒有溫恩，他的通俗著作一定不會有那麼廣泛的讀者群眾，同時也由於這些著作，才引起人們對羅素這個人發生興趣，並鼓舞他們進一步地去研究他的學術性作品。歷史已經啟示我們：「除非有偉大教師的啟發，否則很少有人會對形上學產生興趣。」因此也由於羅素本人個性上的魅力，使全世界成千上萬的人都開始對哲學發生了濃厚的興趣，因此羅素精神上的後裔，可謂遍布全球，既廣且眾；相反地，懷海德和維根斯坦的精神後裔，卻只限於一群特殊的有限門生。

十一、布列克頓的犯人

在一九一六那一年，儘管羅素已贏得了國際性的聲望與後輩學子的讚美，但這些事對他已沒有什麼重大意義，這時他剛被三一學院開除，所以最重要的是馬上解決找工作的問題，本來哈佛大學已決定聘請他去講學，但是英國的外交部拒絕發護照給他，使他無法赴美應聘，於是他便決定留在英國，以公開演說作為他的職業。然而在準備好「政治的哲學原理」的一系列講辭後，他接到了陸軍部令人啼笑皆非的命令，命令上指示：他可以在英國內地的城市如曼徹斯特做公開演說，但是不能在「禁區」內發表演說（所謂「禁區」實際上已包括了所有英國沿海的城市）。理論上，他們的想法，大概是羅素和他的聽眾也許會向德國的潛水艇打暗號哩！

這種事顯然是胡鬧而幼稚，因此查理．曲範良曾在國會就此事質詢過路易．喬治（Lloyd George）。路易．喬治的答辯是：「羅素的言論無疑已經妨礙了戰爭的進行……我們也已獲得了可靠的情報，證明羅素先生將要發表一連串會嚴重打擊士氣的演說。」

關於此事，羅素曾反駁道：「我唯一熱誠的希望是我們的情報人員，以後對有關德國人的情報不要像對我個人的這麼不正確。」並且他質問，既然他的「政治原理」演說是真正地不懷好意，那麼為什麼還允許它們在曼徹斯特發表？

要了解英國政府為什麼會對羅素這樣驚惶失措，事實上很簡單，因為他們特別害怕羅素的演說會惹起軍事工作人員的罷工。在和平主義運動中，他已經是一位名聞遐邇的人物，而且他本人早已超過了兵役年齡，所以他的態度顯然並無私慾的成分在裡面，因此更易贏得人們的信服，同時他的支持對當時尚默默無聞的年輕人，如費納・布羅克威（**Fenner Brockway**）和克利夫・艾倫（**Clifford Allen**），具有不可估計的影響力，羅素是他們的辯護者、顧問和夥伴。

克利夫・艾倫曾經一度是羅素的密友，由於他才使有良知的反戰者結合成為一個有力的團體。他是一位令人欽佩的領袖人物，對各種年輕的和平主義者所面臨的全部問題，都有所了解並能挺身應付；另一方面他也是一個能言善辯的公開演說者，遺憾的是他的政治理想，一部分為他的肺結核所阻擾，由於工作過度操勞，加上長期的監禁生活，使他的身體疲乏不堪。沒有一個人會比羅素更了解艾倫的才華和他所遭遇的困境，也沒有人像羅素這樣有力地鼓舞這位年輕人前進。

羅素天性中溫情的一面，常常隱藏在他機智謹嚴的純理智言論背後，因此往往為大眾所忽略，然而在他寫給剛服滿刑期的艾倫的一封信中，卻充分地流露出這少為人知的一面，他寫道：

「親愛的艾倫：

聽到您出獄的消息，真使我有說不出的快樂，我無法向您形容我是多麼地高興，只要醫生一允許，我們就要馬上跑去見您……

親愛的艾倫，您在監獄服刑的期間，對所有關心您的人，那是一段可怕的日子……您還說要過一段愉快地休養生息的時間，讓身體好轉，那時事情將會成熟，以後將會有美妙的事在等待著您去做。」

當情勢不利而令人沮喪時，羅素就用這句話：「這就是歷史，我們正在幫忙去創造它。」來鼓舞那些年輕的朋友們。當NCF的會計說：「我們不必製造良心。」這時羅素便以：「天呀！我多年來一直是在忙於此事呢！」來掃除所有夥伴們的疑慮。

有一次，他和克利夫．艾倫一起和路易．喬治共進午餐。他們很想要和路易．喬治談談關於善待「有良知的反戰者」的問題，這時路易．喬治說：「用餐是他唯一的空閒時間。」羅素勉強接受了路易．喬治的款待，但是他拒絕抽菸及喝酒。（事實上那時的羅素已經不是完全的禁慾主義者，因為當英皇喬治五世宣稱他將在戰爭期間放棄喝酒，羅素便決定唱反調而放棄他過去絕對戒酒主義的生活，這點亦是他的個性特徵之一。）

費納．布羅克威後來成為社會主義國會議員的領袖人物，有一次當他追憶年輕時代的羅素時，他做結論說：「他沒有蕭伯納式的自大和出風頭的手腕，但是他和蕭伯納一樣喜歡打倒虛偽的偶像。」又根據布氏的說法：「羅素是令人愉快的，充滿了好開玩笑的精神，正像一個忍不住氣的聰明淘氣鬼，在那段時間，他的經濟情況相當苦，所以來委員會時常會遲到，有一次是因為他沒有銅板付車費——但這也許是因為他有時候對世俗的瑣事很健忘的關係。還有一次，羅素在赴會途中碰到了一個身世可憐的乞丐，結果他把口袋的錢傾囊送給那位乞丐，因此他又不得不走路前去了。」

有時候，羅素也被NCF的委員們叫做「梅菲斯特」（Mephisto）（歌德的《浮士德》一劇中的魔鬼），因為他的顴骨很高、臉型狹長，所以體型有點像梅菲斯特，同時他對欺瞞警察的各種把戲及惡作劇常引以為樂的樣子，也有一點梅菲斯特的味道。

因為他們害怕NCF可能會被禁止活動，所以他們另外有一個地下組織，並且有一個完備的精密的暗碼系統。有一次費納・布羅克威把裡面藏有所有他們祕密計畫的公事皮包放在計程車上忘記拿走，結果公事包被送到警察局去，當他把這個消息在委員會上提出時，羅素說：「我提議我們休會馬上到蘇格蘭場去，以免再麻煩警察大人來抓我們。」但是後來皮包並沒有落入警察之手，因為有一位委員的兄弟是高級警官，靠他的幫忙，皮包終於原璧奉還。

NCF還有一間臨時的集會所，有一天當大家獲得風聲說他們的主要辦公室被警察搜查時，他們都跑來這裡會合，聽說有六個偵探在街頭上要尋找他們，羅素很興奮地說：「他們將會來找我們，那麼讓我們到一位爵士之家接受逮捕吧！」於是他便把委員們集合起來，分乘三輛計程車到他的哥哥家裡去，他開心地想到當警察要進來逮捕自己時，他的哥哥羅素伯爵不知會說什麼話？但是當他抵達戈登廣場，他發現法蘭克不在家，警察也沒有來搜查，使他頗覺失望。

最後使羅素入獄的是他在NCF的週刊《民友報》上所寫的一篇文章。羅素過去即一直替NCF寫文章，有時署名，有時不署名，他已經決心要在一九一七年底，退出和平主義的積極活動，因為那時他認為，為戰爭結束後的和平社會做建設性的工作，也許更為重要而有意義，但是因為《民友報》急需一篇第一版的論文，所以羅素只好臨時再客串一次。他寫道：

「除非和平能馬上降臨，否則全歐洲將會普遍陷入飢荒……那時候，人類將會只為了搶奪生存上的必需品而發生戰鬥……

美國的駐軍將會在那時來到英國和法國，不管他們是否能有力地對抗德國人，但無疑地，至少他們能夠阻嚇那些罷工者，這種事，美國的軍隊在國內已經是習以為常的職務之一。

我並非說這些想法已存在於英國政府的腦海裡，所有的事實已經顯示他們並沒有這種看法，同時他們以無知和訴諸於情緒的夢話，來安慰他們僅足以糊口的生活。」

羅素對美國軍隊的批評，顯然比後來他對美國人的自由評論，要來得溫和，至於打擊罷工的事，他是根據官方正式的國會報告而獲悉的，我們很難說白宮到底是被他對美國人的侮辱還是他對白宮的輕蔑所觸怒。

羅素這篇文章刊出的日期是一九一八年一月三日，大約一個月後的一天早上，有兩位警探來到羅素家裡，那時他正在沐浴，他們問他有沒有寫過這篇文章，羅素肯定地回答說是他寫的。

於是他就被遣送到弓街（Bow Street）受審，當日法庭上擠滿了一些他的知名朋友，起訴代理人開始讀出羅素那篇文章的片段，但是並沒有獲得預期中的效果，最後他讀到了這一段：「……我並非說這些想法已存在於英國政府的腦海裡，所有的事實已經顯示他們並沒有這種看法……」這時羅素的朋友們開始哄堂大笑，控訴者眉頭深皺，以更富訓斥的口吻把這段話再讀了一篇，因此大家又笑了一遍，但是法庭上的笑聲亦挽救不了羅素，最後法官約翰．狄金遜爵士（Sir John Dickinson）宣判羅素須坐牢六個月。

在宣判之後，狄金遜批評羅素道：「羅素先生似乎已經失去了所有的莊重和公平感，事情已踰越常規，他以審慎考慮過的譏誚來侮辱與我們息息相關的盟國軍隊……他這種攻擊是很可悲的。」

至於羅素對狄金遜的批評，也可由他第二天的一封信中窺出，他寫道：「法官的憤怒出乎我的想像之外，我從未見過像他這種滿懷怒氣的爆發，要是他能夠這樣做的話，我想我一定會被他吊死、刺死或吃掉。」

關於此次起訴的過程，在萊頓．史特拉屈的一封信中，也有一段真實的描述，他寫道：「這次的審判的確是無恥的傑作，也可以說是邪惡而令人作嘔的，那位戴眼鏡的虱子似的人物，痛責勃悌的不道德，接著就送他入獄，離開法庭時詹姆斯（萊頓．史特拉屈的哥哥）和我憤怒得咬牙切齒，世界上竟會有此等怪物存在，真夠令人洩氣。」可是羅素本人後來在追憶大戰時期的歲月時，他說：「我不能夠埋怨那時政府當局對待我的那種態度，我一點也沒嘗試過設法與當局協調，所以才使他們對我採取行動。」

後來雖也曾一度上訴過，但六個月的有期徒刑仍然維持原判，因此在一九一八年五月，有一輛汽車來把羅素接到布列克頓監獄去——後來羅素說他很後悔自己錯過了生平唯一一次坐囚車（Black Maria）的機會，抵達布列克頓的登記處後，他的囚犯編號是二九一七，登記的名字是「Russell, B」。

由於吉爾伯特．莫瑞和其他人的抗議，羅素才有機會由二等監房轉到一等監房，這樣一來他就可以隨心所欲地把時間花在自己所喜歡的閱讀與寫作上。同時因他哥哥法蘭克．羅素的努力，也使當局同意讓他的弟弟可以獲得他想要的每一件東西，因此在他的單人房中有一桌一椅一床及法蘭克之妻伊莉莎白（即《伊莉莎白和她的德國花園》一書的作者）所做的地毯，裝飾得相當舒適，此外他經常擁有充足的書和花。

因為羅素的監房要比一般來得大，所以每週他必須多付二鎊六便士的租金，他入獄後的第一件事是去見典獄長。他是一位行伍出身而高尚可敬的人，名字叫海尼斯上尉（Captain Haynes），羅素一本正經地問他，罰款是否應該比租金低，並且宣稱要是這也是租金的話，他將連一便士也不付。

有一位囚犯被指定擔任清潔監房的工作，羅素很高興地聽他說：「我曾試過所有的監獄，但最好的還是倫敦的布列克頓。」談到他的獄中夥伴時，羅素說：「生活在這裡，就好像生活在海洋上的定期郵輪一般，一個人被關起來與一大群普通的人生活，除了到自己的休息室外，幾乎無處可逃，我看不出他們會有什麼比一般人更壞的地方，唯一例外的是他們可能比一般人缺少意志力，假如人可以由外貌來加以判斷的話。」

有一位監獄的看守，他很自豪地告訴羅素說，他是英國獨立工黨（ILP, Independent Labor Party）的一分子，同時該會已通過了一項決議，要求釋放羅素。

平常監房必須在八點鐘就熄燈，但是羅素特別被允許可以在十點鐘熄燈，他在監獄中的生活，也是過著典型的有規律的生活。他是這樣安排他的一天生活：四小時用於哲學的寫作，四小時閱讀哲學的書，四小時做廣泛的閱讀——從伏爾泰的作品到柴霍甫的小說，從法國革命史到有關亞馬遜河和西藏的遊記，偶而他也會讀幾本偵探小說之類的書籍。

在監獄中羅素感覺到最大的不方便，便是沒有香菸可抽（六十多年來，除了偶而生病外，這是他抽菸中斷的唯一記錄），以及不能自由地和朋友聊天。這時他只好吃巧克力以代替抽菸，每週他被准許可以同時接見三位訪客，為此他也得細心地把要來見他的朋友安排成最適當的三人組。

到監獄中去看羅素，是一樁令人難以忘懷的經驗，少數獲得此項特權的人大都均有這種感覺，有一回法蘭克·羅素、奧托琳·梅勒爾夫人和NCF的一位代表林達（Gladys Rinder）三人預先約好在河堤旁邊會合，再一起坐電車到布列克頓去看羅素。在約定的地方，第一個來和林達小姐會合的是奧托琳夫人，她穿了一件顏色鮮豔、有三層絲製的華貴衣服，同時有銀色的裝飾品覆蓋在衣服上，此外她還戴了名貴的瑪利·安東尼亞牌的項珠圈。接著戴高帽、穿禮服的法蘭克也來了，當他們三人登上電車時，吸引了所有電車內乘客的視線，尤其是當法蘭克大聲地談到他上次為了重婚罪而入獄的經驗時，更使乘客不由自主地洗耳恭聽。

詩人艾略特追憶他和法蘭克·羅素及狄斯蒙·麥卡錫（Desmond McCarthy）到

獄中採訪羅素時，他說：「我們四人坐在監獄一所庭院的涼亭中高談闊論，彷彿徜徉在普爾式的臥車中一樣舒適，監獄看守只是遠遠地望著我們發呆。」

每逢有訪客要來時，羅素總是事先預備了一大堆他想問和想談的事，可是一到那天，當他的朋友真正來到時，他總是興奮得忘記了他預先準備好的話題。有一次他寫信給林達時，他說：「請妳記住，一個人最想知道的事，莫過於有關朋友們的消息，從報紙上我可以獲悉政治方面的消息，從邏輯的命題上，我可以製造情趣與笑話，但是朋友的近況，卻只能由訪問與通信中獲得。」因此林達小姐曾寫了一封信回覆羅素，裡面充滿了私人間的閒話，信內所提到的人都用字首來代表，有一次信被監獄長拆開來看，他懷疑這些字首可能是代表一些複雜的密碼。

羅素在獄中所完成的哲學工作，包括他的《數理哲學導論》、對杜威的《實驗邏輯論文集》的長篇評論，還有為他的《心的分析》做初步的閱讀準備工作，典獄長必須檢查所有要送出去發表的原稿。雖然《數理哲學導論》是以導論為名，但事實上卻是一本很不容易讀的書，海尼斯上尉很吃力地親自擔任檢查的工作，他從開始就毫無希望地試著掙扎前進，但不久終於放棄了，於是他便告訴羅素，如果羅素願意以人格擔保此書完全沒有顛覆活動的內容，那麼他就滿意了。一般和平主義者通常都有默契，他們總是盡可能地做為難當局的事，但是這次羅素覺得數理哲學與和平主義是風馬牛不相及的事，所以他不想遵守這個原則，因此最後他給予保證。

有人懷疑，儘管羅素表面上顯得有點無所謂的樣子，但實際上他仍深深地感覺到監禁之苦，他在獄中的心性，恰如他被三一學院解聘的那一剎那的感受一樣，在入獄不久時，他曾寫道：「日子過得雖然不會令人不愉快，但卻是在單調中打發過去，在這些沉思而有規律的日子中，我相信我已經錯過了不做和尚的機會。」

但是羅素在獄中的真正感受，卻可由底下這封偷偷寄出的信中窺出：

「哦！我想要是此刻，我能在田野間散步，欣賞一望無際的大地，自由自在地與朋友們天南地北閒聊，那不是多麼令人愉快的事嗎？但是我已經安於目前這種相當平靜的生活，因為它不久就要結束了，同時也正因為這種日子快要過去了，所以形形色色愉快的幻想，都開始湧現到我的腦海，尤其是那談話的樂趣，過去我從來不曉得一個人會如此渴望談話到這種地步。我在這裡的時間，並沒有白白浪費，我的收穫也不少：我讀了不少書，想了不少問題，並且把新生的思想整理就序；另一方面我正充溢著含苞待放的精力，我確實渴望著文化和文明的談話，同時我也渴望看到海和原野，親澤野風的吹拂，我恨成為如同放在圖書館中無人問津的書，那樣渺小的東西一如在監獄中的我，處境正是如此可憐。想想看，要是你知道你是一本美好的書，有一些百萬富翁會來買你，與其他的一些書整齊劃一地加以精裝的書皮，豎立在玻璃書架上面的顯著地位。而在這裡，你只是被用來證明它的系統的完成，同時無政府主義者是不允許去閱讀你的，但是不久的現在，人們將能夠堅決主張這本書都應被人一讀。」

一九一八年九月，羅素獲得釋放後，他寫信給克利夫・艾倫說：「我帶著一種古怪的過敏症從監獄出來，這種過敏使我覺得人人都不喜歡我。」但是他繼續寫道：「這種現象會很快過去，不久以後我就會恢復正常和健康。」羅素的這項預言，後來果然很幸運地被實現了。在結束本章之前，我最好再引用一段剛出獄後不久他所寫的東西，這篇東西就是到現在，仍然是人類精神追求自由的歷史中最好的經典傑作之一：

「世界上大概沒有一個地方會像監獄這樣，使你充滿了多彩多姿的幻想，這些幻想一個接著一個地跑到你的腦海裡來——譬如阿爾卑斯山的晨景；芬芳的松樹和牧場覆蓋著雪白的雪，閃耀露珠般的光芒；加達湖，當人們第一次由山上出來看見它時，雖然僅僅是遙遠的一瞥，看來卻似一個歡樂瘋狂的西班牙吉普賽人在陽光底下跳舞時，充滿光彩的眼睛；地中海的暴風雨掀起了一陣黑色的怒潮；沐浴在陽光中的科西嘉島的群山遙遙在望；西西里島正在夕陽之暮——它們都是如此地迷人和不真實，因此你會以為在你到達它們之前，它們必然將會消失，它們正如你在塵世時無法到達的蓬萊仙島；聞著獵狐狗身上的幽香，長久前落日餘暉的記憶，所有這些都把你帶回到童年時代的純真，我現在可以聽到如昨日在巴黎的街頭上，有人在叫著：『綠色美麗的洋薊（Artichaut vertset beaux）。』二十四年的漫長歲月此刻被濃縮成一小時，除了這些童年的回味外，我還記起了雨後成排而列的落葉松，每一樹枝的頂端，都沾滿了雨點；同時我也聽見了仲夏夜森林中樹梢頂間的風簫聲，每一件事情都是那麼自由自在，而這些美的事物遲早會跑到我的腦海來。

這種監禁身體，而看到心靈仍然自由地生活，有何好處呢？同時當我在這裡時，我時常超越我自己生命的存在，而活在巴西、中國以及西藏，活在法國大革命的洪流中……在這種心靈冒險的歷程中，我已經忘記我此刻是身在監獄的世界中，我覺得我是自由的，而世界亦將如是。」

十二、心的分析

羅素出獄之後，再度回到哲學的園地裡來，他的第一件工作是在倫敦發表一連串的演講，這些演講的內容後來在北京大學曾重複過一次，他把它們收集起來，出版了一本書叫《心的分析》，其實這本書早在布列克頓監獄時代就開始著手構思了。

說來也許你會不信，羅素這本《心的分析》是被經濟上的困境逼迫出來的，雖然羅素曾經繼承了一筆足以過自足小康生活的資金，但是幾年來，漸漸地他把這些錢都差不多用光了，例如他在湯姆．瓊斯（Tom Jones，他後來以擔任四任首相的祕書而出名）所主持的倫敦經濟學校即付了一筆相當可觀的學費。

一九一六年羅素出版了《社會重建的原則》一書後，證明了他能夠以通俗作家的身分謀生。但是，既然徵兵年齡已被提出，那麼除了他做老師而獲得免役資格外，他隨時有可能再被傳訊而關入監獄裡面，因此在一九一八年年底，他的朋友開始為他籌集一筆私人基金，可以使他在未來的三年中專心致力於哲學方面的研究和演講，而不必為生活問題而擔心，第一筆基金就是在這部《心的分析》的名義下送給羅素的。（值得一提的是，此書的第一批預約者包括下列諸人：Charles Sanger、Wildon Carr、Lucy Silcox、Siegfried Sassoon、Charles Trevelyan、Lady Ottoline Morrel、Prince Antonio Bibesco、J. M. Keynes、Rendel Harris、Miss J. E. Norton、James Ward。）但是第一次世界大戰結束後不久，羅素就自動要求停止這筆基金，他說寧願再度以寫作謀生，也不願接受朋友們的接濟；事實上到了一九一九年底，他曾借給克利夫・艾倫四十英鎊，比艾倫自己所要求的更多，對於此事，羅素解釋道：「我知道一個人在這樣的情形下，總是會低估自己的需要，至少我自己便是如此。」並且他還說：「我經常有錢可以花，除了一年最後的一個月，因為這個月我必須付一筆保險金。」

上一章我們已經提過，羅素在監獄中，如何宣揚人類精神的自由性，他認為人的身體即使被監禁，但心靈仍然享有充分自由活動的力量，他說：「我是自由的，而世界亦將如是。」同時他也開始一種哲學的探究，憑藉這種哲學，不僅他的心靈思想難得有自由，而且以一般普遍接受的感覺裡，甚至連他的心也是不存在的，此外他聲明

「任何認為心與物之間，存在著本質上差異的觀點」都是虛幻的。

一九一九年四月，他告訴克利夫．艾倫說：「諸神正在看我，從事著證明世界上並沒有所謂『心』這種東西存在，但是到目前為止，就使我的命題的事實，獲得個人的證實這件事上，他們已經給我澆了一盆冷水。」

說得更正確一點，他的《心的分析》一書的主題，乃是在告訴人們「物質並不如一般人想像中那麼物質化，心靈也沒有一般人假想中那麼精神化」。他說：「心與物二者似乎是混合物，而非二種絕然不相干的獨立個體，它們是彼此混合而成的，從某種意義上說是介於二者之間，同時也可以說是超越於二者之上，而類似它們共同的祖先。」

這種哲學後來由於威廉．詹姆斯的大力鼓吹，在美國發展成為「中立一元論」（Neutral Monism）（在哲學史上與「唯心一元論」及「唯物一元論」鼎足而三），羅素這時期對這種哲學的肯定，可以被引用來證明他經常堅持的一件事：即作為一個專技哲學家的他，和政治及日常通俗作家的他，二者之間，存在著截然的分別，他這種看法並沒有任何邏輯上的矛盾存在。讓我們舉個例子說吧！譬如「自由」一詞，既然沒有人正確地了解此字的真義是什麼，因此當人們引用「自由」一詞時，當然會有哲學上及修辭學上的差異，而且即便是一位典型的中立一元論者，他也無法在日常生活的語言中，避免使用「心」（Mind）與「物」（Body）這類字眼。然而這樣一來，一般的讀者就難免會以通俗的觀點來解釋它們。

因此羅素認為，日常的語言是導致誤解的根源，當我們說：「桌子是褐色的」，我們便開始假定世界上一定有一種叫做桌子的東西，但是我們所真正知道的只是一種意識上的材料——即一塊褐色的東西，當我們說「我想」（I think），我們便開始假定那裡一定得有一個人在想（"I" which thinks），其實我們所知道的是，那是一種思考的經驗（An experience of thinking），因此羅素寫道：「主觀看起來好像是一種邏輯的虛構，正如數學上的點與時，它之所以被採用，並非基於正確觀察的結果，而是基於語言的方便和文法上的明顯需要。」一九一八年初，他發表過關於「邏輯的原子論」的演說，他也說過一句類似的論調：「一個人是一連串某種經驗的組合。」（A person is a certain series of experiences.）

談到他寫作這本《心的分析》的目的時，他說：「過去在《吾人對外在世界的知識》中，我曾分析過『物』（Matter），現在我想用同樣的方法，去分析主觀的『心』（Mind）。」在《吾人對外在世界的知識》一書中，他由感知數據的角度，把一件「物」當作一種邏輯的結構單元，而現在他在《心的分析》一書中，也由感覺的角度出發，把「心」視為一種邏輯的建構單元，同時他決心把「感覺」（Sensations）和「感官」（Sense）視為相同的東西。

這最後的一步使羅素達到「中立一元論」的境界，對羅素而言，這是他生平最艱鉅的工作之一。

在《吾人對外在世界的知識》一書中，羅素曾堅持在底下二者之間，是有分別的：

㈠我們的感覺——那是一種心理上的結局，包括了我們對一種可以感覺的事物之覺察。

㈡可感覺的事物——這些事物我們在感覺的領域中，把它們覺察出來。

倘若放棄了這二者間的區別，那不啻是放棄他過去對柏克萊哲學的反駁及柏格森哲學的取笑，所做的努力。他之所以反對他們，是因為他們以各種不同的方式，把主觀與客觀的關係弄得混淆不清。某些唯心論者辯護說：「既然我們所知道的關於桌子的知識，都是由我們腦海裡的觀念得到的，那麼桌子本身也就不知不覺地成為屬靈的東西了。」因此羅素曾寫道：「只有那些從未清晰地明辨過主觀與客觀的人，才能夠接受柏格森的『直覺主義』。」

後來他放棄了這種分別，這件事頗可以表現出羅素追求真理方式的獨特性，他一旦把所有的思考力都投身於一項真理的追蹤工作時，無論如何，他總是要堅持到底，即使他所獲得的結論與原來的預想互相矛盾也在所不惜。

羅素似乎是受到當時心理學與物理學的新思潮影響，使他重新考慮整個問題，最後才獲致了「中立一元論」及「感覺與感官內容一致」的想法。羅素對華特生博士（Dr. Watson）所倡導的「行為學派」的心理學非常熟悉，這些行為學派的學者認為：「人全是肉體而沒有心靈」（Human beings are all body and no mind），例如他們認為人的思想只是喉嚨中顫動反應的結果；同時愛因斯坦也正在改變質與量的傳統觀念，因此根據當時心理學與物理學的趨勢，心變得越來越依賴物，而物的物質味也變得越來越淡，而中立一元論遂成為這種思潮的自然產物。

由感官的內容構成了物質的客體，並且決心把一件褐色的感官內容和看見褐色的感覺視為一體之後，羅素進一步想證明：心是和形成物質的客體同樣的成分所構成的，他說：「物理學到目前為止，仍是在經驗科學的範圍內，而不是一種邏輯的幻想，但它所牽涉到的事項正如心理學在感覺的名義下，所做的那些思考是一樣的。」

接著是一段孜孜不倦的苦心思考，但是這一段煞費苦心的歷程，常為羅素表面機智的光芒所遮蓋，因此常為人所忽略。他想，如果心的唯一作用是具有感覺，如果人的意識只是包括看見東西、聽見事物和接觸東西，那麼完全的中立一元論便能建立起來了。心與物二者都可能代表由感覺（或感官內容）產生的建構，只是以不同的方式組合而已，但是另一方面「心」也有信仰、慾望、記憶等等，假如這些東西也是由感覺所構成，則精確的中立一元論將可獲得全面的勝利而被穩固地建立起來，某些哲學家只因為本能地覺得，這樣一種具有可敬的簡潔與對稱的哲學該是真實的，便假定上面這種說法是可能的。

例如當維根斯坦還年輕的時候，便會一度為這種理論所迷，而無法停下來仔細地思考這種理論是否行得通，但是在《心的分析》中，羅素進一步地從各種角度去思考這些心的額外作用，看看中立一元論是否能解釋它們，結果他獲得了不少成就，但是他並沒有讓原來的預想矇騙他自己，而自以為已經獲得了完全的成功，相反地他坦白承認自己常常對他所獲得的結論感到不滿意。

他依循行為主義者的路線，來解釋一部分心的額外作用，例如他認為：「慾望乃是一種被不舒服的感覺所刺激而形成的行為週期，慾望中最原始的不可辨識的因子似乎是一種推力而非一種拉力，是一種想脫離現實的衝動，而非被理想的力量所吸引的衝動。」

但是當羅素來到了信仰、記憶和想像的問題時，他開始遭遇了更大的困難，雖然他把它們歸類為「感覺的複合體」（Complexes of Sensations），他從行為主義學派掙脫出來，承認內省與心像的存在，他在給朋友的一封信中寫道：「行為主義者說：概念只是舌頭的微小運動與喉嚨的沉默發言所形成的，這顯然是無稽之談。」

因此羅素留下了兩種心的不可再分解的元素：即感覺與概念，但是概念和感覺並沒有本質上的不同，正如感受（Sensibilia）在本質上是和感覺一樣的，心是概念和感覺的組合，而物是單純的感覺或感受所形成的，因此感覺變成了心與物的交會點。

當羅素把心與物之間的本質上差異成功地剷除之後，另外一種二元論的說法現在又開始在不知不覺間跑進來了，是的，慾望可能是一種行為的週期，但是首先必須解釋為什麼生物的行為必須按照由經驗獲得教訓的能力來加以區別，因此現在羅素必須解釋為什麼一個小孩子，一旦被火燒傷，他以後就會怕起火來，但是一塊被火烤的麵包卻不會如此，羅素的回答是：「心理的因果律和物質的因果律是不一樣的，二者間最根本的差異是在心理學中，因果的單位並不是單純的一件事，而是包括了兩件以上的事，而物理學上的因果律單位，則完全包括在一件事內。」

要是將來知識學上有更偉大的進步，羅素顯然很喜歡去證明，心理律能減化為物質律，但是他以一向坦白的獨特個性，承認他還不知道是否能達成這項願望，因此這新產生的基本的二元論，也許比原來的心物二元論，更讓他覺得悶悶不樂。

其後數年，羅素的「中立一元論」哲學，仍在繼續不斷地發展狀態中，關於羅素在《心的分析》一書中所採取的見解，現在我準備基於常識的立場，提出三點疑問和建議。

第一點是：因為羅素並沒有成功地成為徹頭徹尾的中立一元論者，因此我想他可能曾經重新思考，過去為了成為道地的中立一元論者而採取的步驟，尤其是他對慾望的分析，我不以為他所提出的論點能夠被駁倒，不過在解釋愛德蒙．希拉利爵士（Sir Edmund Hillary）為什麼要攀登聖母峰的問題時，我個人有一個強烈的偏見，那就是：我們最好解釋為他有想要攀登頂峰的慾望，而不是因為他感覺到山下使他不舒服。（後來羅素自己也漸漸地同意，他在《心的分析》中的慾望理論可能不太完全；但是他不同意，一個完全的理論需要自我的復原。）

第二點是：羅素否定自我的主要理由，是因為他無法找到任何經驗上的證據，思想所牽涉到的仍是一種「思考的經驗」，但並不是那個在思考的「我」，當他後來越來越了解，甚至強調經驗主義的限制性時，他這種論點喪失了不少它原有的力量。

第三點是：我們必須承認的是，羅素在心與物之間建立對稱的努力，遭遇了徹底的失敗，然而這不僅不可視為缺點，反而是一大好處，這點使他拒絕相信心靈與心智的並行論，並且導致他相信，心與物是能夠彼此互相影響、互相作用的——換句話說就是心能夠影響物，物也能影響心。中立一元論使他更容易接受這種「心—物」問題的常識觀點，而他這種看法，我個人以為顯然是正確的，羅素的「心物問題」觀念顯然比歷史上大多數的哲學家更接近真理。

剛才我曾提到過，羅素關於「邏輯原子論」的演講，現在我準備做進一步的討論，他的一些觀念差不多都是孕育於早期他和維根斯坦對邏輯問題的討論。在第一次大戰期間，維根斯坦完成了他自己的《邏輯哲學論》（*Tractatus Logico Philosophicus*），維氏此時正在奧國軍隊中服役，到了一九一九年底，羅素和維根斯坦在哈格（Hague）相會討論這本書，此書是用德文寫的，到一九二二年才出現了英文譯本。

羅素為此書寫了一篇序，維根斯坦對羅素的這篇序頗為不滿，他說這篇序曲解了他的原意，但是據我所知，維根斯坦經常拒絕任何人解釋他的觀點，事實上若由他自己本人來擔任解釋，是否能讓人更明白，這是頗值得懷疑的。

羅素和維根斯坦（他的創造性工作很可惜地因為他悲劇性的早逝而中斷）最得意的傑出門生是法蘭克・蘭姆塞（Frank Ramsey），有一次蘭姆塞在劍橋時，他聽見人們喋喋不休地解說這本《語錄》的內容，結果議論紛紛，莫衷一是，使他感到很不耐煩，於是他決心前往奧國去請教已經退休好幾年的維根斯坦，親自問他《語錄》中那些晦澀難解的幾段真義到底是什麼。當維根斯坦回答他說他已經記不得了，蘭姆塞頓感失望。

雖然《邏輯哲學語錄》是一本很重要的著作，但由於篇幅的限制，我不準備在這裡探討它，我只想簡單地提一提在這段期間，我心目中維根斯坦和羅素共有的最重要觀點。這些共享的觀點，我個人以為無疑地必須歸功於羅素，因為我們可以在《數學原理》和羅素更早期的作品中，發現這些觀點的來源。

在這個觀點裡面，他最著重的是「結構」（Structure）問題，前面曾提到過一個例子，那便是關於一個句子的理論：一個句子和他所描述的事實是否有相同的結構的問題，但是整個觀念卻比這個單純的觀點具有更廣泛的重要性，現在我引一段羅素寫在《數理哲學導論》的話，來說明此一事實，他寫道：

「人們常說：現象（Phenomena or Appearances）是主觀的，但卻是由存在於他本身的事物而引起的，一旦這種假設成立，那麼一般的看法是，我們對客觀的那一面，所能知道的將會很少，但是從日常的事實看來，如果剛才的假說是正確的話，那麼客觀的部分將會形成一個世界，在這個世界裡面，它的結構是和『主觀的世界』相同的，並且可以讓我們由現象去推論所有命題的真相，而這些命題都可以用抽象的語彙來敘述，最後它們將會成為現象的真實而為人所知。」

這個觀點從當時整個羅素哲學的角度看來，並不算很重要，但是當我們回想到形成我們知覺的外在世界的日常生活觀點時，它卻變成非常重要的一種觀點。從我們知覺上得到的這種知識乃是一種結構的知識，這種知識只有用抽象的數學公式才能表達，在這裡我們再度進入了哲學與科學相會合的迷人領域，因為現代科學在同意羅素用歐肯之刀（Occam's Razor），設法剷除那些觀察不到的事項之餘，也進一步地同意羅素的說法：結構的知識（The Knowledge of Structure）是繼續存在的。

一般的讀者若在這方面獲得進一步的滿足，那麼只需注意愛丁頓（Eddington）先生如何經常地引用上面這一段羅素的話就夠了，此外讀者若想進一步了解「結構」

對科學家的重要性，不妨參考平易近人的入門書：許洛丁格的《科學與人文主義》（*Schrödinger's Science and Humanism*），在這本書中，許氏闡釋：「個體是由結構來決定，而不是由物的一致性來決定。」為了讓讀者更明白起見，我願回到前面曾舉過的一個例子：那個經常留級而被人視為沒有出息的年輕邱吉爾，與晚年作為偉大政治家的邱吉爾，雖然同是一個邱吉爾（由Same matter所構成），但二者顯然有極大的差別，這種差別是由他的「結構」來決定的。

十三、蘇俄之旅

在第一次世界大戰與第二次世界大戰之間，英國的左翼思想界正流行著兩種錯誤的歧見，第一種是堅信一場第二次世界大戰將是意味著西方文化的結束，因此任何防衛的企圖都是無效的；第二種比較溫和的看法是，以為任何人一旦認為蘇俄的領袖們都是殘酷無情的極權主義者，則他必然是一個保皇黨的保守分子。第一種錯誤看法的流行幾乎導致了一九四〇年希特勒的勝利；第二種錯誤看法，則幾乎使一九四五年以後的世界失去了和平。

羅素並未能完全擺脫第一種錯誤的看法，這點我們以後將會發現，但是他卻能輕易地擺脫第二種錯誤看法，這點是很了不起的，因為當時的英國前進分子中，在面對蘇俄的真相時，能擺脫第二種錯誤看法者也許只有羅素一人而已。

第一次世界大戰的結果，使羅素由自由主義者變成了社會主義者，主要的原因是：他認定是資本主義導致了戰爭，那時他也像馬克斯主義者一樣地宣稱：「現存的資本主義制度已是劫數難逃」，但是這時期羅素所擁護的社會主義仍是英國基爾特式的社會主義或法國式的工團主義。（註：Guild Socialism，基爾特社會主義：二十世紀初期發生於英國，主張產業國有而由工會管理。Syndicalism，工團主義：源於法國的一種社會革命運動。）他希望工業由直接參與工作的人來經營，而不是由政府來管制，這點跟今日的一些社會主義者有很大的不同。今日的社會主義者往往樂於見到國家權限的擴大，雖然羅素也認為某些方面國家的權力有加強的必要，但是他認為這只是過渡時期所必須的一種惡，他承認在個人的性情上，他比較傾向於無政府主義，同時他也說過：「國家的權力過大，乃是現代世界不幸的主要根源之一。」（因為在那些年頭裡，國家的主要任務看來只是打仗而已。）他正確地預言：「收歸國有或以國家代替私人僱主，其結果對工人而言，跟過去並沒有什麼差別，他們對自己的工作依然很少有控制權。」

一九一六年他在曼徹斯特就「社會主義的陷阱」為題發表演說時，羅素再度表現了他在正確預言方面的天分，他認為國家社會主義的根本缺點，在於它相信改革只可能由機械的改變所產生，事實上沒有某些相關的觀點上的改變，只有國有化並不能剔除工業化的惡。

羅素說：「官方的權力增大，是現代國家正在不斷發生的一大危險，對權力的愛好是一種很危險的動機，因為證明握有權力的唯一方式，在於阻止別人去做他們想做的事。」

到了今天，很不幸地，這種對國家官僚化的批評，只有在聯想到社會主義的反對者時才被提起，但是在四十年前，有很多其他的基爾特社會主義者和羅素的看法一致，甚至連馬克斯主義者也是把政府權力的削弱，當作他們最後的理想。由於對蘇維埃社會主義聯邦共和國盲目地崇拜，使一些左傾的知識分子誤以為國家社會主義才是真正算數的唯一社會主義。在蘇俄的共產主義政府一點也沒有要削弱其權力的跡象，而英國的一般社會主義者也都認定蘇俄所做的事一定是對的，這樣一來，收歸國有，根據馬克斯的理論只是達到目的的一種手段，可是現在它本身就變成了目標。

羅素像其他的社會主義者一樣，起先也曾一度熱誠地對蘇俄的革命表示歡迎，在一九一八年一月，他寫信給克利夫・艾倫（Clifford Allen）說：「這是個可詛咒的世界，只有列寧和托洛斯基點燃唯一的光明。」不久他又寫道：「世界正在一天比一天地更充滿希望，布爾什維克黨人的成就使我頗覺愉快，我很輕易地原諒了他們解散議會之舉，假如他們的議會也是和我們的下議院一模一樣的話……你看他們做得多成功！他們已經在德、奧二國激起了叛變，甚至使一些英國人開始思考！但是他們從未影響美國人的思考。」

羅素和其他前進分子最大的不同點是，當他親眼看見了蘇俄的一切後，他就不再繼續像過去那麼嚮往蘇俄了。

一九二〇年夏天，他以工黨代表團的非官方身分抵俄訪問，這個代表團尚包括克利夫・艾倫、赫連・賈斯特博士和菲利普・史諾頓夫人，他們在蘇俄逗留了四週，抵達時，懷著一股興奮的熱情，當他們下機後第一次看到蘇維埃國旗迎上前來時，團員們不自覺地唱出共產國際歌和紅色旗歌。

羅素日後回憶當時的情形說：「我以準備接受肉體上的辛苦、不快、汙穢與飢餓的心情來到這裡，不過由於對人類的未來充滿了美好的希望，這些都變成可以容易忍受的事了。但是共產主義的同志並不考慮我們是否值得這樣被招待，下機後，我們馬上參加了兩次宴會，第二天又吃了一頓豐盛的早餐，送過來的都是第一流的雪茄菸，晚上睡的是宮殿中非常豪華的臥室，舊俄所有的奢侈品均保存在此宮內。」

但是有時候，他們也會被安排在較差的環境。羅素很高興地發現跟他在一起的一位工會會員，當他們發現旅館的床鋪上有臭蟲時，他的那副狼狽相，他把他之所以沒有被蟲咬，歸功於他的血液中充滿了尼古丁味。

他們代表團所坐的特別專車，都飾滿了紅色旗、綠色的樹枝和一些有關社會革命及無產階級世界的標語，當他們首次接受大眾的歡迎時，共產國際歌被演奏達十七次之多，據說他們每一次有重要客人來訪時，都是如此。但是並非所有的聚會都是那麼枯燥無味，其中也有一段輕鬆的插曲：史諾頓夫人在一次宴會中，因為伏爾加酒喝得太多了，因此使她平日節制的做人原則失去了控制，竟向赫連・賈斯特先生靠過去示愛，使這位先生震驚不已。

這時托洛斯基剛好以勝利者的姿態，由波蘭前線帶兵返俄，有一天晚上托氏請他們去欣賞歌劇，當他被介紹給代表團，正直的反對者說：「在我們這裡，不能有宣傳和平及想要阻止戰爭的人。」但是一會後托洛斯基就開始輕鬆起來了，當舞台上正在進行一幕溫柔的愛情鏡頭時，他向史諾頓夫人說：「這是一種偉大的世界語言。」

羅素對當年的托洛斯基有過一段描寫：「他給人一種拿破崙式的印象，他有明亮的眼神，穿著全副軍裝，閃耀著才智，同時具有富於磁力的個性，他的外貌堂皇，這點頗使我震驚，我想他對女性一定是具有不可抗拒的魅力，只要他的熱情能繼續存在，他將是一個可愛的情人。只要他不受困擾，我覺得他也有懂得幽默的好氣質，他有點無情但並不殘酷，有一頭令人悅目的波浪髮，他對虛榮的愛好甚於對權力的愛好，是一種藝術家或演員式的虛榮。」

代表團的旅程包括由下諾夫哥羅德（Nijni-Novgorod）到伏爾加（Volga）這一段。一到晚上真是冷風刺骨，克利夫・艾倫幾乎死於一場肺炎和肋膜炎，關於這段旅行的經過，羅素寫過一篇文章，收在他的《中國之問題》一書中，他認為這是自己最佳的散文傑作之一。

因為他不是正式的官方代表，所以羅素可以避開一些宴會，而親自到街上或鄉下跟一般俄國平民接觸（他發現了一些過去曾在德國當過戰犯的俄國人，羅素碰到這些人便使用德語與之交談）。開始時，他先跑到莫斯科的俄人商店，以買雨傘為由，設法與他們交談，他說：「此事簡直和領悟學術上的最根本的神祕一樣地困難。」他也看見了一群疲乏的婦女在政府開設的麵包店外邊，正在不耐煩地排著長蛇陣等候領取黑麵包。像其他的代表團團員一樣，他對一般俄國平民的貧困與不幸深感驚訝，史諾頓夫人後來追憶說：「雖然我們代表團的團員穿的都是一些老式的衣服，但是俄國人卻以為我們打扮得像王子一樣，同時還不時要團員轉身來讓他們欣賞，並且撫摸我們的外套和衣服。」

但是羅素也注意到，在蘇俄幾乎看不到喝醉酒的人，同時他也發現妓女在莫斯科比其他任何大都市都要來得稀少，在這一點上，他覺得俄國女人比世界上任何其他地方，都受到安全的保護而較少受到磨折，他說：「就整個印象而言，這是合乎道德與有秩序的行動表現之一。」

事實上，羅素所得到的結論是：布爾什維克很像英國的清教徒，這樣比喻對清教徒也許有點不公平，但是我們必須記得的是羅素對清教徒一向沒有好感，這點似乎只有本身受過清教徒式教育的人才會如此，他說：「蘇俄政府的形式，幾乎跟十七世紀時克倫威爾所建立的政府形式一模一樣。」二者都是屬於經濟發展的同一時期，都是產生在封建制度崩潰、中產階級崛起及大部分人都是屬於文盲的時代，而紅軍也可以說是等於克倫威爾的聖師，這團聖師也是選擇那些由於對教條的堅信，而產生力量的人來領導。

羅素曾在克寧姆林宮內與列寧會晤過一次，列寧對他說，他希望看到倫敦有一個工黨政府出現，並且希望英國的共產黨能為此而努力，這樣一來，議會政治的無用才能暴露出來。當羅素說在英國不經過流血也可能會達成社會主義的使命，這時列寧說：「拋開這種幻想式的看法吧！」列寧顯然不知道這正是英國工人的態度，這些工人已經停止過一次反對蘇俄的公開戰爭。

羅素發現列寧和托洛斯基是完全相反的典型，由他的外表根本看不出他是個握有權力的人，在談話時，他密切地注視對方，而且幾乎是瞇著一隻眼睛在看人。

很多代表團團員都是在痛苦的失望與幻滅的心情下離開蘇俄，真可謂是「乘興而來，敗興而歸」。史諾頓夫人在她的一篇報告中寫道：「實際上，在蘇俄根本沒有配稱為社會主義的東西存在，一般人民的生活顯然都是很可憐的。」她自己也坦白地承認：「俄國人並不快樂，他們正在忍受不幸。」但是，當其他的代表回到英國，接受那些渴望聽到讚美蘇俄的工人團體的熱烈歡迎後，隨著記憶的模糊，他們的旅俄報導越來越美好，至於羅素本人則開始著手寫作一部極為人所推崇的批評分析作品：《布爾什維克主義的實際與理論》。因此羅素可以說是西方知識分子中，最早由共產主義的迷夢中解脫出來的人物，他這本書就是到現在，依然是「反共哲學」的最有力代表作。

這本書雖然是一九二〇年代的產物，但是即使到了一九五〇年代，羅素幾乎可以一字不改地把此書再版，這是政治觀察與預言經得起時代考驗的驚人實例。不過事實上當時的羅素並不像後來的他那麼絕對地反俄，他對蘇俄的看法可由一九四三年談到蘇俄之行時，他所做的一句結論得知，他說：「當我在一九二〇年抵達蘇俄時，我發現那裡沒有一件事能夠使我喜歡或羨慕。」他所寫的書也不像史諾頓夫人寫的那樣對蘇俄社會主義和列寧抱持強烈的敵意。不過由於他決心把布爾什維克的好壞二方面公平地呈現出來，因此給人家的第一個印象，也是在對布爾什維克的讚美與詛咒之間，有了一次神奇的改變。

當年他對蘇俄看法的思想轉變，在他的一封信中曾有部分透露，他寫道：「我責備自己為什麼已不再喜歡蘇俄了，它不是正在做典型的有力的開始嗎？它是醜陋和蠻橫的，可是對它將要創造的事物的價值，充滿了積極的活力與信心……」

「我對蘇俄這個被功利主義所窒息的社會環境，感到極端地不快，整個社會瀰漫著對愛與美的麻木與冷淡，感情方面的生活可謂已完全被忽視，那些掌權的人認為對人類最重要的只是滿足他們生活上的需要，但是我不以為如此，無疑地這可能是因為我這一輩子，從未像他們一樣體驗過飢餓與匱乏的滋味，所以才會如此想，但是難道要使人類產生智慧，就必須先讓他們挨餓和貧困嗎？難道只有飢餓和貧困才能使人想出理想的社會嗎？顯然，這種理想的烏托邦乃是每一個改革家的靈感源泉，我不得不以為他們只是把生活弄得更偏狹，而非使生活的領域更開闊，但是一種不安的懷疑仍然盤據在我心頭，幾乎把我撕成兩半。」

在《布爾什維克主義的實際與理論》一書中，羅素的基本觀點是在闡明英國社會主義者的一項錯誤思想，他們誤以為「無產階級專政」只是代表一種新型的代議政體，羅素糾正他們說：「『獨裁』的意義就是『獨裁』，相反地，所謂『無產階級』卻有其特殊的意義，那就是代表共產黨。」

羅素接著又說：「在布爾什維克獨裁者的統治下，反對者殘酷地被壓制下去，他們所使用的恐怖手段絕不在當年沙皇的警察之下，事實上沙皇當年的祕密警察，仍有很多被留下來做他們的老工作。」一八九六年他在德國講學時，他還承認共產主義雖有不容異己與教條主義兩大毛病，但是卻有一種隨缺點而俱來的優點，那就是熱情的活力。但是現在他親眼看到後，再也不敢承認熱情是他們的優點，他說：「接觸過那些信心十足、從不懷疑自己的人之後，使我對底下一事的懷疑增加了一千倍（但不是對社會主義本身的懷疑）：一個人這樣堅定地信守他的準則，甚至於願意為它做出使別人蒙受重大不幸的事，這難道是一個明智的人所應為的嗎？」

最後他的結論是：「像我這樣一個相信自由的理性才是人類進步之主要動力的

人，我不得不根本地反對布爾什維克主義，正如我過去反對羅馬教會一樣……雖然大體上說，鼓舞共產主義的最後希望，和基督教的登山寶訓一樣令人敬慕，但是他們那種盲目的狂熱對人類來說很可能會帶來災禍。」

正如邱吉爾首次發現共產主義國度是「鐵幕」一樣，我也認為羅素是近代史上第一個指出共產主義是一種宗教形式的人，而且也會像基督教一樣地習慣於把迫害視為正當。（值得注意的是早在《德國社會民主制》一書中，他就把馬克斯主義視為一種宗教。）至於談到布爾什維克的理論時，羅素再仔細推敲他在一八九六年所做的批評，最後他說：「馬克斯主義者過度強調經濟的動機，而忽視了國家主義、宗教、人性的自尊及權力的愛好這些動機。」同時他也一再地闡釋英國所需要的社會主義，並不是共產主義，而是基爾特式的社會主義或工業的自治化。

以上是他對蘇俄制度反抗的梗概，另一方面，羅素寫道：「蘇俄從來不準備實現任何形式的民主，他們只是需要一個強有力的獨裁政府……在俄國這種環境下，布爾什維克的方法可能是多少無法避免的事。」

在這一段時期內，羅素常徘徊在譴責與寬恕之間，有時是毅然地提出控訴，有時反而為它們辯護，在同一篇文章中，有一頁他寫道：「我無法與布爾什維克黨人共享希望……我認為他們有戲劇性的妄想症，註定要給世界帶來幾世紀的黑暗與無益的暴力。」另外一頁他卻寫道：「我相信社會主義是今日世界所必需的。」

在《布爾什維克主義的實際與理論》一書中，儘管他曾試圖公平地評價共產主義，但是仍然引起英國社會主義者極大的反感，他們似乎覺得縱使羅素的批評是公正的，羅素也不應該把它們寫出來，因為這一來不啻是幫了那些想攻擊蘇俄的保守黨的忙，使他們得到了更佳的保守藉口。

同時這一次的批評，也激起了一個全面性的問題的檢討——知識分子在政治上應該抱持怎樣的態度——如何把對真理之愛滲入實際的政治活動中。

至於他本人所遭遇的困境也是相當地厲害。同時他也徘徊在兩種衝突的感情之間，他所信任的是個人的理性而非群眾的感情，他寫道：「從蘇俄歸來後，更使我確信，善的東西只能在個人身上發現而非社會。」過去他也曾說過：「我最害怕的東西就是群眾。」然而他卻渴望獲得大家的友誼與愛情，對他而言，愛真理與愛同胞是並行而不悖，在大戰期間有一次他寫道：「我覺得今日的人類，活像一隻可憐的不會聽話的動物，身上有一個大創傷，血不斷地從那裡流出來，而生命力也漸漸地滲走了。」他說：「除非一個人的生命已經與世界的生命連繫在一起，否則他不能算是具有生命的人。」正如在哲學上一樣，他也在人類關係上發現「嚴格的原子論」（Strict Atomism）是不可能的，因此他才經常使自己在政治的活動中與見解相同的朋友們連繫在一起，並且試圖認為他跟他們的相異處是無關緊要的事。

羅素曾一度說過：「在我的一生中，我曾渴望與人類中的絕大多數站在一起，這種渴望有時強烈到使我產生自欺；我曾把自己輪流地想像為一個自由主義者、一個社會主義者或是一個和平主義者，但是嚴格地說起來，我三者都不是，我經常是個懷疑的知識分子（The Sceptical Intellect），當我極希望它沉默之際，它還是以『懷疑』對著我耳語……因此我不得不告訴教友派信徒：我想歷史上曾有過暴政的國度。」

至於知識分子應該在政治上抱持何種態度？唯一的解決辦法似乎是以業餘的身分去參加無黨無派的政治活動。為什麼知識分子有過問政治的必要呢？那只是因為戰爭這種事有時會變得太重大了（與全人類的幸福與前途有關），以致不能讓它單獨留給將軍們去解決；同樣地，政治問題有時也會變得太重大了，以致不能單獨留給職業政治家去解決，而且正因為政治是他們的職業，有時反而使他們無法誠實地討論政治問題。

在政治方面，羅素最值得令人注意的是：當他的政治見解與別人不同時，通常他都是對的，但是當他的政治見解和一般標準的輿論立場最接近時，那是他的判斷力最糟的時候。

還有一點必須告訴讀者的是，當一位哲學家或科學家寫作政治方面的作品時，我們不能用評價他專業性作品的嚴格眼光去看這類業餘作品。關於這一點，羅素本人也曾一再地強調過，他認為像《社會重建的原則》這種書，並不是為了希望對學術上有所貢獻而寫，他寫這本書完全是為了實際的目的，換句話說，他不是以哲學家的身分去寫它，而是以亂世中，作為人類一分子的立場寫出它來。但是很不幸的是，儘管有這些聲明，一般人因為礙於羅素的大名，又由於他們看不懂他的專業性著作，所以現在雖然能充分了解他的這些通俗著作，他們還是不敢去批評他。

羅素在下筆寫訪俄報告時，面臨了一項抉擇：要說實話，還是要失去朋友？結果他選擇了前者，因此《布爾什維克主義的實際與理論》一出，許多好友都因為他對蘇俄的批評而與他決裂（包括克利夫·艾倫和查理·曲範良二位好友）。過去因為反戰，使他失去了很多的友誼，現在又因為反蘇，而使他失去了很多新的和平主義朋友，例如克利夫·艾倫就是因此而跟他絕交。在訪俄代表團回來後不久，艾倫寫信給伊莉莎白·羅素說：「妳將會發現勃悌與我的關係目前特別有趣，因為現在我們二人有生以來第一次像兩隻貓一樣，為了蘇俄問題而大鬥特鬥。」

過去在戰時曾在下院為羅素的主張而辯護的查理・曲範良，現在也開始與羅素一刀兩斷了。

但是無疑地，英國社會主義者對羅素的批評尚不及他自己心目中預料的那麼強烈，這是由於他的過度敏感，使他易於想像中誇大人們對他的批評。但是這充滿敵意的氣氛已經足以使他產生政治上的孤立感，世界上很少有人會像羅素這樣，為了說實話、為了保衛真理、為了反抗共產主義，而付出如此重大的代價。

十四、愉快的中國之行

當羅素尚未出獄時，他曾考慮過戰後再回到劍橋開非正式的講座，他說：「我還是想教書並且多跟年輕人接觸，但是我不願再成為大學的一位正式教員，我預感到做一個像阿伯拉（Abelard）那樣的自由哲學作家將是很愉快的事。」同時他也談到想開一門「除了那些研究過哲學的人以外，其他所有的人均能了解的」形而上學課程。但是在一九一九年底，羅素再度接受了三一學院復職的要求，這時他要求學校當局給他一年的休假，以便接受中國北京大學的講學邀請，不過因為他準備不久後與他的第一任夫人離婚，為了避免引起爭論，後來他就乾脆辭去了三一學院的教職，他認為這樣做，才不會使一九一六年他被免職時，為他辯護的那些人以及最近邀請他回來的朋友們感到為難。

在這一段時期，羅素有二位特別要好的女朋友：其中的一位叫朵拉・布萊克

（Dora Black），後來成為羅素的第二任妻子，她是一個相當能幹的女人，精力充沛、活潑有生氣，並且具有以那個時代看來頗為新穎的思想與見解。有一次羅素聽到她上樓梯的腳步聲，他告訴正在跟他談話的朋友說：「不要讓我單獨跟她在一起。」可是後來她卻與羅素一起到哈格（Hague）去看維根斯坦，並且在一九二〇年陪羅素一塊到中國去講學。

羅素此次遠東之行的結果是產生了兩部著作，一部是敏銳觀察的結晶：《中國之問題》；另一部是深刻分析的結晶：《布爾什維克主義的實際與理論》。這兩部作品到現在為止仍然是經得起時代考驗的作品，一位當代第一流的中國問題權威費滋傑羅教授（**C. P. Fitzgerald**）在提到羅素的《中國之問題》一書時說：「從任何角度看來，它都是一部傑作，是一本有敏銳的先見之明和了不起的深謀遠慮的書。」到現在為止，羅素唯一被證明為錯誤的觀點是：他曾預測中國將會有一個聯合政府的形式出現。

在當時白宮和英國外交部中大多數人，對中國幾乎提不起興趣的時候，羅素就強調中國在未來世界中將扮演極重要的角色。他指出人口的壓力迫使日本走向軍國主義和侵略的行動，同時他說：「沒有生育節制，人類的災難是遲早不可避免的事。」他很清楚地了解中國所面臨的危險，他認為中國若要避免外國的征服，首先必須放棄傳統生活方式，並且普遍地發展愛國心及足夠的武力，同時他也了解這些事可能會被發展得太過度，因此他警告說：「雖然他們中國人平常是冷靜的，但是也有野蠻奮激的能力，我們可以想像他們之中的一部分也許會變成狂熱的布爾什維克主義者。」

他的結論是：「毫無例外地，所有列強的利益最後必會與中國的興盛相衝突……中國人必須以自己的力量去尋求解救之道，而不是靠外國列強的仁慈心，但是最值得擔心的一件事是：在中國發憤圖強的過程中，不但會發展到有足夠的力量維持獨立，而且可能過度強大到開始其帝國主義的生涯。」

無疑地，羅素對這種中國未來可能的變化極為厭惡，根據他個人的所見所聞，他發現當時中國軍閥之間的戰爭，大多數都是：「雙方都在想逃走，勝利是屬於首先發現別人棄械而逃的那一邊，但是這一點只是證明了中國的軍人是一個有理性的人。」事實上，羅素幾乎讚賞所有他在中國所見到的東西，他唯一對中國人批評的缺點是「貪婪、賄賂和某種無情。」從他一般概括的結論裡，顯示出他對中國文化有極大的好感，他認為：「中國和中國人都是最令人愉快的。」他說：「中國是一個藝術家的國度，它具有藝術家所希望的優點與缺點。」他宣稱：「我們從他們那裡學到的，比他們從我們這裡學到的更多，但是我們學習去了解它的機會真是太少了。」

在中國，羅素曾有一段時期對自己潛意識中所遺留的維多利亞時代的信仰：「認為一個新的思想一定比舊的來得好」頗感震驚，這也許是他生平第一次發現自己是一個保守的人，也就是說，他突然發現自己崇拜一種已經在逝去的文化，而他很惋惜這種文化的消逝。他經常埋怨他的中國朋友為什麼老是要購置冒牌的西方家具和拷貝西方的思想，他本人則很喜歡購買一些古式的中國家具，但是他的中國翻譯看到他買這些東西時，常會以嫌惡的表情說：「它有佛教徒的味道。」

根據後來的一位中國問題專家——哈佛大學的施維慈教授（Prof Schwartz）說：「很多中國前進的知識分子，對羅素這種在傳統的中國文化中，發現其價值的保守傾向頗不以為然。」羅素自己有一次曾傷心地預言：「東方與西方唯一的不同將是前者比後者更加西方化。」

對那些批評羅素說「他在內心上經常是一個十八世紀英國維新黨（Whig）的貴族人物」的人，值得他們注意的有趣事實是他所讚美的中國某些傳統美德，他讚揚中國人的容忍力、冷靜沉著和自尊，以及他們缺乏表面的熱情、言論的保守態度——事實上這些正是英國人的美德，尤其是最後一項與英國的貴族特別有關。他也注意到中國人同樣有英國人那種喜愛妥協的和平天性，因此許多爭論常常可以用笑話來緩和。另外很像英國貴族的一點是：中國人對「禮節」的信仰超過了對「倫理」的信仰，所以他們沒有教條式的宗教教義，但是他們有根深柢固的行為準則。

但是儘管讚美放任主義，羅素仍然看到事情的兩面，在《中國之問題》中他說：「在任何一個經濟上而非文化上落後的國度裡，總會有很多關於國家社會主義方面的爭論。」他支持中國鐵路與礦產的國有化（但是他建議為了加速發展礦業，後者必須慢一點實行），這些觀點顯示出羅素在回去英國寫《中國之問題》時，比他仍然逗留在北京時期更趨向於正統的社會主義。根據施維慈教授的描述說：「在一九二〇年末期，羅素和一位中國的年輕記者張東蓀曾有過一場激烈的爭辯，當時羅素的主張是所有中國的不幸之根，在於貧窮與生產力低，而這點唯有透過工業化才能解決，空洞地討論這個主義或那個主義是無補於事的，儘管有很多人會從倫理的角度上去反對資本主義，但是顯然地只有資本主義才能夠達成工業化的目的。」

既然大家都相信工業化是根本的解決辦法，那麼社會主義與資本主義之間的爭論就變成不太重要了，因此羅素從以下層面去探討中國的問題：一方面他覺得中國必須使自己強盛到足夠抵禦外來的侵略，而不致於成為軍國主義者；另一方面，他覺得中國必須應用科學的方法去征服貧窮，但不要得到西方工業革命後的種種惡果，他懷疑這兩件事是否能被達成。但是他對第二個問題仍然提出了個人的解決辦法，在他與第二位夫人合寫的一部書：《工業文明的前景》中說：「融合科學的技術和對人性價值的尊重，將是合理的解決之道。」此書的靈感得自他們二人的先後訪俄，以及共同連袂訪華而產生的。

在中國方面，他把希望寄託在孫中山先生身上。羅素認為所有中國的軍閥幾乎都是野心的土匪，只有孫中山先生在為整個中國的未來打算，他把孫中山先生比喻為舊式的英國自由主義者，羅素說：「他的目標在減少貧窮，但不是引起一場經濟革命。」

我們已經談過了羅素對中國及中國人的看法，更有趣的是中國人對羅素的看法為何呢？他對中國的影響是巨大的，中國人第一次聽到一個英國貴族在批評英國的帝國主義；中國人首次發現一個外國人以中國人的觀點去考慮中國的問題，孫中山先生曾說：「羅素是唯一了解中國的英國人。」北京大學一群熱心的學生們特別出版了一本《羅素季刊》來宣揚他的思想與見解。我們必須記住的是中國人對著名學者的高度尊敬，猶如其他國家對名運動員或電影明星的崇拜，而現在中國之所以有不少人對英國仍然保持有高度的評價，就是因為羅素對他們的問題了解之故。

剛好在羅素訪華講學期間，杜威也來到了中國，施維慈教授說：「羅素的影響是有限的，而且很容易消失；但是杜威卻在中國人的思想上，留下了永不磨滅的痕跡。」可是一九二三年曾蒞華訪問的費滋傑羅教授卻不同意這種說法，以他親眼的判斷，他覺得羅素的影響由於他的著作而較為廣泛，而杜威的影響似乎僅限於局部。

有些人甚至抱怨羅素的影響並不是太小，而是太大了。他的強烈批評者是那些傳教士，當中國青年社在北大為他安排一連串論宗教的講座時，羅素告訴他的聽眾，一個無神論者也可能具備高度的道德水準，同時當道德與宗教發生過度密切的關係時，道德往往會變成偽善。有些傳教士認為羅素在尚未與朵拉．布萊克正式結婚即連袂來華，可能對正在學習西方生活方式的中國女性產生不良的影響。對於這個批評，費滋傑羅教授也不表同意，費教授說當時已輕解放了的中國年輕女性，是不需要有人鼓勵的，羅素本人在參觀過一所北平女子師範學院後說：「女學生之間彼此自由質問的精神，可能會使大多數英國女校長感到震驚。」

他的中國之行幾乎結束了他的生涯，他在北大寒冷而通風的禮堂內一連串不停的演說，把他弄累了；有一天他驅車前往西山做了一次熱硫磺浴後，他突然感到一陣顫抖，當他回到北京時已經發現他得了急性肺炎，併發症也來了，雙肺都感染了，他住進德國醫院時，有數個禮拜都病得很嚴重。

在北平的俄國人聽說羅素病重，他們送香檳和奶油等禮物到醫院去，他們說：「不能讓羅素死去，因為我們的革命需要他。」顯然他們誤解了羅素思想的趨向。有一位中國賢人的代表，他的表現更為悲觀，他來醫院請求說，羅素已經被安排葬在西湖旁邊象徵最高榮譽的一間廟內（註：這是中國的威斯敏斯特寺（西敏寺），無數古代中國有名的詩人及學者均埋葬於此），同時這位代表也要求是否可以讓他們聽聽這位垂死的哲學家最後的遺言。

歷史上有很多關於懷疑論者故事，他們一旦面臨生命的結束，就退卻到傳統的信仰，但是羅素卻以毫不後悔的勇氣與有趣的諷刺面對死亡。有一次他從發高燒的昏迷中醒過來，他以挑戰的口吻對醫生說：「我沒有問題了吧，在我的一生中從來不曾感到像此刻這麼好。」接著他問朵拉．布萊克，她的生日是什麼時候，並向她說：「妳最好現在替我買一個禮物給妳自己，因為我可能活不到那個時候。」他又以開玩笑的口吻說，要是她沒有錢的話，她所要做的事便是在報紙上登上一段話：「羅素已逝，必須需要點錢去葬這條老狗。」

有一位醫生事後埋怨道，只有羅素病弱得不能說話時，他的舉止才像一位真正的哲學家，但是每次他醒過來時，他總是要嘲笑一番。

羅素死訊的報導曾被日本的新聞記者發表出來，當消息傳到英國時，他的哥哥法蘭克拒絕相信此項消息，他堅稱：「完全是無稽之談，勃悌（Bertie）不可能不告訴我一聲就死在中國。」但是其他的人並不像他那樣抱懷疑的態度，最後北平的德國醫生終於救活了羅素，使他有機會讀到一些他自己的訃聞。

在這次生病期間，朵拉．布萊克始終盡心盡力地在照顧他，當她不能在病房與他相處時，她就在走廊的椅子上用餐，奇怪的是，她發現她的食慾突然增加起來，於是她知道羅素快要有一個後嗣了。

在他們回英的旅途中，有一件值得一提的插曲發生，這段插曲表現出他不再是一般人想像中和平主義觀點的抽象哲學家那麼溫馴的典型。事實的經過是：當他和朵拉抵達日本時，一群攝影記者突然對準他們的臉射出閃光燈，使朵拉幾乎要休克而倒下去，羅素憤怒得舉起他的手杖打那些攝影記者並且驅散他們。

十五、徹爾西區的候選人和美國的講師

從中國回到倫敦之後，羅素和朵拉結婚，並在倫敦徹爾西區西特涅街31號定居下來，在這裡他們生了兩個小孩子，在他第二次的婚姻期間（或者也可以說是以後大約十年的歲月中），他在思想見解上比過去更接近正統派的工黨，同時那些社會主義者過去曾一度不滿羅素對蘇維埃政府的批評，現在也開始原諒了羅素，因為他曾在中國批評過英國的帝國主義。

在一九二二和一九二三年二次大選中，他都被提名為徹爾西區的工黨候選人，角逐國會議員之席，倫敦的徹爾西區一向是保守黨強而有力的地盤，當年在那裡坐鎮的是薩繆爾．霍爾（Samuel Hoare）爵士。

西特涅街31號被利用為工黨的集會場所，有一位《泰晤士報》的採訪記者在訪問過這裡後寫道：「有一群精選出來的工作人員，在底層熱心地努力策劃工作，而四周環境的布置，很能夠顯示出主人良好的嗜好——那裡有羅素從北京帶回來的中國家具和地毯，充滿了一種令人愉快的情調。」羅素宣稱，他支持所有工黨的政策，他在徹爾西區的市政廳舉行過一次茶會後，便開始他的競選運動。他支持人頭稅的徵收和礦業及鐵路的國營，並反對削減教育方面的預算，同時他也批評《凡爾賽條約》的不當，當羅素以「我未來的選民」開始向與會者發表演說時，贏得了熱烈的掌聲，又當他告訴他們說：「人家可能會告訴你們說：我不是一位愛國者。」台下立刻有人在喊著說：「你是一位典型的紳士。」馬上爆發了數分鐘的喝采聲。

兩次選舉的結果，羅素都失敗了，一九二二那一年，他以四五一三票對一三四三七票被擊敗，一九二三年，他稍微有進步，但仍以五〇四七票對一〇四六一票被保守黨所敗，但奇怪的是，所有的熱情似乎都屬於他一邊，當得票的結果宣布出來後，大家都為羅素歡呼並且把他高抬起來遊行，相反地，當選的薩繆爾·霍爾（Samuel Hoare）卻為了避開擁擠的群眾而從後門溜出去。後來霍爾因為被人發現他曾反對提高香檳酒稅，而支持增加啤酒的稅率，所以在大家的心目中，他變成了不受歡迎的人物。有一次他的一位年輕助選人，用一種很優雅的牛津口音回答別人的問題時，他說：「至於那啤酒的……」他還沒有說完，就立刻從大廳後方響起了一陣噓聲，從此以後，每當霍爾發表演說，常會被台下諷刺性的「噓！噓！——啤！啤！」聲所中斷。

羅素被擊敗乃是意料中事，同時也像他在一九一〇年未能進入國會一樣，對他整個一生而言，毋寧說是一件喜事，因此我們不必對他的失敗寄予同情，相反地，我們應該為此而慶幸。從下面在徹爾西區發生的一件插曲，我們不難窺出羅素在政治方面是不會有什麼大前途的。有一次，一位工黨方面的運動員因跌倒而受了輕傷，有人就向羅素建議道：「要是能帶些花，親自到醫院病榻去探視這位病人，而讓攝影記者把這個鏡頭拍下來，一定能給選民留下良好的印象。」羅素聽後，毫不妥協地拒絕了這種假惺惺的做法，他說：「我並不喜歡他，因此我不打算去看他。」

另外還有一件與此類似的小插曲，值得在此順便一提。此事發生於他和克利夫・艾倫住在一起時，羅素有一次向他說，既然在政治上，他們都是為一般群眾而奮鬥，那麼他們也應當對那些為大眾所愛好的東西產生一些興趣才對，因此羅素接著說，要是他們二人連一年一度在埃普首姆（Epsom）舉行的賽馬大會都不參加的話，未免太可恥了，於是他們便決心在下一次的賽馬日趕到埃普首姆去，因為這是他們的責任，但是後來當賽馬日子來臨時，他們二人都把此事忘得一乾二淨。

雖然一九二四年的大選，羅素不再參加競選活動，可是他的妻子卻取代了他的地位，因此西特涅街31號仍然是社會主義者強有力的據點，他們在這塊屬於保守黨的徹爾西區的心臟地帶繼續努力。當羅素在樓上從事寫作之際，朵拉則在樓下興致勃勃地主持委員會議，或為一些機構（例如工人節育協會等）策劃宣傳工作，有一次一位憤怒的保守黨員甚至把番茄從窗口丟進來。

在這些年頭裡，有一件令人費解的事，那便是他的第一位夫人愛麗絲・羅素也同時住在離此不遠的聖・李奧諾街上，因此在徹爾西區便同時有了兩位羅素夫人，她們二人都是徹爾西區工黨團體的會員，而且二人都有許多共同的朋友，這些朋友為了使她們二人不致於碰頭，常常要做一番煞費苦心的安排，例如有一次羅素的老友桑格在奧克萊街舉行的一次家庭晚會時便是如此。

有一次當羅素正在從事競選運動時，倫納德・吳爾夫（Leonard Woolf）在宴會席上碰見了他和朵拉，羅素說他那天下午都花在競選活動上，這時吳爾夫不假思索地說：「我希望你別忘了到聖・李奧諾街去拉票。」當這句話脫口而出之後，吳爾夫突然頓住不語，對剛才這句話深感緊張，並且觀察朵拉臉上的表情，接著是一陣沉寂，然後羅素才了解了這句話所含蘊的幽默，於是便望著吳爾夫，突然開始大笑不已。

對羅素第一次婚姻的結束，雙方都不以為意，彼此都已經沒有什麼痛苦存在，才可能會發生這種情形。至於愛麗絲，她對羅素的盛情始終沒有變，同時她對羅素的任何消息總是保持高度的興趣，事實上當康斯坦絲・瑪利森（Constance Malleson）女士出版了一本有關她自己與羅素之間的友誼的書時，愛麗絲馬上帶了一部送給當時正在醫院養病的桑格夫人，當她把書遞給桑格夫人時，她說：「我想這本書可能會使妳感到有興趣。」

羅素在他的五十歲生日的幾個月前，由中國回到了英國，那時他在北京所患的肺炎尚未完全恢復，韋伯夫人對這時的羅素有過一段描述，她把羅素描寫為：「一個未老先衰的老人，扮演著一個具有梅菲斯特才智的墮落天使角色，同時他跟自己與世界並非處於和平狀態中。」她又說：「儘管他的活力已經衰退，但是他的智慧卻比過去任何時期更為光芒四射，他還是愛好諷刺而且充滿機智，他那些似非而是的論調，比蕭伯納的還要令人感到頭痛，他似乎從未真正嚴肅過，他的經濟和政治見解往往會隨他脾氣的喜歡與否來決定……」

「他自己以為，他是以熱烈的態度在信仰著自由主義者心目中的和平主義，但是我對這點頗為懷疑，譬如假使有一種教條或主義的戰爭發生時，我想他將會站在世俗的反叛那一邊，宗教信仰與清教徒的道德對他而言是過時了。」

羅素欣賞中國，而韋伯夫人則欣賞日本，由這點可以看出他們二人個性上的特徵，他們曾經為此而做過熱烈的辯論，羅素故意盡量地讚美中國的優點（他甚至讚美一般中國人對科學的冷淡態度，認為這是一種優點），準備激起韋伯夫人的辯興，後來韋伯夫人相當驚奇地寫道：「我想不到他居然會對科學的方法不感興趣，他甚至反對把科學應用到社會學方面，從這一點看來，這似乎是在抑制那些想去做他們喜歡做的事的人的意志，而不考慮到別人的喜愛與自由。」

從中國回來之後，羅素幾乎可以說完全靠他的筆桿在謀生，因此除了他在哲學方面的工作外，他必須繼續不斷地寫出大量的文章和書籍。〔當芮維爾（E. H. Nevile）把他的一本文稿《分析幾何學序論》送去給羅素，並且要他寫一篇序時，羅素很高興地告訴他說：「除非我在救濟院，否則我將會買你的書。」〕雖然羅素常以開玩笑的口吻，在評斷他通俗方面的著作，例如他曾說過這句話：「我是按字計酬的，所以我經常盡可能地選用那些最短的字（Shortest words）。」然而事實上，他那些人人看得懂的通俗著作，都是很重要的傑作，其影響力也許比他專技哲學的學院派著作更為廣泛而深遠。

這時他為獨立性的工黨雜誌：《新領袖》（*New Leader*）寫了很多文章，論題的範圍很廣泛，從通俗的科學論文到批評英國的在華政策，這時《新領袖》雜誌的編輯是布萊斯福特（H. N. Brailsford），在他的主持下，這本雜誌達到了英國社會主義雜誌空前未有的高水準，撰稿人除了羅素之外，尚有威爾斯、蕭伯納、凱因斯和朱利安・赫胥黎（阿道斯・赫胥黎的哥哥，一位博學多才的科學家）。可是上面這些大牌撰稿人常常會鬧脾氣，而且難以駕馭，但羅素卻是一個例外，他是任何一個編輯心目中理想的撰稿者，他的文稿總是會照預定的時間寄來，而且文稿繕寫得非常清楚，在乾乾淨淨的原稿上，幾乎沒有一個塗改或修正的地方，它們的長度也正符合編者的要求，不然就是已經經過了適當的裁減。（另外一件值得在此順便一提的是，當他已經成為電台和電視上大名鼎鼎的演說家時，每一次他總是準時到達播音室。）

羅素在這一段時期，發現了另一項收入的來源——到美國去做旅行講學。因為在美國，他的大名早已為一般人所知了。

晚年，有一次他表示在他的墓碑上，他將要刻下底下這段話：「他在美國住了六年，但沒有寫過一本關於美國的書。」因為事實上羅素所寫的書，幾乎包羅了其他各方面的事情，例如到過中國後，他寫了《中國之問題》，到過蘇俄後，他寫了《布爾什維克主義的實際與理論》。由此看來，這是一件奇怪而近乎沒有禮貌的忽略；不過，很幸運的是，我們可以從他當年所寫的一些雜誌文章，以及散見於他書中論及美國的部分，來彌補這項缺憾。當年他所發表的一些雜誌文章，雖然現在早已被人忘掉了，但卻是他勤奮研究的結晶。

他第二次到美國，是在二次大戰前一年。由於停留了六年之久，對美國太熟悉之故，反而減低了他第一次抵達時，那種初旅陌生國度動人的、新鮮的情趣與感受，但是在他最初的一些訪問，特別是一九二〇年那一次的旅行演講期間，他記錄了不少他對美國的印象，這些印象值得把它們收集在這裡，以便讓讀者在了解他對蘇俄與中國的看法之後，也順便了解羅素心目中的美國是怎樣的一個美國。

雖然他自己曾強調過，他的早期旅美見聞錄只不過是表面的印象，但是我仍然忍不住要引用他在《新領袖》上發表的一些早期文章，作為一個適當的例子來說明羅素也有伏爾泰那種不費力的機智，漫不經心地到處散播他的智慧，結果生產的東西太多，反而忘記了它們的來源。（在多年之後，當我向羅素提起他當年在《新領袖》發表的一些文章時，他說他已經完全忘掉了自己曾經寫過這些東西。）底下摘錄的這些「美國印象記」，是他在一九二四年由美國返英後所寫的：

「底下兩點，是我在美國親身經歷過的事實，第一點是火車時刻驚奇地準時，真可說是做到了分毫不差；其次是美國人對一般人視為十分難以理解的演講會具有一種愛好。在英國，要是人們崇拜某一個作家，他們便會讀他的書；但是在美國，他們希望聽他演講，但是並不夢想讀他的作品。」

「由於電話的騷擾，在美國，除非在火車上，否則讀書幾乎變成不可能的事，因為每一個人都有電話，而且電話聲日夜不停地在響，尤其是晚上，這一來使閒談、思考和閱讀都成為不可能的事，而且也因此使這些活動都多少受到忽視。」

以上這些三〇年代的批評，只需把「電話」二字改為「電視」，似乎仍然可以適用於今日五〇年代的美國。

羅素對美國更深入的根本批評，可以在他一九三四年出版的《自由與組織》一書中找到。在這本書中，他把現在很多美國人的特徵，追溯到拓荒時期文明的實利價值觀念上，當時的男人由於忙於賺錢或跟印第安人打仗，因此形成了一種幾乎不關心女性的文化風尚，他寫道：「因為大多數的女性對繪畫、文學或哲學，並不從事職業性的追求，而只是對它們保持一種理智上的興趣而已，因此自然而然地她們在繪畫、文學、哲學各方面只能達到某種膚淺的成就，從很早開始，他們只是採用演講的方式來滿足她們在這些方面的要求……」

羅素也注意到：「現在的美國，每月閱讀某些書已經成為一般女性的風尚，她們之中，有些人只讀第一章，有些人只讀書評，但奇怪的是，她們的書桌上幾乎大家都有這些書；因為那些『讀書俱樂部』從來不曾把《哈姆雷特》或《李爾王》選為每月書目，因此她們所讀的，很少是古典的傑作，盡是那些平凡的現代新書。」

羅素抱怨美國的男人過度地注重實用，這點也表現在美國口音的缺乏美感上面，他說大多數的美國人都認為只要讓人家明白自己的意思就夠了，其他的事可以一概不管，他又說：「美國語言唯一的優點是在它的俚語上，幸運的是，這是美國語言唯一值得讓英國人仿效的地方。」

在一九二四年的訪美之行中，另一個被羅素注意到的印象是：「在美國，猶太人的數目和成就是令人驚訝的，走遍東部各州，我獲得了一個印象：那就是在政治上、學術上和藝術上最傑出的人才幾乎都是猶太人……由於他們的優秀和他們的數目，那裡有一種很強烈的反猶太人的情感存在，這點頗使英國的訪客感到震驚。」至於談到膚色問題，羅素寫道：「到今天為止，南方人談起黑人的樣子，依然是那麼令人害怕，以致難以使人與他們相處在一起。」羅素說，美國雖然在理論上一向致力於謀求民主的平等，但是在實際上，仍然脫離不了財富的不平等。

在美國，因為社會階級不斷地在變動，因此勢利之徒時常見風轉舵，他們似乎過於重視地位、財富等而不重視人的真實價值，更糟糕的是金錢變成了一般人衡量腦袋的標準，美國商人之憂慮市場的情形猶如學生之擔心考試——因為假如你失去你的錢，你將會被埋藏而永無出頭之日。同時因為幾乎每一個美國人都寧願從冒險的投資中獲取八分利潤，而不願從安全的投資中獲得四分利潤，結果使他們處於不斷的焦慮與煩惱中。

羅素又說：「一個人可能會由於潛意識的需要而變得不滿足，例如美國人在潛意識上需要休息，但是在意識上他們卻不知道有此需要，我相信這點可以解釋大部分美國犯罪潮流的淵源。」

在一九一四年訪問哈佛時，羅素也發覺在美國「裝腔作勢與沉默寡言」的風氣比英國還要厲害，但是在第二次訪問時，他發現這種情形已因為「心理分析」的流行，而開始完全轉變過來。另一方面，大的企業界對美國大學的教學影響力正在日漸增加中，因此他說：「美國的知識分子有充分的社交上與私人方面的自由，然而有時卻淪為十足的群眾奴隸。」

羅素認為，哈佛的校務管理委員會曾經阻止過具有自由思想的人，在哈佛的聯合學院從事講學，這樣一來，使持有相反見解的人毫無參與公開論辯的機會。雖然哈大校長羅威爾（President Lowell）否認學校當局曾受剛才提過的大企業界的「惡性控制」，但是羅素最終在一九一六年失去了他在劍橋的教席，在整個大戰期間，瓜代羅素的是一位德國人。

羅素可能是最先看出「美國比其他任何列強更強」的少數英國人之一，早在一九二二年他就預言道：「美國將會開始其帝國主義的生涯——不是領土方面的侵略，而是經濟上的征服。」他告訴美國聽眾：「美國不是被華盛頓政府所控制，控制你們的是油田和摩根（Morgan, 1837-1918，當年美國的財政家）。美國遍布全球的金融帝國，要是由眼光狹窄和殘忍無情的人所控制的話，人類將會有一個可怕的惡夢。」

回到英國後，羅素預言，像美國這種資本主義的國家，將會以過去英國對待蘇俄的同樣方式，去對待英國的社會主義政府，他們將會切斷小麥和其他的供應品，因此社會主義只有遵循國際化的道路才能行得通，為此他說：「假如我們堅持國家社會主義，那麼我們可能會失去大英帝國，我們將得不到石油，大家都可能會變成貧民，而必須受役於美國人……所以目前甚至漫長的未來，與美國維持良好的關係是絕對必要的。」

英國必須有一支強大的海軍，在國內必須儲備足夠六個月之用的油量，羅素說：「雖然國際主義是我們的目標，但是除非有強大的海軍防衛力量做後盾，否則我們將永遠無法達到我們的目標，只有我們自己是堅強的，才能與『Standard Oil』和『The Comit'e des Forges』這些強有力的團體相抗衡。」

當我們發現羅素上面這種需要一支強大的英國海軍的論調時，大家一定深感奇怪，理由是那時候，他既不是一個正統的和平主義者，也不是正統的社會主義者；更有趣的是，在此稍早之前，羅素發表過一篇演說，內容是從長遠的觀點和不同的角度去討論美國在世界上的地位，他所得到的是根本與上述相反的結論。

一九二三年十月，他向費邊社發表過一篇演說，在論及科學的進展時，他曾說：「未來可能會實現的最好希望，似乎是由一個集團獲得壓倒式的勝利（假定是美國方面獲勝的話），然後導致產生一個世界性的組織，在此組織中，美國是資本家，其他國家是無產階級，假如這種世界性的組織一旦成立，不管它是如何地富於壓迫性，有秩序的進步仍然是可能的。」他這種思想的論調，在他的著作中常常一再地出現。

從上面我所摘錄的這些羅素對美國的印象錄，讀者也許會覺得，羅素為什麼老是在批評美國？其實羅素也讚美過美國，承認他很欣賞美國的若干優點，我之所以特別著重於批評方面，完全是因為根據一般常理，引述批評比引述讚美，更能使人產生興趣，而且也比較來得重要，雖然忠言往往會逆於耳。關於美國，羅素也發現了很多他喜愛的地方，特別是在美國的外交政策方面，儘管他曾非難美國的國際金融，但他承認美國的外交比其他列強更使人喜愛，例如在中國，從英國、法國、德國到蘇俄，他們每一個國家都曾留下可恥的記錄，相反地，美國對中國卻是採取一種「慷慨而自由的政策」，可是另一方面羅素也注意到（我個人在二十多年之後也親自看到），美國人似乎不大會欣賞中國文化，對於這一點，他簡單地解釋道：「什麼是美國精神？我想大多數的美國人會這樣回答：『清潔的生活、純淨的思想和勇氣。』」事實上，這不過是意味著以整潔代替藝術，以潔淨來代替美，用道德來取代哲學，用娼妓來取代姨太太（因為這樣才比較容易隱瞞別人）——「而且美國人用一種嚇人的忙碌氣氛來代替文明的中國人那種悠閒的寧靜。」

最後值得我們記得的是，早在一九二六年十一月，羅素在做一項預測時，就表現了他的先見之明，他預言世界將進入只有兩個列強存在的新時代，他們之間敵對的思想體系所引起的衝突，可能會帶來一場使人類吃不消的戰爭，這兩個列強就是代表共產主義的蘇俄和代表個人主義的美國。在一九二八年出版的《懷疑論集》中他寫道：「世界可能會有一段相當長的時間，在美國和俄國之間形成兩大對立的集團，前者將控制西歐及美國本土，而後者將控制整個亞洲。」

羅素當年論及美國的文章中，最有趣的一點，可能是他對美國的批評，基本上和他過去對蘇俄的批評是如出一轍的，他同時埋怨這兩個國家，都過度地注重實利主義，而缺少了一種對美的喜愛。他曾經比較過蘇俄的布爾什維克主義和美國早期的清教徒，同時他也經常想起美國清教徒的傳統，因此他曾寫道：「美國基本上和俄國一樣，是虔誠的農民國度。」

美國和蘇俄這兩個國家中，最嚴重的事情是那種不容異己的偏狹與頑固，在美國有「群體的獨裁」（The tyranny of the herd），這是淵源於清教徒的祖先，艱苦的拓荒環境和大量的移民這些事實，使美國產生了底下這種「防衛機能」（Defense mechanisms）：即「保護美國的傳統，使它不致於像消失於沙漠中的河流。」另一方面，在蘇俄則有淵源於馬克斯理論的「少數人的獨裁」（The tyranny of a minority）。

這兩個國家都無限地信仰藉著機械文明的幫助，人類的力量將會改變他們的環境，羅素有時也很欣賞這種樂觀主義，但是他也害怕這種心理上的態度，會對一個國家的哲學發生不良的影響，因此他批評杜威的工具主義是一種「宇宙無神論」（這點也是他反對馬克斯主義的理由之一）。當羅素告訴杜威，在他的「工具主義」和馬克斯的《費爾巴哈論》之間，有不少共同的地方時，曾一度使杜威感到很不愉快。

因為羅素是一個不願把他的興趣局限於學院講堂的哲學家，因此他也上電影院去看美國片，結果他發現好萊塢的觀念與美國的實用主義哲學並不符合，他說：「好萊塢的製片方針，並不是產生一些與現實一致的東西，而是產生那些與白日夢一致的，會使你感到快樂的影片。」他認為把電影變成一種藝術的形式，具有無限的可能性，在這一點上，電影有美好的遠景，它將在教育人類方面扮演極重要的角色，但是他對當年好萊塢的製片風氣頗不以為然，他說：「這可能是所有藝術的庸俗例子中，最使人傷心的一件事，為什麼電影總是由那些如此無知和愚笨的人製作出來？他們產生的東西只能吸引整個人類中最無知和愚昧的部分。」我覺得後來好萊塢的影片，作風上已經有了相當大的改變，不再全是「仙女故事和保姆寓言」這類的白日夢片子了。但是羅素剛才的那些批評，至少是好萊塢二〇年代到三〇年代初期的事實；因此如果他後來沒有繼續再去看電影，我們不能就因此責備他的落伍。

對他自己而言，他承認他看過的電影中，一些單純的事情就足以使他感到樂趣無窮，他說：「我很喜歡看摩托車和飛快車在競賽的情形，我也欣賞惡棍只因未能撂倒火車司機，便咬牙切齒的表情；我見到有人從摩天大樓上跌下來，後來因抓住電線而得救的鏡頭，很感興趣。」

十六、羅素與相對論

關於出版家史坦利・溫恩爵士最突出的特徵：首先他是一個精明能幹的商人，其次是他不喜歡出版敵對的出版家所喜歡出版的書，這就是為什麼由艾倫・溫恩出版公司所發行的羅素著作，其第一頁所羅列的羅素作品目錄中，常會找不到其他公司為羅素所出版的那些書，像是《數學原理》和編入「家庭大學叢書」的《哲學問題》，因為太有名氣了，所以無須提起，大家也都知道，但是羅素有一部分著作卻因此而被人忘掉了。這些被遺忘的書中，主要有他應奧格登（C. K. Ogden）之邀，為凱根・保羅（**Kegan Paul**）所主持的出版社而寫的科學書籍——其中包括《原子入門》（*The ABC of Atoms*）、《相對論入門》（*The ABC of Relativity*）、《科學的未來》（*The Future of Science*）和《物的分析》（*The Analysis of Matter*）。（前二書曾在布萊斯福特主編的《新領袖》連載過，而最後一本曾絕版多年，直至一九五四年才由艾倫・

溫恩出版公司取得版權後，重新與世人見面。）

在替羅素寫傳時，我也遭遇到維多利亞時代的小說家們所曾面臨的困難，他們常在同一部小說中，插進數十個角色，同時描寫三、四個情節，這時他們把一個角色介紹進來後不久，馬上就得把他暫時丟開，回頭去處理另外一個角色所做的事，羅素也經常同時在扮演十二種不同的角色，而這十二個人都是穿同一雙鞋子（意即都是羅素本人）。我剛剛用兩、三章的篇幅，描述作為旅行家、社會學家、政治家和演說家的羅素後，我們現在又必須回頭去勾畫出同一時期內作為科學家和哲學家的羅素的活動。

羅素在科學知識方面的豐富，於當代哲學家中可能無人能出其右，可是我認為他還是經常在後悔，自己沒有花更多的時間在科學上，特別是在他初悟愛因斯坦《相對論》的重要性以後，關於此事我們可以正確地描述其發生的經過。

一九一九年五月，有一次歷史性的日蝕就要發生了，這一次日蝕將可以提供重要的證據來支持愛因斯坦的理論，因為觀察所牽涉到的問題非常微妙而精細，所以必須要等待好幾個月才能算出結果。

在這段時間，羅素和一夥人（其中包括劍橋數學家李特伍德教授）共同居住在鄉間的農莊上。李特伍德剛讀過愛丁頓（Eddington）有關《相對論》方面的論作，因此他就向羅素提起此事來，結果他們都渴望早一點知道日蝕觀察的答案，而李特伍德終於迫不及待地打一通電報給愛丁頓，問他到底發生了什麼事，愛氏回電說：「現在還太早，所以結果如何尚難預料，但是初步的結果是對愛因斯坦有利。」

聆聽李特伍德談起《相對論》，羅素充滿了興奮之情，羅素有一種特性，他經常會輕蔑自己的成就和他的一般哲學，現在他的老毛病又來了，因此他向李特伍德喊道：「想想看我已經花了那麼多年的時間在那些廢物上。」

於是羅素的頭腦又開始探索新領域，這次他工作的重心是在試圖了解愛因斯坦觀念的哲學涵義，事實上他在訪華之行時，就完成了《相對論》方程式的研究，如《相對論》中的數學演算步驟，也已經在那時就熟悉了，因此他才開始計畫書寫《物的分析》（此書後來到一九二七年才完成）。當他剛從中國回來那一段時間，由於忙於政治，而且新聞界又索稿甚急，使他無暇兼顧科學方面的工作，幸好奧格登建議他從事通俗科學的寫作，以另闢謀生之道，結果才產生了《原子入門》和《相對論入門》這二部書。

《原子入門》出版於一九二三年，現在此書還是頗有名氣，主要是因為羅素早在這本書中就預言了「原子能」的可能性，羅素寫道：「如果這種能的來源可以大量生產時，它將會在短期內取代其他的一切……它可能會在實際的工業和理論物理上同時引起革命性的影響，我說這話並非是誇大之詞。」接著羅素在提到原子的構造時說：「很可能它最後會被用來製造有史以來最具毀滅性的爆裂物和子彈。」

一九二五年，他又寫了《相對論入門》，當李特伍德教授聽到羅素正在寫一本談論《相對論》的通俗著作時，他感到相當不安，並且提醒羅素這是一件很困難的事，但是當他看完《相對論入門》之後，他同意羅素已經成功地寫了一部簡明正確而絲毫未歪曲原著的通俗科學著作，到現在為止，它仍是一部最容易了解的《相對論》入門書。（《相對論入門》這本書對我個人有特殊的意義，因為生平第一次接觸羅素的作品，就是從此書開始的。我還清楚地記得，當我還是小孩子的時候，從雪梨市立圖書館借到這本書，一接觸之下，我頓時進入了我的老師從未提到過的嶄新世界，我那時的狂喜真非筆墨所能形容；大約在同一時期裡，我未來的妻子，她當時就讀於布萊頓女子學校，她後來告訴我說，她那時如何在熄燈以後，偷偷摸摸地點蠟燭在毯子下面，津津有味地偷讀羅素討論社會問題的著作，總之羅素的著作曾使我們這一代很多人為其所迷，我們二人就是最典型的例子。）

羅素更豐富的哲學研究結晶《物的分析》直到一九二七年才出版，他的習慣是，冬天時在倫敦的徹爾西區寫他的通俗著作。一到夏天就跑到康瓦爾（Cornwall）去寫他的專業著作。只有像他那樣有非凡的專心能力，才能一年到頭綿綿不斷地產生著作，這種專心一致的能力可能是在他早期研究數學時培養成的，他一坐下來就一頁接著一頁地寫下去，一旦完成，原稿非常整齊地排列著。當他工作的時候，他從不介意孩子們在周圍嬉戲，據說有一次有位客人到康瓦爾來見羅素，那時他無意中驚奇地發現有一隻黃蜂在羅素頭上繞圈子，他還是沒注意到牠，依然若無其事地在工作，直到人家叫他的名字，他的注意力才被岔開。關於此事，他又有一套獨特的看法，他說這是表示「愛鄰如己」，這實際上是不大行得通的。（至於他自己相信的生活準則是：「不必試圖過沒有虛榮的生活，因為事實上這是辦不到的，但是你必須選擇那些健全的讀者來崇拜你。」）

根據《相對論》，在《物的分析》中，羅素把「事」（Events）描寫為未加工的粗糙物質，但是「心」與「物」二者的邏輯架構都是由它們形成的，此外他還從《心的分析》中所持的立場，開始放棄了「心」與「物」各有不同因果律的看法。他希望像記憶這類事，可用在腦的構造上有了變化來說明，這樣一來「心」與「物」變得比他過去所持的「中立一元論」更為相似了。

羅素曾用通俗的語言解釋上面的觀點，他說：「心與物是這樣地接近，以致於幾乎不值得去區分它們。」例如淋巴腺腫有時會影響心智的發展，而淋巴腺腫是由不良的呼吸習慣所引起的，而這不良的呼吸習慣是由心靈上的煩惱所引起的——「幾乎每一件事情都是以這種循環的方式在進行」。

在這裡，我想順便一提的是，在羅素的中立一元論與他的宗教觀之間，存在著某種平行的關係，雖然他是獨立地達到這二種見解，宗教的教義（尤其是論及個人的不朽時）通常都是建立在「靈魂」與「肉體」絕然分開的基礎，而羅素也曾一度說過「心物二元論是透過宗教才進入哲學園地的」。還有羅素在「性」的見解上，也獲得了與中立一元論一致的結論，他攻擊維多利亞時代的風尚乃是植根於基督教的一種傳統——精神是高貴的，而肉體是卑賤的。

雖然《物的分析》是一部很重要的書，也很值得我們去細讀，但是在這裡我不準備多提它，因為裡面最有趣的部分泰半屬於專技哲學的範圍，而其中許多新的哲學觀念最好在後面談到他的《人類知識的範圍與限制》（《人類知識》）一書時，再合併討論比較好，因為《物的分析》最後的結論，羅素都把它們寫入《人類知識》中，姑且舉一例以說明之：在《物的分析》中他承認科學是需要「公設」（Postulate）的，並且首次介紹「可分的因果線」（Separable Causal Lines），它後來變成了一九四八年《人類知識》中的公設之一，我認為只要《物的分析》不曾絕版了那麼多年，《人類知識》將會更易為人所了解。

在這裡我只要提到很明顯的幾個要點：

首先，羅素「中立一元論」的新見解，乃是根據很多現代科學家所發現的現代科學觀點而形成；事實上，羅素所做的只是應用新的科學理論，去澄清幾世紀以來哲學有關心與物以及唯心論與實在論的混淆觀念，這點很像他過去曾利用數學科學的進步去清除康德與黑格爾的泥淖一樣。其次顯而易見的是他在《物的分析》中所孕育出來的宇宙，遠比他首次反抗布萊德利時的哲學更為緊湊與結實，事實上他的新觀點乍見之下，倒很像是懷海德的，懷氏他也曾否定過任何根本的心物二元論。

可是羅素並沒有像懷海德那樣，繼續前進而進入了類似柏格森的神祕進化哲學的領域中，在懷海德還相當年輕時，曾說過一句話：「當一個數學家或哲學家寫出晦澀而深奧的著作時，那麼他一定是在胡言亂語，我認為這是一條不會錯的定律。」可是懷氏本人後來似乎忘掉了這條定律，我不打算在這裡討論懷海德的哲學，理由是：

第一，他與羅素開始分道揚鑣乃是基於專技的觀點；第二，我自己從未讀通他的那本《程序與實在》（*Process and Reality*），幾年前當我獲悉羅素和摩爾也不曾讀通此書時，我終於放棄了這項嘗試。同時我也很滿意我勇敢的朋友華滋教授（Professor Weitz）的見解，他在仔細研究過此書後，他說它是萊布尼茲的現代修正版；另一方面我也很滿意當代維根斯坦的高徒——安絲康貝（Anscombe）小姐的意見，她以女哲學家特有的坦白態度表示她不欣賞《程序與實在》這本書的立論。

某些正統派的權威批評家曾批評說，羅素的哲學未免太過於靜態了，對這一點我顯然也有一種不舒服的感覺，但是我覺得似乎還沒有人能夠把「進化」與「程序」的事實介紹到哲學，而能免除不把神祕主義的成分帶進哲學的危險。

羅素有一點頗令人不解的地方，那就是當他討論到生物學和他所不喜歡的「進化論」哲學家時，他常否定哲學必須與某種特殊的科學成果發生關聯，可是他自己的哲學卻常與物理學和生理學的成果連繫在一起，到了一九四八年，他在《人類知識》中才首次強調對生物學的尊重。

前面已經提過，羅素的中立一元論對討論心與物的關係的古老哲學問題，有不少撥雲霧而見青天之功，但是我不以為他在自由意志與宿命論這些古老的問題，也有同樣的成就，雖然後者在彭布羅克的花園時代，他就開始在思索「如果肉體是由科學律來支配，心靈如何能獲得自由」的問題。

為了這個問題，我曾和他有過數度的爭辯，例如有一次我向他驕傲地指出，我已經放棄抽菸了，我向他說：「難道這不是自由意志最明顯的例子嗎？」而他回答說：「我不否認你道德上的驕傲，但是我否認你有任何根據存在。」像往常有關這類題目的討論一樣，我們沒有再繼續辯下去，我認為很可能他不太了解我的觀點，因為有時候羅素似乎有一種傾向，認為那些信仰自由意志的人，一定是基於感情、道德或神學的理由，才會如此，但是更有可能的是，這方面，我未能充分了解他所採取的立場。而值得在此一提的是：他把命定論（**Determinism**）和宿命論（**Fatalism**）分開來，例如在他後期的政治作品和廣播演說中，曾猛烈地抨擊那種認為戰爭是絕不可避免的態度，同時他也一再地強調人類能夠在生存與毀滅之間，做一次自由的抉擇。

在結束本章之前，我想再提一點《物的分析》這本書帶來的特別令人愉快的一面。它明顯地表示了羅素與三一學院當局已經恢復了舊日的友誼，因為他在這本書中，利用了很多他在劍橋的「泰納講座」所發表的材料，同時我也想在此順便提起另一件當時的劍橋盛事：

維根斯坦向劍橋當局提出他的《語錄》當作他的博士論文，雖然他獲得博士學位是預料中之事，但是在形式上仍須經過傳統的口試，當時羅素和摩爾（這時摩爾已經變成哲學教授了）被任命去考評維根斯坦。

維根斯坦在事後回憶此事時說：「當我走進去應試時，我真是惶恐極了。」結果，他們卻像老朋友般愉快地閒聊一番，半天以後羅素才提醒摩爾說：「繼續吧！你現在必須開始問他一些問題了，別忘了你今天是教授呀！」然後他們才開始一番正式的討論，在討論中羅素試圖勸服維根斯坦，他說的「在哲學的命題上，吾人的能力實極有限」，與他宣稱的「已經在哲學的命題上達成了無懈可擊的確定真理」，二者有矛盾存在。但是維根斯坦不肯承認這回事，最後《語錄》的口試在友善的氣氛中結束，維根斯坦把他的手放在二位考官的肩上說：「別擔心，我知道你們將永遠不會了解它。」當然最後維根斯坦是通過了這場口試。

十七、畢肯山小學

上面已說過，羅素在第二度婚姻生活期間，他的見解比起過去和日後，更是屬於因襲傳統而不墨守傳統的一型，譬如：這時期他對正統基督教的批評，就常有幾分火藥味。

雖然羅素對於四福音書中的某些訓言頗為讚賞，但他還是說，耶穌在智慧與德行方面趕不上釋迦牟尼和蘇格拉底，他更因為耶穌對那些不聽他傳教的人存在著報復心理而頗為不滿，對於地獄一節的教義，他還特別加以抨擊，他說：「我真沒想到，生性這樣仁慈忠厚的人，也會把那種恐怖嚇人的東西引到人間來。」

不過羅素這些年頭的主要興趣還是放在教育方面，他和夫人朵拉・羅素在一九二七年辦了一所非正統的新式小學，同時還把他們兩個孩子送入該校就讀，這些事曾引起當時報紙的大篇刊載，不過報紙對於羅素創辦這所新式學校的宗旨和意義隻字不提，對那些瑣細之事反而渲染誇大，以致目前還有人對羅素的見解懷有錯誤的印象，其原因，部分該歸之於陰陽差錯，誤把朵拉的見解當作是羅素的，其實朵拉比羅素更激進，更趨極端；另一部分則歸之於經辦學校時所發生的一些實際問題。而這所學校的經營失敗，關鍵並不在於羅素的觀念之正確與否。但是它的失敗，卻給予批評他的人一個機會，來捏造一些荒謬的流言。

底下這個在美國流行甚廣的偽造故事，便是一個典型的例子。故事中說，有一天當地的教區牧師蒞臨該校參觀，適逢一位赤裸裸的小孩子在校門口迎接他，這位牧師見了之後，慌張失措地叫出：「天啊！（Good God!）」這個女孩應聲順手把門一關，說道：「沒有上帝哩！」

因此，在我們替羅素的理論評價之前，我願意先做一番清理的工作，先談談他如何對教育開始發生興趣，以及他辦校所獲得的一些實際經驗。

羅素之關心教育問題，可遠溯至他兩個孩子出世以前，也就是第一次世界大戰之前，他的《社會重建的原則》中就有一章專門討論到教育這個題目。他當時和日後對於傳統學校所發表的兩個反對議論，即是以反戰主義為依據。

他的第一個議論是說，戰爭實際上是愚昧的，聰明人絕不會參與其間，因此，為使人們樂於參與，公立學校不得不實行愚民政策。他寫道：「堅信某種教條者，必會引發戰爭，但勝利還是屬於確信懷疑是處理事務唯一合理態度的人。」因此他又說：「兒童的天性若趨於偏執，其奔放的人生觀便會受到拘束，禁止之事若越多，無異是妨礙他們新觀念的成長。」

羅素的第二個論點是他研究心理學和他相信多數人皆好戰所推演得來的結果。他宣稱：「戰爭之發生，主要是由於某些人的瘋狂和破壞的衝動所造成的，這些人由小到大從未被好好地教育過，以致於這些破壞的衝動在不知不覺間潛伏其中。」由此他進而批評以意志力控制邪念的這種老觀念，他幾乎用佛洛伊德（Freud）的口吻寫道：「邪念如河川，雖被堵住，仍能逃過意志的耳目，找到另外的出口。……辯護的論說幾乎都源自某種邪念，儘管意志力逼它改道，迫它鑽入地下，但是最後它還是會在殘酷地面上浮現出來。」接著羅素提出他積極性的見解：「近代德育的祕訣，是要把良好的行為變成習慣，而不在於勉強克制。」

事實上，羅素似乎是在提倡一種所謂「不必落淚的道德」（Morality without Tears），因為好習慣的養成是一種無痛的過程，他表示，在一般範圍內，任何事物是用不著紀律的，他堅信：「小孩子在任何方面，一旦受到壓制，總有懷恨的傾向會產生，通常他要是無法將胸中的恨氣發洩出來，必然會蘊積在內部而化膿，雖然可能會暫時深藏不露，但在不知不覺中，會給他日後的一生帶來形形色色的壞影響。」因此他下結論說：「傳統教育為了加強意志，反而使智慧和感情挨餓。」

在教育方面，羅素的觀念在近代心理學的理論和他自己的見解之間，常常在不停地變動。他對佛洛伊德的心理分析頗為愛好，關於這一點，我們可以第一次世界大戰帶給他的影響來解釋。佛洛伊德對人類行為中令人感到驚訝、感到困惑的部分，曾企圖加以解釋，並提供逃避的方法，但羅素根本不相信他這一套，他總是認為自己生活上的成就仍是由於他具有極大的克己、自律和意志力才獲致的，《數學原理》的完成與嬰兒時代的習慣養成毫無關係，此外他對別人的缺乏意志力也不會表示羨慕。事實上，他曾在《社會重建的原則》一書中寫道：「幾乎人類所有的成就之中，總少不了某一種紀律」，因此「順利地養成精神上的紀律是較高明的傳統教育的主要優點」。

然而，當他和朵拉從他哥哥法蘭克手中租到了位於哈丁附近的電報室（Telegraph House）作為他們畢肯山小學（Beacon Hill School）的校址時，他們施教的重點卻是著重在「自由」和「避免壓抑」這二點上，起初按時上課還是屬於強迫性質的，後來羅素被勸服了，才勉強放棄了這項規定。

他說：「我們允許他們撒野，他們高興說什麼話就可以說什麼話……否則他們要說的話，就不能一吐為快，讓這些話壓抑在心裡化膿是不好的，因此如果他們想叫我或他們的老師『笨伯』或『呆子』，他們就可以這麼做。目無尊長之事，在這裡是不會被制止的。」

羅素又說：「就說話方面而言，讓孩子們口不擇言，根據心理分析教科書的說法，唯有他們在口不擇言時，才會動腦筋做自由的思考。」羅素相信，用矇蔽政策叫孩子們別講反而會導致抑制和混亂。

每學期的戲劇演出是該校一大特色，每個演員所演的戲都是由他自己去編排的。羅素解釋道：「這些戲不外是喜劇和高度的悲劇在那裡輪來輪去。」他還說：「他們過去都堅持要每個角色在劇終時死去，不過現在他們一般認為，只要有一樁謀殺案就夠了。」有時來訪的客人會被帶到後台去，他們便會發現一些十到十二歲的小孩子正在排演和編劇，他們所編演的戲都是以嚴肅的態度來討論婚姻、自由戀愛之類的問題。這些孩子還合力寫詩，或許有人會認為這是怪事，但羅素會回答說：「我可以向你提醒一下，《荷馬史詩》和《聖經》欽定本都不是個人天分的產物，此外我覺得近代這個世界未免過度重視藝術家的個人主義。」

創辦這個學校的靈感，可能是來自朵拉，但是羅素自己卻開始為兒童行為的研究所迷住，在這一方面或許除了洛克以外，他該是唯一偉大的哲學家了。為了教一個小女孩吃飯、使用尿壺，他不惜花很多的時間，還把他的方法詳細地記錄下來，而且針對這類問題，提出一些極其實際有用的寶貴意見，他曾得意地寫信給一個四歲小孩的父母說：

「珍妮非常健康，食量也很大，每天的大便（通常是兩次）暢通無阻，不必用到藥物，不是我在吹牛，這確是科學上一項極大的成就……

起初她確實使人感到難以應付，不過只要她表示不樂意吃，我們也看在表面價值而欣然同意照辦——但是通常這種不想吃東西，只是表面的措辭而已，因此過了一會，她就會改變戰略，現在她的想法是：既然我們認為她吃得太多了，她也就盡量容納……

至於她以前所患的便祕一事，我們認為是心理在作祟（請參看精神分析方面的文章，到處可見）。她大便時，我們暫時不讓她看書，這一來她就會希望快一點上完。以後每逢碰到她說她不會做的事時，我們就告訴她說，她的年紀還太小，還沒辦法精通這些事——跳躍和游泳方面我們就是用這種方法——結果她在這方面的進步就神速了。這是由於這孩子的好勝心特別強的緣故，所以我們的處方也證明很有效，總之，她的身體和精神已大大地改觀，情況極佳，此事使我堅信近代兒童心理學之正確有效。」

但是並非事事都是這麼如意，這個學校所碰到的最大問題之一，就是如何去聘請到適當的教職員人選，例如：羅素希望不要催小孩吃飯，但是有些教師對這個聰明的想法卻經常會把它忽略掉。朵拉曾對一位訪客解釋說，她正要解聘某一位女舍監，因為這位女舍監叫孩子們在公共場所不要使用尿壺，應該要去廁所，結果這件事被她知道了，所以她決定這樣做。

這所學校辦不成的真正原因，在於它無形中變成一些問題學生的收容所，這些學生都是被墨守成規的傳統學校攆出來的，如今卻允許這些人自由發展，這不啻是縱虎歸山，只能導致更大的混亂而已。來訪的客人看到羅素本人還是和過去一樣地整潔，再看看電報室周遭的骯髒與汙穢，這種強烈的對比使他們個個感到驚訝不已。

他們還警告過孩子們，不許他們在金雀花叢中縱火，但是馬上就有兩個孩子那樣做了，其中一個是男孩，他馬上被請回家；但對另一個女孩卻無法照辦，因為她的母親當時還在埃及回國途中，因此羅素就把她送上床，然後把她連同所有的衣服都給上了鎖，在這個女孩提出抗議時，他便問她：「假如我讓妳起來，妳還要縱火嗎？」她承認說：「沒錯，我還要這樣做。」因此她就一直留在床上，直到她母親回來為止。

同時這所學校也遭遇到財政上的困難，它一年要虧空一千英鎊以上，而羅素和他的夫人朵拉對行政事務也缺乏實際的經驗，因此一再地遭遇到挫折。他們向法蘭克．羅素租的電報室（Telegraph House）原是連同整套設備都包括在內，但法蘭克卻陸續跑來把大部分的家具搬走。他們還發覺飲水供應不夠，增加給水又要花去不少錢。羅素一個人要挑兩個擔子，他一方面要掌管校務——甚至連家中的一些瑣事也要做，例如向店鋪訂貨等等；另一方面又要大量寫文章或到美國做巡迴演講，以便賺錢來維持這所學校。

他這時期的創作量依然是豐富多產的，在一九三〇年，他告訴一位來訪的記者說：「自從創辦這所學校以後，我有三年沒碰過筆桿了，我盡可能快速地念，速記祕書也盡快地記，我幾乎沒有改動過一個字……這樣我一天大約可完成三千字，我只計畫在上午才寫作，我要是不節制的話，有時往往會持續到下午，至於要寫的東西，我早已經在腦海裡準備好了，所以在尚未動筆之前，事實上一切已經完成了……當我有一本六萬字的書要完成時，我都是在預訂交書的前二十天才動手的……」

「我現在完全是為了賺錢而寫作的，對於這一點，我是不在乎的，我並沒有特別高超的情操。」

來校訪問和參觀的人越來越多，有時幾乎人滿為患，學校用箋上所寫的：「星期三下午兩點三十至三點校長公休」也改成「會客」了。人太多時，羅素不得不跑到電報室塔樓的辦公室中——有時孩子們也會來此上課。此事雖然已經過去很久了，但是當年聆聽他談論歷史的那些人中，就有一位曾告訴我說，就是到現在他還是念念不忘當年的羅素，在言談之間所給予的喜悅感。

羅素和這所學校的關係，隨著他第二次婚姻的破裂而告一段落，不過朵拉還是繼續支撐下去，一直辦到第二次世界大戰開始。

羅素夫婦對性教育的態度，自然會引起不少人對這所學校的注目，這一點我準備在下一章再來討論。就其他教育上的問題而言，今日羅素的文章給人的印象還是溫和而合理，這與反對將他的觀念付之實施所給人的印象是相同的。對於其他的很多事情，他也看出大多數的問題有正反兩面——他是面面俱到——而且事實並沒有大多數理論家所想像的那麼簡單。

他不贊成懲罰，他認為不管在任何情況下，都不應該對學生施行體罰，他說：

「小孩子每一次挨了打，在感情上就會激起一種痛苦複雜的騷動。」然而他也承認，在教小孩子時，要想讓他完全自由是辦不到的。在他後期論及教育的文章中，對於自由必須加以限制的部分，都清清楚楚地列了出來——例如務必養成清潔、守時、尊重別人財物的習慣，而且也必須給小孩上足夠的正規課業，俾能使小孩子有一種安全感。如果發生大孩子毆打小孩子時，大人的某些干預是有必要的，為此他曾描述自己曾治好一個男孩對海的一種不合理的恐懼，作為合法使用武力的例子：他一把抓住這個孩子，不顧其掙扎，便把他放入水中，不過雙手還是緊抓著他，就這樣讓這個男孩知道，水並不會傷害他，此外羅素還使他喜歡上洗澡。

對於佛洛伊德和近代心理學家的主張，羅素有時還是非常敬佩，他寫道：「我認為研究心理學，尤其是兒童心理學，的確可以造出善良的人。」但是儘管羅素對佛洛伊德鼓勵人們要誠實地去談論性問題的作風表示折服，對佛氏的潛意識的理論也表示同意，但是他並未接受性即一切的論調。譬如：羅素認為人還有求生的慾望，他說：「佛洛伊德就沒想到大多數人寧願生而不願死這一點。」對於那些過度狂熱的佛洛伊德信徒，那種不厭其詳地描述潛意識中的活動，他則表示：「那不過是一種假設而已，你是無法加以證明的。」而且他自己對兒童做了實際的觀察之後，使他發現佛洛伊德學派有不少極糟的謬論存在，這一來使他先前的崇敬之心大大地打了折扣。他說他們這些人過度地誇張了幼年時期性的重要性，而且男孩親母反父的情結（Oedipus Complex）也只見於少數不健全的例子，他認為父母吻他們的子女、愛撫他們，並沒有什麼不對的地方，對於佛洛伊德學派認為小孩子在遊戲中往往含有性象徵的理論，他更是表示不敢苟同。

羅素很不希望人家黷武好鬥，所以他說：「訓練身軀之勇，該是針對敵意之武力挑戰而發的，不該是為了競爭」；因此他寧願去爬山，而不願玩橄欖球。父母有任何殺生的行為——即使殺死的是黃蜂和毒蛇也不例外，千萬別讓孩子們看到。至於人群中的敗類，應該以公平而合乎科學的精神對他們表示憐憫，而非表示憎恨。但是當我們回顧過去的歷史，再來看看羅素的這些教訓，那麼在一個擁有希特勒、莫索里尼和史達林這些殘酷人魔的世界裡，羅素還談這樣的話，未免會使人感到奇怪。（當羅素在看此書的原稿時，他對我所寫的這一段略有評論，他說：「可惜他們已不是小孩子了，不然我就有辦法對付他們。」）所以羅素若非是時代的落伍者，便是超越時代的人。希特勒是當時製造混亂的禍首，而羅素的做法比起一九二〇年代那些熱心和平主義的教育學家來說，還不算過分。他說也要讓小孩知道世界上有殘酷的一面，而在經過了一段漫長的討論之後，他獲得的結論是，可以利用神仙的故事向孩子們提示一些虐待狂的事例。

他說，小孩自然要生活在幻想之中，想像著他們那些遠古野蠻的祖先所過的那種生活。喜歡「藍鬍子」砍掉他妻子腦袋這個故事的小孩，常會把自己當作藍鬍子，藉此來滿足他追求權力的本能；這樣一來，他以後長大時，這種本能才可以在更富有創造性、更有作為的方向去獲得滿足。要是這種本能的幼芽在孩童時期就受到摧殘，那麼這個孩子長大以後將會變得沒有朝氣、懶洋洋，成為一個沒有骨氣的懦夫。

這個結論不僅表現出羅素令人敬佩的見識，也再度顯示他和精神分析學派的分道揚鑣。一般而言，一個道地的佛洛伊德信徒，大都否認人類追求權力的本能受了挫折之後，會萎縮不振，相反地，他們認為這股本能一定會另找迂迴的出路。

雖然羅素曾預測將來的孩子不由父親來照顧，而改由政府來照顧的趨勢，可能性將日益增加，但是他聲明：「我一點也不敢擔保，這將是一件好事情。」他是一個極力鼓吹設立托兒所的人，可是他對那些教育理論家的想法不敢表示苟同。他們認為托兒所純粹是要讓孩子玩耍的地方，而不是上課的場所，因此這些年輕的小孩子不應施以任何的「教」育，但羅素卻認為，一個五歲的小孩子應該要會讀會寫，七歲時或許就該學第二種語言了。

站在現代英國社會學家的觀點來看，他們將會認為羅素某些方面的見解是一種反動。

他主張小孩子年滿十二歲，就可以選送到大學裡，之後不必再參加升學競爭考試，他也呼籲把天才兒童送到特別學校就讀。事實上在二次世界大戰以後，英國的教育制度已經在朝羅素的這個方向走了，例如文法學校（Grammar School）專收經過考試錄取的十一、十二歲的學童，同時它也是智力較差的兒童上大學的唯一途徑，雖然之後還得再參加一次入學競爭考試。但是羅素的這種學制一經提出，馬上就受到大家的攻擊，理由是：第一，孩子的將來不該這麼早就做決定；第二，文法學校限收智力較差的兒童，此與限制繳得起學費的兒童方可入學的規定，同樣不合理；第三，基於平等主義的原則，所有的學童應該混合在規模宏大、包羅一切的中學為宜。

基於這些反駁，羅素在好幾年前他所寫的《教育與社會秩序》一書中，即做過有力的答覆：

「如果聰明的兒童不必被迫與同年的愚笨兒童交往，他們一定可以省去很多不必要的痛苦和摩擦，但有些人卻以為，年輕時跟所有的人有過摩擦，是他日後生活上的一項好準備，在我看來，這種想法毫無可取之處，因為一個人到了晚年不見得跟所有的人都會有來往，何況牧師和賽馬場上的賭客，本來就談不上有什麼交情的。」

一九二八年，羅素寫道：「美國在學術上和藝術上的成就遠不及法國，其關鍵在於法國的天才兒童都送到特別的學校就讀之故。」

羅素也坦白地表示，聰明的父母所生的孩子一般而言可能比愚笨的父母所生的孩子要來得聰明些。在這方面他更直截了當地跟英國的大學學制唱反調，他問道：「為什麼從事自由職業的子弟接受大學教育，反而比無一門專長的工人和店員的子弟還要碰到更多的困難呢？」

上面的這些例子，羅素論及教育方面的著作，時至今日，其影響力猶存，人們對它的興趣也不在當年之下。雖然他的一部分見解現在已經被當作是理所當然之事，另外他所提倡的幾項改革日後一定也會付之實施。就拿他批評英國傳統教育，過度重視「古典語文」一事為例，他有一次（但並非是經常如此）說得很過火：「我自己過去花在拉丁文和希臘文的那些時間，無異是完全白白地浪費了。」但是英國那些教育改革家，正忙著替學童決定就讀何校的問題，無暇顧及他們進入學校後在學些什麼的問題，所以「古典語文」到目前仍然受人珍惜，而且是英國公立學校及大學課程的主要科目之一。

十八、婚姻與道德

從某種觀點看來，能談論到本章這個題目，真叫我高興萬分，因為我相信羅素在這方面的看法是錯誤的。留心的讀者或許會發現到我認為羅素對於大多數問題的看法一直是正確的，必然會為此痛心不已（事實上我個人對這點也感到十分遺憾）。我知道這是一件憾事，我也知道在這樣一本傳記中，偶而插入一些超然卓越的批評和輕蔑的句子，將會給人一種大公無私的冷淡超然的印象，這種做法也才是適宜的。但是我得表示抱歉，在這方面，我並未強迫自己這樣做，只是在迫不得已時才做到這一點。很不幸的是，在多數的論點上，還沒有人曾經對羅素的結論提出有力的辯駁，而批評他的大多數評論家又都是無聊之輩。可是當我談到了性與婚姻時，我的見解和他恰恰相反，我認為他的觀念是植基在兩個根本的錯誤上。

他論及性關係和女性解放的文章僅占他作品的一小部分，而這一小部分剛好和他思想上最偉大的成就形成兩個尖銳的對比。他這些文章起初並未引起一般民眾的注意，也未立刻發生影響，但是後來他比任何人更有力地改變了整個新生一代（A whole new generation）對性道德的看法，而且他也親眼目睹當年一度被認為是瘋狂十字軍的女權運動，終於獲得了實現，而成為日後法律和習俗的一部分。幾年前我曾和吉爾伯特．莫瑞（Gilbert Murray）討論他和羅素在二十世紀初期所推動的幾個不同的前進運動——從國際主義、自由貿易到禁酒運動——時，莫瑞博士最後很遺憾地說，這些運動中唯一獲得勝利的僅有「女權運動」一項而已。

我之所以要討論羅素對性與婚姻的見解，另一個理由是：他在這方面所犯的錯誤給我們一個活生生的例子，以說明羅素在哲學上也曾不止一次地犯過同樣的錯誤。當他每每熱烈地與人爭辯之際，常會激動到產生一種傾向：總是認為對方所說的都不正確，事實上儘管對方的見解常是錯誤的，但總不致於對每件事的看法都是錯的啊！

羅素第一個根本的錯誤，在於他認為「性」毫無稀奇之處，它的神祕氣氛都是維多利亞時代那些道德家的矇昧主義所造成的，這些道德家有時真使他感到噁心，他們認為對小孩要一味矇蔽，不要讓他們知道「性」的事情；而羅素則走另一個極端，他所寫的恰好是叫人盡量告訴小孩有關「性」的一切問題，像數學這樣奇妙的東西，其神祕之幕都可除去，那麼為什麼「性」就不能去掉其神祕之幕呢？我認為羅素在「性」方面所採取的態度，頗像獨裁者在政治上的態度，這是我所能做的對他最嚴厲的批評。

羅素在寫到「性」問題時曾說：「重要的是，要盡量認清，神祕感僅是起源於無知，這種無知，只要有耐心，並且在精神上下點工夫就可將它消滅無蹤。」他又說：「處理性問題時，應該完全抱一種實際的態度，彷彿你正在解釋汽水如何進入吸管一樣。因此要想醫治一個男孩的猥褻趣味，其處方便是把什麼都告訴他，教他生厭，直至使他感到他再也沒有不知道的事情，叫他覺得他所知的都是索然無味。」對於死的恐懼所產生的種種迷信，也應該以同樣的方式去破除它：亦即把死亡描寫為所想像的最平凡的事情。羅素勸告做父母的人：「盡你的能力使孩子覺得性沒什麼神祕之處，然後設法給他一個印象，明白這個問題毫無意思。」

對於羅素這種態度，我只能批評的一點是，我認為這是辦不到的，要是有人跟我說：「性沒什麼稀奇，生孩子和製造汽車相同，沒有什麼了不起」，我也只能回答他，我不相信他說的話罷了。要是有人說：「生死問題是相當無聊的題目」，我敢說除了羅素以外，才沒有人會去想這些問題。

對我而言，很顯然地我覺得生與死的祕密，非但是人所未知，而且很可能是人所不可知。羅素和其他一些人可能希望，有一天生物學和心理學能簡化到物理學的地步，但也只能說是希望而已，因為目前還沒有確實可信的理由叫人去相信它。要是羅素持相反的看法，那麼他就和他自己整個的哲學觀點——非教條的不可知論（**The undogmatic agnosticism**）——發生了衝突，要是羅素不顧我們大家事實上對生與死毫無所知，他卻仍然堅持著告訴人們生與死乃平凡無奇之事是對的，那麼他又和他對於老師及兒童的正確角色的信仰發生衝突。

例如，他曾在《社會重建的原則》中寫道：「一個好的老師必須要有尊重他人之心，只有能尊重他人的人，才能體會出生命，尤其是人類，特別是小孩的神聖和不可限量，他們的獨特與珍貴，以及生命成長的原則，和在世上默默地努力不懈的有形個體。」就小孩方面言，羅素也寫過這樣一段話：「不要給孩子的好奇心潑冷水。」但是現在他竟要人家向孩子暗示某一問題毫無意思，這顯然就是在潑冷水。

那麼為什麼羅素到了一九二六年出版《論教育》一書時，在這方面會有這種類似獨裁者的專斷見解呢？其中的一個理由我已經說過了，即他這幾年的見解傾向於傳統的前進派。另一個理由部分或許在於他哲學上一般的處境，也就是說，他對於科學知識之極限的觀念尚未完全成熟。但是，要想能夠徹底了解羅素（不管是他哲學上的專著或通俗性的文章也好，這是經常需要注意的一點），必須先要認識他的敵手和他所攻擊的劣根性才行。

基於「性乃奇異」和「人皆怕死」的事實，宗教和傳統的道德在人類歷史上才有了迷信、禁忌、習俗、災禍、偏乖的心理和不幸的生活等建構，因此羅素渴望把這些上層的建構破壞以否認其基石的存在，因為神祕感曾產生了迷信，所以他要消滅這種神祕感；因為傳統的道德曾製造了許多的不幸，所以他想排棄傳統的道德。有時在他的筆下，維多利亞時代的人對性所抱持的態度，僅是一種心理異常的表現，唯有靠正確的教育才能醫治這種偏差的心理。但他有時卻忘記了「性」之所以納入所有時代各地區的習俗和禁忌之中，原因在於它的堅強與神祕，由此所產生的問題，連世界上最聰明的人也始終無法知道答案，過去如此，將來也可能是如此。

羅素的第一個錯誤，我們已經說過了，至於他的第二個錯誤，和蕭伯納的看法相同，而且可能比蕭還要糟。蕭伯納曾借他筆下的人物，表示他個人的看法時說：「男人即女人，女人即男人，其間的差別甚微，只有在特殊情況下才偶而有例外。」羅素也親口說過：「據我所知，男女之間的唯一差別只是，你無法把男的印成女的，或女的印成男的。」他這段羅素式的談話，也僅止於此，未做進一步詳細論辯，事實上，我們可以在他的文章中，發現不少與此相反的論調。但是我個人以為，他也像當時的其他前進派人士一樣，受當下流行的觀念所影響，這種觀念我們可以用一句含混的口頭語來表達，即「男女平等」。

總之，女人劣於男人也罷，優於男人也罷，或居於其間也可，男女不平等一事是千真萬確的事實。譬如：就解剖學和生理學上的證據，已有相當的理由可證實此點，在許多身心的成就方面，女人平均起來確實是趕不上男人。就體力方面言，只要實地一試，更可分出高下，有人可能希望這件事會使女權主義者對他們的立場產生動搖，但是事實上恰好相反，他們利用智力上的難分高下為理由，反而和顏悅色地聲稱：「體力上居於劣勢的女性，在智力上仍然是和男人等量齊觀的。」可是他們卻無法找到任何的證據來證實這一點。

羅素也太老實了，乾脆承認女人大體上遠不如男人聰明不就行了。作為一位對行為主義有研究的中立一元論者，他原可找到一種解釋，隨時提出體力和智力的相對關係來辯白，但是他卻做了奇怪的答辯說：「女人智力較差的主要原因，是由於她們對性的好奇心，在年輕時受到更實際有力的阻礙。」我不認為他這個解釋，對於女哲學家、女數學家和女科學家在相對數目上比男性為少這個問題，提供了令人滿意的答覆。

羅素致力於男女平等運動一事倒是個有趣的例子，它證明了就算是最為獨立的思想家，也可能下意識地受到他所處時代的知識潮流的影響，這裡還含蘊著他對某些原則的長期忠心耿耿：他的父親、他童年時代所崇拜的英雄——米勒（J. S. Mill），都是主張男女平等的先驅，而且還因此受到當時人們的嘲弄，在自由主義傳統的孕育下，羅素已經養成了濟弱禦強為己任的胸懷，尤其男女不平等是整個維多利亞時代的觀念之一，所以羅素便起而抗之。（註：羅素曾向我強調說，他只是提倡男女平權，而非男女平等，而他的鼓吹同權亦非由某種先驗的原理推演而來，而是根據功利主義求其最大滿足的原理而來。我不認為他這番話在實質上能影響我的看法，因為我認為我自己對「同權」之論也有類似的偏見存在，除非它具有某些顯著的實際意義則另當別論。）

羅素也注意到婚姻的不貞現象，在傳統上總是男人比女人多，為什麼會這樣呢？他在生理學或心理學上，找不出任何有確實根據的理由出來。為了把雙方拉平，妻子也有權利像丈夫那樣不忠實，因此他提議不該把婚姻當作排拒與外人發生性關係的工具，做丈夫的最重要的不是抑制他們自己這方面的愛好，而是對他們妻子紅杏出牆的行為不要吃醋，羅素還說：「與人私通本身不應該成為離婚的理由。」

他寫道：「我們之中有很多人相信，要企圖強迫力行一夫一妻制亦如任何政治與經濟上的罪惡一樣，往往會成為原可避免的悲劇之源。……在形形色色要小心提防之事物中，對愛情也要小心提防，這點或許是真正幸福的最大致命傷。」

這一點和他在《社會重建的原則》中的基本議論相吻合：亦即對創造性的衝動應加以鼓勵，對於占有的衝動應加以阻撓，他認為假如非壓抑不可，我們所要壓抑的對象，不應該是自由而愉悅的愛的感受，而是要抑制那消極且具束縛性的感情，但是依我的看法，他這個見解雖然很動聽，卻未能考慮到此一事實——要控制行動，遠比控制感情容易。

一個有了性交慾念的人，要他抑制而不要有性行為；或一個懷疑妻子不貞的人，要他抑制而不殺害她，這並非辦不到的事情，事實上，這種自律的例子，在一般人身上幾乎是每天都在發生，而像奧賽羅那樣的殺妻行為是屬於例外的情形。要一個人的內心永不生慾念、不生嫉妒，只有極少數超凡入聖的聖人或極少數冷血動物才能做到，而一般的凡夫俗子是做不到的。因此對於羅素所提倡的那種婚姻，我所要做的唯一批評是，它們是行不通的，因為事實上一般常人還是免不了會有嫉妒心和不幸福的情形。

就此點而言，羅素之所以犯了錯誤，可能是因為他的見解過度保守，而非過度前進之故。他很稱讚洞察對方的不貞，而能處之泰然的夫婦，在這方面，他很可能下意識地受了傳統貴族信念的影響：認為把感情表露出來是不好的。一九二〇年代那些性的實驗者，對於他們有機會在婚姻外亂交而不生嫉妒一事，感到無比地自傲，認為這是現代化心靈和不受感情束縛的工夫的最高表徵。事實上，他們所代表的，只是「自制」這種古老的貴族傳統的最高表現而已。

當羅素寫到有關人類問題時，要批評他顯然是很容易的一件事，因為這時的他，有著太濃厚的邏輯家和理性主義者的味道，結果使他反而不了解無理性的人。我在前面也曾經提到過，這樣批評他是不公平的。不過我認為他確實無法了解對傳統婚姻的一些論辯，因為它們不是具有神祕的色彩，就是不合理而顯得荒謬無稽。當這個世界上充滿了你從未見過的女人，而且其中可能也有你非常喜歡的女人時，你卻答應終生只愛一個女人，這未免有點不合理，不過日子還是照樣地過了，因為談戀愛的人也夠多，所以使你忽略了剛才這個明顯的事實。一夫一妻制的優點就存在於一方面有約束，一方面有自由這種矛盾之中。在戀愛時雙方確實做到忠實不易，婚後便可隨心所欲，享受異性朋友的友誼，獨自去旅行和擁有各種不同的嗜好，否則自由遲早將會蒙上猜疑和嫉妒的陰影。

羅素對那些不打算付之實施的理論，他是不會去提倡的，他曾告訴一位已婚的朋友說，「她」沒有理由不能在外面弄個情人，而他自己也照著他的理論去做了。（事實上吉爾伯特・莫瑞曾把他的看法告訴我說：「羅素之所以背叛一夫一妻制，是因為他依照理性的爭辯之後，決定支持自由戀愛，因此他覺得自己應該把它實現起來。」）有一次有人問羅素，對那些他一度喜歡，但後來又失去興趣的女人，他會不會覺得自己太無情了？「為什麼？」他反問道：「她們也可以去找別的男人呀！」謙遜仍是偉大人物的特色之一，顯然羅素從未想到，代替他的男人不一定會令人滿意，而且男女大體上要改變他們的感情，另愛他人，在速度上也有快慢的不同，這一點羅素就不太了解。

羅素和朵拉的婚姻中某一段時期，羅素不光是講講理論，他還想叫朵拉的一個情人搬來和他們同住，以為例證。

英國的新聞界和文學界有一項受人尊重的規定，即報導離婚訴訟案件應求其扼要實在。我也準備遵守此傳統，對於羅素第二度婚姻破裂，我所要講的話，大部分都曾在《泰晤士報》的「時人時事欄」裡提綱挈領地刊載過。首先提出離婚訴訟的是朵拉，她指控羅素和瑪佐麗・史班斯（Marjorie Spence）有染，她是牛津大學的學生，在羅素處工作，隨後幫他收集研究資料。法庭審問時，我才獲悉朵拉在婚後共生了四胎，其中只有兩個是她和羅素所生的。（羅素在他的文章中曾強調過，與他人有曖昧，也不應到珠胎暗結的程度。）她承認跟另外兩個男人發生過關係，但她辯護說自己的兩次不貞都是在她丈夫至少有過兩次不貞的先例之後才有的。離婚前夫妻糾紛的事實，只對律師而言才有興趣，對我們則否。結果他們在一九三五年分手，之後羅素在一九三六年一月娶了佩特麗亞・史班斯（Patricia Spence）。（註：瑪佐麗・史班斯後來改名為佩特麗亞・史班斯，她的朋友叫她「彼得」。因之有些別人寫的關於羅素著作的序言中，因參考書籍之不同而造成混亂不清，有稱她為「彼得・史班斯」者，亦有稱她「佩特麗亞・羅素」者。）翌年，他們唯一的兒子也出世了。

有一點並不太令人注意的是，羅素的婚姻雖以離婚收場，但這件事並沒有證明羅素的理論有誤，反而是更多的離婚事件證明了傳統婚姻法律有錯誤。

前幾頁我已經批評了羅素對婚姻的看法，至於他對婚前性經驗的見解，應該分開地加以討論而不可與前者相提並論，他說男女任何一方婚前沒有性經驗就想結婚生子實在很不方便，他這個見解雖然還有商榷的餘地，卻已廣泛地為許多國家的人士所接受。

羅素對於法國社會黨的內閣總理李翁・布拉姆（Leon Blum）所寫的一本書頗為讚賞，布氏極力主張少女應該和少男一樣，有同樣權力可以和任何人發生關係；羅素還站在「公平」的立場上替他辯護，他還為沒有一個英國首相敢說這種話、寫這種書表示衷心地遺憾，布氏相信男女的本能在年輕時是傾向雜交的，到三十歲結婚時才變得專一起來。羅素對他的唯一批評是，他對於一夫一妻制的婚姻也要定在某個年齡才開始這件事，頗表懷疑。

羅素自己最有名的建議是：「假使大多數的大學生能有暫時不生育的婚姻，他們的生活不論在智力上、在道德上一定會更為完美。」他說：「這樣就可以使他們的性衝動獲得解決，而不必坐立不安或偷偷摸摸地做，既不必花錢還能時常來，同時更不會占去讀書的時間。」當然沒有一個學校當局會對羅素這項建議懷抱善意。

我自己的本能已過時了，也不相信任何事情都像羅素所建議的那麼合理。在這裡要反駁他的，並不是同一個實際的例證，反對他對婚姻的看法之主要理由是，他的見解並不能使婚姻幸福，要是有人反對他對婚前性關係的看法，一定拿二次世界大戰後經濟繁榮現象為理由，要結婚什麼時代都可以，就是在不景氣之前的時代也可以，何必要在羅素寫文章的不景氣時代才結婚呢！

環境的改變也影響了羅素的見解，他要求未婚的女性不可因為害怕輿論的指責，就不盡做母親的義務，他所以這麼寫，是因為當時英國達到結婚年齡的人，女性比男性還多，因此一夫一妻制不免有餘額，但不管怎樣，二次大戰後的英國，這種情形已改觀，可婚的男性已多過女性了。

我除了強調羅素對他在這方面一手造成的極大破壞性傑作應該負責之外，也別無他法可結束我對他這方面見解的批評。要是說羅素在這方面的成就，也有所貢獻的話，那是由於就算到今天，還是很少有人能了解一些古老觀念的本質，在此我必須再重複一次，羅素是跟一個國難多秋、無法防禦的殘酷國家在掀起戰爭，在這個國度裡人們都是在細心地培育對性的無知，因此男孩把青春發動期的正常生理變化當作某種可怕疾病的疑症，女孩結了婚，對新婚初夜之事也茫然不知；那裡教女人不要把「性」看作是歡樂的泉源，而要當作是婚姻上痛苦的責任；那裡的人假正經到用帷幔來遮住鋼琴的「小腿」；在那裡，人造的神祕感激起了病態的好奇心；在那裡，婚姻的騙子手牽著手，卻無幸福可言；在那裡，除非持有精心結構的合法通姦證明，否則無法逃避不幸婚姻的陰影；在那裡，嚴厲的性法律與默認娼妓的存在是共存的。羅素的反抗並沒有把上面這些傳統的陋俗完全掃蕩，其原因我想是因為他對於隱藏在它們背後的種種原因並未真正地了解，因此就起了反作用，反而促使某些舊傳統又重建起來。不過從此以後男女間的關係不再受到一些他所攻擊的罪惡的折磨；而且從許多角度看來，他的見解至少還是屬於寬大容忍的理想，有待日後的了解與實現。

十九、著述不倦的作家

羅素渴望友情而又羞於表露之心情，從他一九二九年寫給他同窗室友查理・桑格（Charles Sanger）的一封信上就可以看得出來：「聽說你病得很厲害，我也感到萬分難過……桑兄，我對你的深厚感情從未向你表露過，但我想你也應該體會得到吧。」桑格不久之後就撒手西歸，而羅素因為葬禮是依照宗教儀式進行，所以拒不妥協而沒有去參加，這曾使桑格夫人感到有點難過。隨著桑格之後，克倫普頓・戴維斯（Crompton Llewellyn Davies）和奧托琳・梅勒爾女士等，幾乎他所有親近的朋友，也都相繼去世了。梅女士是在一九三八年去世的，她在晚年時患了耳聾，但是儘管她耳聾而無法享受到別人給她的歡愉，但她還是本著那特有的仁慈心，繼續舉辦每週四的沙龍，以娛樂聚集此地的有趣人士，使他們彼此有認識與了解的機會。

羅素也失去了哲學界的一些朋友，他不可能走維根斯坦的神祕主義路線，維氏這種傾向從他《語錄》一書的後半部可見端倪。而有一天，維根斯坦也鄭重其事地對他說：「我們以後不必再一起談論了。」

羅素和懷海德的分道揚鑣甚至在他們的哲學見解發生分歧之前，便已開始了。事情的發生或許是，某一次他和懷海德以及懷海德夫人辯論自由戀愛的時候，我們可以猜想到，羅素一定是說得太過火了，致使懷海德老羞成怒，終於大聲說道：「勃悌，你是個貴族，卻不是紳士。」有一次懷海德夫人談到羅素時，也頗為他的處境惋惜，她說羅素早年已有足以自立的收入，本可安閒地過隨心所欲的生活，而不必為了一個學院職位，就受到了紀律的束縛。

懷海德對於很多人都把《數學原理》的大部分光榮歸之於羅素一事，頗感不悅，同時他認為羅素在《吾人對外在世界的知識》中曾不夠成熟地先發表了一些他「懷海德」關於「建構」（Constructions）的觀念，雖然羅素在序言中已表達了對懷海德的感激之忱，但是懷氏依然有點不悅。

對於和平主義和第一次世界大戰，他們二人的意見更是大相逕庭，原因是懷海德的幼子戰死，而且他內心的創傷亦尚未痊癒。後來他去美國，並在哈佛大學擔任哲學教授之職，他以此身分來看羅素在美國的巡迴演說，認為這是低級的。另外一場荒唐的誤會更是使他怒髮衝冠：他邀請羅素到哈佛和他共進午餐，他的信寄到了安排巡迴演說的代理人公司去，被人私下拆開來看，結果懷氏得到一封回信，信上要他開價出錢，才可邀請羅素吃午餐，懷氏為此非常生氣，當然，羅素對於這段插曲是始終一無所知的。

羅素還失去一些其他的朋友，他的學生兼益友詩人艾略特（T. S. Eliot）在他的興趣由哲學轉移到教會時，他和羅素的友誼也隨之而去。在政治家之中，羅素不贊成克利夫·艾倫（Clifford Allen）支持蘭姆賽·麥克唐納（Ramsay MacDonald）組成國民政府而取得爵位。雖然羅伯特·曲範良曾說服了羅素登門造訪與艾倫面談，希望雙方言歸於好，但這一次的見面並沒有成功，艾倫夫人事後曾說：她不想再見到羅素。此外還有一些人，羅素認為他們太左傾了，因此也就跟他們合不來。

他跟當時工黨的幕後主腦人物寇勒（G. D. H. Cole）的交情也不好。（在第一次世界大戰期間，羅素曾說，他不希望像高德溫（Godwin）之影響馬爾薩斯（Malthus）那樣，對寇勒發生同樣的影響。）韋伯夫婦起初和羅素一樣，對蘇俄存在著疑懼之心，但蘇俄一行之後，羅素寫了《布爾什維克主義的實際與理論》，一針見血地抨擊了共產主義的缺點，並做了許多正確的預言；但是韋伯夫婦卻相反地著書諂媚蘇俄，而形成了英國思想界左翼輿論的主流。羅素和蕭伯納的感情也因為討論問題時，蕭稱讚史達林政權，而終告決裂，其程度已到了不可挽回的地步，羅素說：「蕭伯納殘酷、小心眼而愚笨。」更批評：「蕭之喜歡蘇俄，完全是因為他到蘇俄之後所見情形之糟，正如他事先所預料的一樣之故。」

查理・曲範良對羅素批評共產主義的態度頗表不滿，因此羅素也開始小看他。同時查理的弟弟喬治・曲範良也不贊成羅素對於婚姻與道德的見解，這點也許可以反映出身為歷史學家的他，有一個最大的弱點，那便是缺乏對人性的了解。因此曲範良三兄弟中，只有老二羅伯特和他的妻子伊莉莎白始終對羅素懷有惻隱之心，而保持不渝的友誼。有一次他到西佛滋（Shiffolds）去訪問座落於萊斯山邊的曲範良家，事後他寫信告訴他們說：

「我本來打算寫信告訴你們，此次的造訪，我內心的感受是多麼快活，然後再為我的睡衣向你們致謝，但是我隻字未寫，實在深感抱歉。我想到『道路基金會』去要點款，來改善通往地獄之路。」

羅素和他的第三任太太佩特麗亞在畢肯山小學的舊址「電報室」住了一段時期，後來他們就搬到牛津附近的麒麟頓，在那裡羅素又結交了一些新朋友。

他有一位鄰居是著名的生物學家約翰・貝克博士（Dr. John Baker），白天辛苦地工作了一整天之後，羅素常常到貝克家坐坐；晚餐後貝克博士有時也會過去他那邊聊聊天，並在客廳玩遊戲，他教羅素玩UP-Jenkins，羅素玩得津津有味。他們還玩一種記分的遊戲，每個人就智慧、誠實等特質替別人打分數，最低是零分，最高是二十分。玩這種遊戲時，通常替人家打分數，要打得正確很不容易，而且在某一項上，別人替自己打幾分也要挨到最後才能揭曉，不過羅素卻自有胸有成竹的打算。

有一次，貝克發覺羅素在智慧一項給他的分數反不如給他的孩子們的分數那麼高，他覺得有點不大對勁，羅素在誠摯方面給他二十分，在機智方面卻給他零分，羅素還解釋說，這兩項是相對的，因此加起來有二十分就對了，何必斤斤計較呢。

一九三〇年代，羅素還是必須不顧任何煩惱或生病，不斷地從事新聞雜誌文章的寫作與專書的出版來謀生。（他的博學帶給他最實際的好處，可由下面這一段插曲窺出，有一次他在赴西班牙途中，病得很嚴重，結果幸好，他用拉丁文把他的症狀向一位西班牙醫生描述一番，才治好了他的病。）在這段時間，他產生了不少著作，其中比較通俗的有：《幸福之路》、《懶散頌》、《科學的前途》以及《宗教與科學》。

羅素經常否認，哲學可以或應該成為道德指導或道德慰藉的泉源，他曾寫道：

「據我所知，哲學的唯一安慰，僅在於研究哲學本身所獲得的樂趣，這個道理和獻身其他某種工作而獲得樂趣是一樣的。」他說他常常會覺得一切都是空虛，他還說他自己雖然有了哲學這個法寶，還是逃脫不掉這種氣息，不過那是由於某種不得已的事件才會產生的，例如孩子生病之類。如今他已年高德劭，能夠以他的生活經驗在人生問題上指導別人，而他的這種忠告，也剛好和他哲學上的一般傾向相符合，而且無形之中，也和許多宗教的箴言相符合。

他勸人遇事應該往重大之處設想，以免作繭自縛，譬如底下這個很有用而平實近人的忠告，是他在《幸福之路》一書中，向那些無法擺脫煩惱的人說的：「當厄運臨頭時，起先不妨盡量把它想成很嚴重，挨到你看到所發生的災難之後，你就向自己提出最健全的理由，想到事情畢竟沒有事先設想的那麼嚴重可怕，既然在最壞的情況下並無重大之事發生，所以這樣的理由是講得通的，以後當你心神穩定地等待最壞的時刻來臨時，你就可以深具信心地告訴自己『到底沒那麼嚴重』，這時你將發覺，你的煩惱已減低到最低限度了。」

在羅素的著作中，他常提到人與宇宙相比便顯得非常渺小而微不足道，在《宗教與科學》一書中，他進一步地闡明了這個觀點（我認為他未免想得太遠了），他寫道：「如果說使心智進化乃是宇宙的目的所在，那麼我們可以認為宇宙也太無能了，在這麼久的時間裡，才產生了這麼一點東西出來……說來奇怪，生命是偶然發生的，而在這麼大的宇宙裡，竟會有偶然的意外事件發生。」要想否定宇宙的意義，藐視人類生命的重要性，好的理由可能不少，但我不認為羅素這個理由是屬於好的一個，大自然（Nature）從未聽過「歐肯之刀」。

例如一條母鱈魚，一年所產的卵約有九百萬個，其中只有一個到兩個能孵化而長大成魚，但是沒有人能夠就由此推論，魚卵的目的並不是在產生繼起的新生命。（我們可以設想，要是一條心胸謙遜的鱈魚，讀了羅素的文章之後，一定會認為，牠自己的存在是屬於不重要的偶然那一種，因為牠是在那麼多的數目中，唯一意外的倖存者，並且牠還會認為，要是大自然有意使卵成長為鱈魚的話，自然不會以這樣浪費無能的方式來進行這件事。）法蘭克・蘭姆塞（Frank Ramsey）有一次曾寫道：「在茫茫的蒼天之下，我一點也不感到自卑，儘管星星很大，卻不會思考，也不會談情；它們所給予我的印象只是在於它的一些特性，而不在於它的大小，我也不會因為自己的體重將近七十塊大石頭，就認為很有體面了。」我至少部分地同意蘭氏的觀點，我相信羅素也確實會同意蘭氏的部分觀點。（羅素對人類和宇宙的兩種受人尊重的看法，可見於《人類知識》第三部分的前面。）

前面我曾說過，羅素的一生是無法分期的，他總是在同一時期內，對每樣事情都有興趣，例如在一九三六年他發表一篇論文叫〈經驗主義的限制〉，這篇論文正代表了他最後邁向《人類知識》所建立的哲學地位的一個重要階段。有一段時間，他又回到數理哲學上，而在一九三七年為他的《數學原理》第二版，再寫了一篇序言。在此他接受了法蘭克・蘭姆塞的建議，修正了他的類型論（Theory of Types），不過他還是堅持他的基本命題，即認為數學和邏輯的同一性，以對抗形式主義和直覺主義者的敵對論調。

但是廣泛地說，羅素這些年頭的主要興趣是放在經濟、政治理論和歷史等方面，值得注意的一件事是，在他的《懶散頌》一書中，他比凱因斯更早向那些主張儲蓄、反對消費的正統經濟學家挑戰，他寫道：「只要一個人動用了他的收入款項，這無異是把麵包送入別人的口中……由這個觀點看來，真正的惡棍倒是那些過度節儉的人。」他也曾一度聲明：「節儉這種可惡的罪行，是能致人失業的。」

羅素說：「總而言之，節儉的人最好也動用他們的錢，怎樣花費都可以，甚至於拿去喝酒、賭博或為朋友開派對都行。」在當時，羅素的這種看法，簡直是異端邪說，結果經濟學教授們紛紛指責羅素，說它們是一個哲學家離了本行所發表的可笑謬論，不值得重視。但是一九三六年凱因斯出版了他有名的《利潤、就業與貨幣的一般理論》（按：此書已有中譯本，列入台灣銀行經濟學名著叢刊的第一冊，由中華書局印行）。在此書中，凱因斯站在純粹經濟學的立場，發展了一套精密的論證，說明人們若過於節儉可能造成失業，他這個觀念，後來變成了大家公認的經濟學說的一部分。

這時羅素大半的工作都是熱衷在對歷史發展的因果關係做系統的研究，他獨具一格地斷言，沒有系統的解釋還是可能的，但歷史學家為了叫人相信歷史是有意義的，常不惜作假。打從一八九六年起，他就反對馬克斯主義論者過度簡化的行為——即對於一切都拿經濟力量來解釋。例如羅素曾一度指出：「科學上真正重要的發現，很少是由於經濟動機所造成的結果。」他又指出：「每個人都知道差勁的畫和壞的書，反而要比好的更賺錢，但是儘管如此，許多藝術家和作家還是盡力地在創作。」羅素再舉一例說：「從來就沒聽說過彬彬有禮的傭人因為偷懶被解職的事情，由此可知，禮貌周到的傭人做任何工作絕不是出於經濟動機，那麼他們這樣工作又是為了什麼？一部分是由於榮譽心，一部分是由於勢利眼罷了。」

要是人類的歷史並非單純地或主要地受經濟條件的支配，那麼歷史進化的原動力是什麼呢？為了回答這個問題，羅素寫了《自由與組織，1814-1914》一書，到現在為止，他這本書依然是非哲學類的著作中最有價值、最值得看的作品之一。他論述的範圍包括歐美兩大洲，他說：歷史的事件是由很多原因錯綜交織而成的，這些原因可歸納為三大類，即經濟生產技巧、政治理論及重要人物。為了闡釋他的理論，他還評述民族主義、哲學上的急進主義、馬克斯主義和美國民主政治等學說，同時他也生動地描繪了馬爾薩斯、邊沁、馬克斯、傑佛遜、傑克森、洛克菲勒和卡內基等人的人格與工作。

這些畫像，也像其他所有好的肖像一樣，不僅可以告訴我們一些有關作畫的人，而且也可以告訴我們他所畫的東西。譬如說，羅素對令人尊敬的馬爾薩斯（T. R. Malthus）大體而言有點不大公平的地方，所以我們若僅看他的描述，一定很難想像，馬氏是一位經常面帶笑容的仁慈之士，他不但曾倡導純潔愛情的快樂，並且鼓吹縮短工作時間和提高工資，此外還勇敢地公然向基督正教挑戰，反對地獄的萬劫不復之說，並把它視為是一個慈悲公正的上帝所想出來的毫無價值的觀念。

任何人都會感覺到，只要羅素在世一日，他絕對難免要對一位主張對於一種又自然又快樂的衝動加以「道德抑制」的牧師，懷抱著敵意。羅素在《自由與組織》一書中所表現的氣魄，足以抵銷一種偶然的偏見而獲得平衡，何況這種偏見，只要對羅素內心的趨向有所認識的人，都能輕而易舉地把少數偏見的部分修正過來。

羅素的《自由與組織》一書是應當時美國出版商諾頓（W. W. Norton）的提議而寫的，他一開始就有意要讓人了解十九世紀自由主義理論失敗的原因，他認為自由主義理論是敗在俾斯麥和洛克菲勒手中，前者使民族主義與保守主義攜手合作，而不與自由主義聯盟；後者叫人知道自由競爭會導致工業的集中和獨占。（羅素早在一八九六年就已經注意到了這就是馬克斯最重要的爭論點。）

羅素斷言這些獨占事業至少應受公共的管制，他寫道：「相信自由競爭的急進主義者，一旦和近代的公司團體比高下，那是註定要打敗仗的，他們的權力和軍隊的權力相仿，一旦把公司交給私人來掌管，正如軍權落入私人手中一樣，那是很不幸的，近代大規模的企業組織乃是近代技術所造成的自然結果，而近代技術越走向競爭的方面，一定會造成浪費，對於那些不願受此壓迫的人來說，把這些組織成為公有，仍不失為解決的良策。」

在一篇名為〈社會主義的立場〉的論文中，他要求至少要將「土地、礦業、資本、銀行、貸款和國外貿易等的終極經濟大權收歸國有」。

由此看來，羅素曾變成大產業國有化的支持者，其原因，依我的推測是由於他過度高估了大規模組織的益處，而低估了經營一種龐大的公家企業，在涉及工業事務及政府的一般業務時，所要遇到的行政上的許多困難。但是如果這方面的看法是錯誤的話，那麼同樣地，其他每一位社會主義理論家也是錯的，因為在任何人開始看出國有化所涉及的問題廣泛之前，那已經是在社會主義政府於一九四五年在英國獲得實權之後，好多年的事情了。

另一個困難，羅素卻看得很清楚，他以社會主義者的身分發表的結論說道：「國家的權力與活動必須大大地增加才好。」但是自從大戰以後，尤其是訪俄歸來之後，他曾特別強調，在思想領域中，有太多的組織是危險的，他曾說：「愛好權力比起愛好杯中物更是有害無益。」

一九三八年，羅素出版了他的《權力論》，此書的主題大意是說：「權力慾是產生社會變動的主要動機，這些變動，社會科學必須加以研究。」羅素說：「經濟上的需要是有限的，因此是可以獲得滿足的，但是渴求權力的慾望卻是無限的。」

他強調社會主義必須用最徹底的民主來加以衛護，包括用特別的措施去保護自由，否則的話，很可能立刻變成一種新式的經濟與政治的獨裁，也許比過去的任何獨裁暴政更為激烈、更為可怕。羅素說：「只因為它被稱為社會主義或共產主義，大家就以為它們能擺脫過去時代所有專權的惡劣本質，那是孩子氣的襁褓心理學的看法。」

不管是在社會主義或資本主義制度下，「如何去開導人類的權力慾」，這是羅素經常思索的主題，他在《工業文明的前景》中也曾討論過此問題，在《自由與組織》中也做過這方面的探索，多年後他又在《權威與個人》一書中描寫他的見解，卻似乎從未獲得真正令人滿意的答案，但是至少羅素所提出的各種建議是不會比別人所提出來的遜色。

二十、和平主義與二次世界大戰

這個世界未免有點虧待了羅素，這一點並不令人難懂，例如他的《自由與組織》及《權力論》之類的作品，比起他在同一時期所寫的宣傳和平主義的著作，反而更不吃香。

羅素當然談不上是一位道地的和平主義者，我們都曉得，他曾提倡建立一支強大的英國海軍，以使社會主義的不列顛能在資本主義的世界中得以殘存，但是後來他看到了空權感到大為遜色，所以他也改變了他的看法，他預言以後的戰爭一定是利用飛機來噴射毒氣和病菌。

他在一九三三年曾寫道：「下一次的戰爭（其實已不可能），不管何方獲勝，戰勝的一方，國內一定擁有較精通化學和細菌學的年輕人才。」一九三五年他在費邊社演講時也做過預言說：「大都市受到空中攻擊，這正意味著毀滅和恐慌，我們的糧食供應全部中斷，數百萬挨餓受凍的市民，在絕望中，由破滅的城市流落到鄉間路旁。」這些預言在他的《和平之路》一書中，更是說得淋漓盡致，此書是應米契爾·約瑟夫（Michael Joseph）之邀而寫的，於一九三六年十月出版，他預言將有很多人會因戰爭而喪失生命，而且在一次報社專訪中，他更補充說，他想這一戰，必定打得歐洲天昏地暗，工業主義和一般政府都煙消雲散，瘟疫大作之後，才會罷休。

在《和平之路》一書中，他指出空襲必造成混亂的局面，因此戒嚴令是絕不可少，他寫道：「為維護民主政治而戰，必以軍人專權始，以軍人專權終，此乃無可置疑之事。……一切死亡和毀滅終結之日，乃是英國的希特勒取代德國希特勒之日。」在戰事進行之際，英國人亦如納粹黨人一般，儘管他們終於獲勝，他們的民族性已變了質，戰爭使他們變得殘酷，毫無人道可言。

因此羅素進一步地表示，在這種情況下，和平主義才是唯一合理可行的良策，他說：「在一個和平主義的政府統治下，假如希特勒想侵略這個國家，他本人和他的部隊一定會像遊客似地受到友善的歡迎。……假如德國人可以不戰而進入這個國度，他們德國人一般的民族氣質必然改變，而軍國主義在此時看來，也變得愚笨可笑。」

他向人們呼籲，要他們拒絕參戰。他表示，愛好和平的人遷移到中立國去居住乃是合理的事，他本人還跟朋友們討論，自己是否應該也把他的三個孩子一同帶去美國。

為了和平主義之故，羅素甚至跑到英國上議院去發表演說，他本來就有點瞧不起這個外表尊貴但有點暮氣沉沉的議會。大約就在這時候，有人告訴他說，那些坐在紅色長椅上的貴族，看來很像碗中的金魚，羅素回答說：「金魚有時還會動一動，但是你看他們連動也不動。」儘管他早在一九三一年就繼承了爵士的名位，但是一直到一九三七年才以貴族的身分，首次在上院發表公開演說：「我相信——其實我也可以說是我希望——在參與下一次戰爭的國度中，那些有點經驗的開明人士將會反對繼續作戰下去，由此他們才表現出自己比他們的統治者來得懂事些。」

在我個人的想像中，我認為全部羅素的著作裡，只有《和平之路》一書，他是不必多費口舌為它辯護的，此書確實談不上是他的最佳作品，因此很自然地會贏得評論家的稱讚，在羅素所有的著作中，此書是最受讚美者之一。事實上羅素此書的見解，並非完全是他一人的獨創性見解，而是集很多才子之言所成，就拿空襲將會造成毀滅一點為例，威爾斯和阿道斯・赫胥黎早在數年前便曾發表過類似的預言，他們時常利用《新政治家》週刊為口舌，而此週刊的影響力也是不同凡響。它對《和平之路》一書的評論是；「萬一我們真的捲入戰爭，這一戰將不是與義大利法西斯主義對立的一戰。……那些反對軍國主義的人，都應該歡迎正在這個國家掀起的一場強有力的和平主義運動。」這段話是在英國與納粹全面作戰之前三年所寫的。

有一件令人傷心的事實是，在二次大戰剛要爆發之前，很多英國最有才智之士的預言都發生了錯誤，弄得他們束手無策，而布寧普斯上校（Colonel Blimps）反而猜對了。我認為如果這些智者之言早一點被採納的話，那麼希特勒在德國將不會得勢，而布寧普斯上校在一九一八年之後也不會當道。但事實終歸是事實，希特勒的勢力已定，他征服世界之心已明，而英國的知識分子不是繼續鼓吹和平主義、反對整軍，就是預言將有完全兩樣的戰爭降臨，要英國為此備戰。但是挽救英國文明的還是那些較愚笨的青年，他們深信戰爭的勝利需靠個人的勇氣和遵守團體的紀律，他們不是從軍，就是利用週末來學習駕駛戰鬥機。

這些知識分子犯了如此顯而易見的錯誤，正表示他們在推理上有了基本的差錯，但是我在此提出這點的用意，並不是要討論為何當年會有那麼多社會主義的知識分子都變得這樣愚昧。（我也盡量在克制自己，以免討論到即便就是現在，那些社會主義的知識分子中，依然有不少是像過去一樣地愚昧。）他們之所以犯錯，在理論上最根本的要點僅是：他們對蘇聯的崇拜以及他們在政治道德方面所採取的馬克斯主義的看法這兩點；而他們之中，也有許多人在一連串的自我檢討中，替他們自己辯護，解釋他們為何在一九三〇年代會崇拜共產主義，並說明後來當崇拜共產主義不再是時髦之事時，他們見風轉舵，改變立場的原因。我不曉得是否有人對他們這些解釋特別感到興趣，但是我們是不會去理會它的，因為我們都知道，高他們一籌的羅素，並沒有犯上這種錯誤，所以我們現在要談的只是羅素在和平主義方面所犯的錯誤，我認為他之所以犯錯仍是基於兩項技術上的偏差，而不是屬於重要的原則問題。

第一點是他未免過度高估了由轟炸機噴射毒氣的重要性，其次是他低估了納粹黨所能做出的罪行。由於這兩項錯誤，他在《和平之路》一書中的一切看法，自然也跟著錯了。

第一種錯誤不僅左翼的其他人士也犯上了，而且連羅素所重視的軍事專家也有同樣的看法。（註：例如福勒少將（Major-General Fuller），羅素曾引用他的話：「只要幾天工夫，倫敦城將變成狂鬧的瘋人院，醫院爆滿，交通停頓，無家可歸者呼天喚地，整個都市將陷於大混亂之中，威斯敏斯特的政府將會如何呢？它一定會被突如其來的恐怖所掃蕩而嗚呼哀哉了。」又羅素在著述《和平之路》一書期間，他曾定期地訂閱陸海空官報及飛機雜誌。」甚至英國政府亦以為然，凡是一九三八年至一九三九年間到過英國的人，對於當時防毒面具的迅速供應，以及軍隊的防毒演習等，一定記憶猶新。不過對於防備倫敦一旦遭受空襲，中央政府一旦崩潰，英國便化為局部地域統治的這些假想，這般人僅有所聞而不詳悉。而依照後來事實的演變，羅素只是聰明得過早了一點，假如雙方早幾個月發明了原子彈，則羅素對毀滅的預言，不僅將成為事實，而且似乎有預估過低之感。

第二種錯誤是關於納粹方面的事，羅素所以發生這個錯誤，是由於他對人性的看法，在基本上有了偏差。這可以說由於他在一九一四年以前，對一般人從戰爭中能獲得一種替代性的快慰之事，尚不了解；因此他在一九三九年以前，對於性變態者可能做出的極度虐待狂行為，當然也不明白。譬如：他在《中國之問題》一書中所記：「納粹並不及凱撒那麼壞、那麼殘暴。」當然，他這時尚不了解那些虐待狂者，透過近代廣播與電影等的大量宣傳，以及祕密警察將科學納入其麾下使喚，足以使獨裁者個人的想法，變成國人的意見。凱撒既不能面對著麥克風嘶喊，激起百萬人的仇恨之心；他更不能在電話線裝上竊聽器，利用敵人在商討大計時竊聽機密。要是凱撒是生長在科學昌明的現代，也許他會變成希特勒也說不定。羅素對他的看法就是根據此點，所以我說他所犯的錯誤是屬於技術性的。

在此我們獲得了一個明白的啟示：把一個哲學家當作研究毒氣和大量宣傳的權威，那是大錯特錯了。

這種錯誤倒是常有的事，尤其是近代，向我們打主意、要我們相信對某一特別題目發表意見的最適當的人選，即是對它完全外行的人，這樣的報紙、廣告和出版之多，可以說不勝枚舉；因此像蕭伯納這樣的劇作家，自稱是研究柏格森哲學的權威；像鍾思（Jeans）這樣的科學家之討論神學問題；又像丁印基（Dean Inge）這樣的神學家之解釋熱力學的第二定律等等，我們已是司空見慣的事。在更近代，這種現象更是變本加厲，我們把板球選手當作是洗髮膏的專家，讓電視廣告員來向我們推薦原子筆，我們都認為這些是很自然的事。就拿羅素來說吧！他是無所不談、無所不寫的，不過卻有一個怪得出奇的例外，我曾花了好幾年的時間，認真地收集剪報和報紙，閱讀他對政治、和平主義、戰爭、國際大事、社會主義、婚姻、教育和科學所發表的見解之後，我發現還有一項，幾乎所有的報紙都不曾要求他發表這方面的意見，那不是別的，正是他本行的「哲學」。

但是令人不敢相信的是，在他大量的文章中，除了前面我所指出的一些錯誤外，羅素並未犯上更多的錯誤，更令人奇怪的是，他自己單槍匹馬去觀察、去下判斷時，犯錯的情形非常少，例如他在德國、俄國和中國時，就是這樣，他犯了錯誤，通常都是由於過度注意其他專家的意見所致，所以對於一位智慧煥發的業餘者而言，他的真正危險之處，乃是過度尊重職業性專家的看法。羅素還謙虛地承認，如果他要寫文章，而所寫的那一門他不是權威的話，他一定會參照權威者的意見。後來他又說，在《和平之路》裡，他那些事實均取自專家之言，此乃非專家所應持的態度。顯然有時他對學術體系的安排層次，往往本末不分，例如數學、物理學、生物學、經濟學、政治學、心理學——各方面的專家極可能更易產生專家的偏見。

每個人大概都要定下一個原則，即任何見識卓越的人，除非不同意專家們的看法，否則一定不要寫到本行以外的東西，如此一來，假如他不同意人家的看法，而自己的看法又是正確的話，那當然很好，萬一他的看法錯了，也是無傷大雅。

我們可以很公平地再補充說：羅素的《和平之路》雖然主要結論是錯誤的，但書中卻包含了大量正確的真知灼見。譬如：羅素說他自己言行一致，就說得對，他說他不像工黨那樣，在人家要求抵禦法西斯侵略時，卻反對整軍，而且他說他對未來也不敢抱著幻想，他指出：「一切事件的動向都顯示出最近的將來，勢必一戰。」他完全以現實主義的口吻寫道：「德國已經製造了一種恐怖的戰爭武器。只要時機一到，焉有不用之理。……也許有人會爭辯說，要是能以一種友善的精神來對待德國正當的要求，那麼目前高出一切的黷武好戰之心，勢必會逐漸軟化下來……但是在帝國之內，其對待無防禦之敵人，正如惡漢一般越是得逞，只會越兇，絕不會變好。」

當然，在這裡羅素之率直坦白，足以使人就他對納粹的其他看法發生矛盾，而弄得混淆不清，他也坦白地承認：「假如我們對於可能發生之事，只是坐而不視，我一想到這裡，我內心之人性罪惡就要動起肝火來。」他也不像一些英國有名的和平主義者那樣，跑去會見希特勒和納粹的要人，他後來曾說：「拜訪這種人，還要彬彬有禮，那不啻是如鯁在喉，叫我難受至極。」

他還強調，為了建立一個世界政府，是不惜使用武力的，這點也使那些徹頭徹尾的和平主義者感到厭煩。

或許是根據歷史的先例之故，他在《和平之路》中，寫得最精彩的一節是：「德國人攻俄國時，一定希望單獨行事。」在此，他論道，要是他們確實這麼希望，英國就應該保持中立。他寫道：「拿破崙進攻俄國，乃征服英國之先聲，或許希特勒以後會發覺，這一個類似的策略會遭遇同樣的不幸。」羅素這個見解，特別使那些持正統派社會主義觀點的人感到震驚，他們覺得只有保皇黨的保守分子才會持這種看法，以後的歷史學家鑑於史達林的隨後戰略，必不敢確定羅素和保皇黨保守分子的見解錯誤，這乃意料中事。

最後值得我們注意的是，羅素指出：「歐洲所有危機四伏之地，目前或許以波蘭為最……德蘇聯盟再來一次新的瓜分，並非不可能之事……一切能做的事情史達林都做了，以表示原則上的問題，他和希特勒是屬於一丘之貉，我相信，只要以傳統的犧牲做代價，它們二國間的差異就會被調合，史達林一定會樂意這麼做的。」

他這樣侮辱史達林，再度使那些佩服史達林的英國人感到異常震怒。

現在讓我們來做一段歷史的回顧：一九三九年的德蘇同盟條約，正是侵犯波蘭的前奏，亦即引起第二次世界大戰的開端，大家也許還記得，這個條約的締結，對於當時英國在政治見解上的昏暗無知，不啻是投下了一顆青天霹靂般的炸彈，但是羅素早在一九三六年就預言過此事，由此可知，羅素在預言方面眼光的非凡卓絕。在此，我要再度強調一點：那就是羅素在做獨立的思維時，他確是一位了不起的政論家，而在參與多數人之意見時，則恰好相反。

我想它的原因是這樣：羅素在寫作《和平之路》，也和他在其他許多有關政治的論述一樣，總是有點三心二意，只是這次的情形沒有其他幾次那麼明顯罷了。從前面我所引用的一些句子中，我們不難看出他的內心正在和平主義與現實主義之間掙扎著，在此書的序言中，他說了一句意味深長的話：「對於正確的政策，真正懷有疑心時，我才是一直屬於我自己。」但是，他也曾經一度專心致志為和平主義而效力，挺身為他的和平主義者的身分辯護，並舉例說明一個知識分子只忠於一種政治主義的危險，他不能再發表一些懷疑的言論，而使他的夥伴感到洩氣。從他相信戰爭實際上是無法避免以及下次戰爭之性質為何看來，他似乎已覺悟到以他個人一己之力，是挽回不了大勢的。（韋伯夫人在一九三七年就拿「精疲力竭」和「為錢煩惱」來描寫他。）因此他越發獻身於哲學和學術性的工作，先在牛津講課，並接受邀請赴美國的芝加哥大學和加州大學主持研究講習會。

一九三八年，羅素還是支持慕尼黑的和平主義者，他寫道：「在美國這裡，十個人中有八、九個都認為我們應該參戰，而美國應該維持中立——這種見解使我頗感不快。」他又說：「在一九一九年抗議捷克斯拉夫疆界劃分不公平的那些英國人，現在卻急於為他們辯護，此事真叫人稱奇。」但是一旦大戰爆發以後，英國有受到侵略之虞時，羅素便聲明放棄和平主義的立場，並進而表示，他要不是已超過兵役年齡，一定投筆從戎去參戰。他又說：「我認為和平是世界上最可貴最重要的東西，就這點而言，我依然是一個和平主義者，但是在希特勒逞兇且氣勢正盛之際，我不敢妄想這個世界會有和平的可能……倘若他有失敗的一日，這將是一切好轉的前奏，倘若失敗的是我們，那麼這個世界將會成為地獄，而且可能再度經歷一段漫長的黑暗時代。」

而他在一九四〇年七月寫信給他的一位朋友時說：「我們不斷地希望我們現在能身在英國——這種心情，正好像一個最親愛的人生了重病，而無法親自去看他一樣，但是為了孩子，為了不得不賺錢養家，我卻無法分身去探病。」大約在此時，他完成了《意義與真理的探究》一書，並且自剖地說：「我覺得此時此刻我能為世界所做的唯一事情是，設法盡一己的力量去保存我們將要滅亡的文明，希望千年之後再有文藝復興之一日。」

二十一、漂泊美國異邦

羅素客居在美國的那幾年，適逢二次世界大戰期間，這一段日子很可能是他一生中最不快樂的時期，起先他很害怕希特勒會獲勝。把羅素當作是個冷淡無情的邏學家的那些人，卻相反地找到了強有力的證據，證實羅素的心情，在第一和第二次大戰期間，他是時而趨於絕望，時而滿懷信心地渴望和平的早日來臨。在此國難多秋之際，他又被迫去國離鄉，更增加了他的愁悶，他寫道：「有時懷鄉之情簡直令人難以忍受，而貪圖安逸與個人之安全更令人感到萬分慚愧。」

他曾寫信給住在西佛滋的曲範良夫人打聽消息，看看他平日時常光顧的沙利森林區那種寧靜的氣氛，目前是否已被飛機的隆隆聲所破壞，並問她萊斯山上的樹木是否已被砍伐殆盡：「這些美景消失的念頭，時常出現在我心頭。」他也坦白地承認：「肉體和精神的煩悶是很難擺脫的，而我們陷入其中不能自拔，大多是在一種希望有所作為的衝動受到阻礙時所造成的，無法做任何有助益的事。這是最可怕的一件事，但是在這裡我確實做不了什麼。」

除了上面這些煩惱之外，他更面臨財源拮据的困擾，在戰時財源管制的條例下，他在英國的版稅收入已無法匯來美國，更不必談那一小筆供三個小孩讀書的教育津貼了，這是他經濟困難的第一個原因，其次是他變成紐約的羅馬天主教運動中的一名犧牲品，其詳細情形在英國仍然少為人知，因為戰時報紙版面縮小，所以很少報導這一類的消息。

一九四〇年二月，當羅素還在加州大學洛杉磯分校（UCLA）時，他被邀請加入紐約市立學院任教，但是由於他早已答應在一九四〇年秋季在哈佛講授威廉・詹姆斯（William James）的哲學，因此紐約高等教育委員會聘他為哲學教授，期限是從一九四一年二月一日至一九四二年六月三十日止，剛好是在他年屆七十退休的時候為止。

接受這個職位之後，他便將加州大學的教授職務辭去。但是在他剛要到紐約去任教時，紐約教會的主教威廉・曼寧（William T. Manning）馬上提出抗議，他根據的理由是：「羅素是一個公認的反宗教、反道德的宣傳者，他更為奸淫而辯護。」緊接著就是一位納稅人的騷擾，她控告到紐約最高法院，要求將羅素的教授職之任命撤銷，她是紐約布魯克林區一位牙醫師的太太，名字叫珍凱夫人（Mrs. Jean Kay），她的律師約瑟夫・高斯坦（Joseph Goldstein）把羅素的作品描寫為「淫蕩、猥褻、挑逗、好色、有毒、色情狂、誨淫、無神論、不恭不敬、小心眼、歪曲事實並完全失去道德修養等」。接著他又說：「羅素還寫過猥褻的詩歌，並在英國主持過天體營，且放縱同性愛，更重要的是，他根本不是一位美國的公民。」高斯坦更進一步地針對羅素的哲學說：「他是一個詭辯家……他藉狡計、把戲和詭計，利用模稜兩可之辭，發表荒謬的議論……他所有被認為正確的學說，也就是他所謂的哲學，只不過是粗製濫造、破舊不堪的便宜貨，裡面包含了迷信與計策，想藉此誤導世人。」

審理這件控告的法官是一位羅馬天主教教徒，名叫約翰・麥克基漢（John E. McGeehan），一九四〇年三月三十日那天，他宣讀了他那篇歷史性的判決書：基於下面三點理由，羅素的教授職終被免除，這三點理由是：

第一：羅素不是美國人，麥克基漢埋怨道：「其他的大學和學院似乎都能聘到美國公民來任課。」

第二：羅素在被聘用之前，並未參加任何競爭性的任用資格考試。

第三：麥氏宣稱羅素的書中，含有一些不道德和猥褻的學說以及汙穢的事實，並舉出羅素之鼓吹大學生相互結婚，和勸人婚前應有性經驗等為證。

有人為羅素提出辯護說：「畢竟羅素在課堂上教的只是數學、邏輯和哲學，與以上這些事似乎無關。」但是對於這項爭辯，麥克基漢也以他個人的看法，提出有力的答覆說：「一個學生的見解之形成，教師人格之影響比許多的三段論法還要來得大，儘管有人爭辯說，羅素是卓絕非凡的，但這只有使他變得更危險而已，如此一來他更能迷惑學生，並現身說法而加深他們的印象，那對他們生活上各方面的影響，將更具潛力。」

最後麥克基漢法官下結論道：紐約高等教育委員會聘請羅素當教席，實際上是設立了一個下流的羅素講座，同時更是擅自行事，獨斷獨行而直接侵犯了人們的公共健康、公共安全和公共道德。

其實這件控案，只不過是納稅人和紐約市政府機關之間的事罷了，因此羅素對這項指控是可以提出答辯的，所以他請求將他列入這件訴訟案的被告一方，但麥氏卻拒絕了。

起初各方面都認為，對麥克基漢的判決書，一定會提出上訴，但是紐約市長拉瓜地亞（**La Guardia**）基於政治上的理由，決定此事到此收場為宜，所以羅素也就失去了答辯的機會。

《紐約時報》聲言：「一旦羅素的有害影響獲得證實，他就應該辭職。」羅素答覆說：「要是只考慮到個人的興趣與嗜好時，我早就想辭職退休了，但是現在要是這樣做，不啻是表示懦弱和自私，因為很多人了解他們的興趣，容忍與言論自由的原則遇到危險時，他們都渴望能從頭繼續論戰下去，我要是太早就隱退了，這不啻是剝奪了他們論戰的機會；而且這樣做，也等於默許人家把那些有實力的人趕出公立機關，原因只是人家對這些有實力者的意見、種族或國籍感到討厭罷了。」

接著哈佛方面也受到壓力，要它取消邀請羅素去講授威廉・詹姆斯的哲學，幸好哈佛的校長和同事們都堅守他們的立場。懷海德此時已是哈佛的榮譽教授，前面提過，他在哲學上的見解與羅素早已分道揚鑣，而且他也常常對他的學生說：「諸位！羅素說我呆頭呆腦，我說他才是沒頭沒腦。」不過他卻與杜威、愛因斯坦和其他人聯合起來，為了羅素紐約大學教授任免一事，加入衛護論戰。

然而，羅素在哈佛的課程結束之後，又面臨了失業的困境，由於該案件之暗諷和誹謗之故，又掀起一股對他不利的浪潮，謠言和閒話滿天飛，尤其是對他過去在英國創辦的那所學校的風風雨雨，人們更是深信不疑，最後他走投無路，只好被迫出面澄清，加以否認，他說：「我從未感到我應該對上帝所創造的一切感到可恥，但這並不是說，我的孩子們和我在校園裡光著身子到處亂跑。」他又說：「雖然我在英國曾有過通姦的記錄，但是既然當時英國的法律不允許讓人離婚，所以英國的法律比起我來，應該受到更多的指責才對。」

羅素的經濟困境，憑藉一位奇人——百萬富翁巴恩斯（Dr. Albert Barnes）的幫忙，才獲得一時的解脫，巴氏請他到賓夕法尼亞州，對巴恩斯基金會發表「哲學史」的講座，於是羅素便和家人搬到費城之西約二十五哩的地方，一個名叫小戴得契的舊農場，在那裡他發現到：「東部各州的人們對英國人都很親善，由於我們國籍的緣故，每個人對我們都很慇懃。」他還有一些來自英國的朋友——包括朱利安・赫胥黎——去看他，使他獲得有朋自遠方來之樂；此外他也去看被邀請到普林斯頓講課的摩爾（G. E. Moore），見過這位老朋友後他說：「摩爾完全像過去一樣，很迷人，也很鎮定。」

很不幸地，擺在他前頭的煩惱依然是層出不窮：起先是他罹患了嚴重的傳染病，全身反應越來越遲鈍，人家還警告別讓他單獨一個人穿越馬路，因為那是很不安全的。然後在一九四三年一月，他和巴恩斯基金會的契約突然被解除，而且他在前三天才獲得此項通知。

根據巴恩斯的說法是：「羅素在個人和職業上的德行，並未達到他職位應有的水準。」另外一個怨言也被報導出來，此乃埋怨羅素夫人佩特麗亞去聽她丈夫演講時，她那懶散的樣子使學生分心，然而事實上她是在忙著打毛線衣，為英國那些因戰事而流離失所的孩子織衣服。另一個原因是，羅素和路易士．費雪（Louis Fisher）辯論時，他批評了甘地對戰爭所採取的態度時說，要是允許日本征服印度，印度將會更糟，巴恩斯認為他這一番話，正是在替英國帝國主義辯護。

因此雖然羅素已年屆七十，對大多數人而言，早已超過了退休年齡，可是他還得養家，供三個孩子讀書，而他此刻又面臨失業。《時代雜誌》稱他為：「美國大學校園中，熟熱的哲學馬鈴薯。」他被人家的攻擊和閒語糟蹋得連大學都不肯聘他，報紙也不大願意登他的文章。他四周的人對他敵對意識之強烈，可由底下一事窺出：吉爾伯特．莫瑞曾寫信給他的一位身分地位很高的美國朋友，請他幫助羅素，而那個人的答覆，就像他哀求莫瑞一樣，信上說，要他管到羅素的事情，那未免要求得太過分一點。

羅素也反告巴恩斯一狀，控告其無故將他解聘，而後他雖獲勝訴，那筆賠償費還是一拖再拖，直到三年後才付給他。審閱時，羅素說他前八個月的總收入才七百八十一英鎊，當法官說他或許是自己不想找工作做吧，他反駁道：「你認為我不想設法賺錢嗎？我才不是那種哲學家哩！」

羅素即使身處絕望之境，受到金錢的壓迫，又在異邦受人孤立，但是他的精神仍然不屈不撓，他還是高高興興地告訴一位記者說：「目前我的收入比我的所得稅還少，看政府如何處理這件事，倒是蠻有趣的。」他寫信給英國的史坦利．溫恩爵士，因為溫恩對他作品版權的未來收入略有估計，羅素要溫恩將這筆錢預支給他，好讓他兩個較大的孩子在美國完成大學教育；其次，羅素也想把他在巴恩斯基金會的演講稿付印出書，因此他也先從一個美國出版商那裡預支了一筆錢。

這本書便是在如此動盪不安、悶悶不樂的環境下，出現的一部傑作，其書名是《西方哲學史》，副標題是「及其政治與社會環境之關係」。由第一流的哲學家本人，親自執筆寫這種書，這是西方哲學史上從未有過的事，為了寫這一部淵博的哲學史，羅素曾慎重地對他所要研討的哲學家的作品一再地閱讀與詳加研究，他這種嚴肅的治學態度是很少有人能趕得上的。羅素夫人佩特麗亞事後也提到，她為了替她丈夫收集不同哲學家的全部版本，曾費了九牛二虎之力到處去尋找，因為通常在美國流行的哲學家選集都不夠理想。

為了要寫此書的中間部分，羅素對於那些很少有人做過詳細研究的中世紀天主教哲學家也鑽研起來，他說這些哲學家雖然愚鈍，但卻比他所意料的要好些。當然對於羅素對他們的批評，天主教徒是絕不會完全贊同的，因此有一件很有趣的事值得在此一提，當我批評此書關於中世紀這部分過於冗長時，羅素極力反對，他堅持中世紀某些作品的重要性和它的價值。

《西方哲學史》這部書可說的優點真是不勝枚舉，因此現在我只準備討論它的缺點。

一部分量如此重的著作，是難免會有一點瑕疵的，那些康德的崇拜者一致認為，談到康德那一章是全書中最差的一章，羅素寫到康德的行為準則時——亦即康德認為某一行為之是否正確，可由我們每個人是否也願意那樣做，便能測出——他說：「康德曾舉例說，向人借錢是不對的，因為假使我們每個人都要這樣做的話，以後就沒有錢可供出借了。」康德派的信徒們立刻提出抗議說，康德從未舉過這種例子，我也準備相信他們的話，我當然不想為了這句話，再去讀遍康德的作品。

另一個更有意思的錯誤是發生在論柏格森那一章。前面已約略提過，這是羅素在劍橋對異端者所發表的有名演說，如今一字不改地全部收入此書中，例如他在一九一一年向那些劍橋異端者演說時，中間有一段休息，好讓他自己換一口氣，也讓聽眾停下來思考，結果該章就這樣，也分成前後兩半。羅素在這次演說中，把柏格森哲學批評得一文不值，說他「對主觀與客觀混淆不清」、「未能明白地分辨認知與已知的區別」。在這個問題上，羅素在採取中立一元論的看法後，他的主張已有了改變，但是他批評柏格森的文字卻一字不改地重列在這部《西方哲學史》中，而在下一章中，他對威廉·詹姆斯卻稱讚不已，為的是他否認主觀與客觀之間，有任何根本上的區別。（註：然而這一點對於羅素批評柏格森對記憶的見解方面之正確性，毫無影響。）

前後不符是羅素的弱點之一，在這裡我們可以舉出一項有趣的例子，不過這是純粹從作家的觀點看，他才有此缺點。他是文體方面的高手，他在這方面的成就，足以使他在英國散文文學史上占一席位，但是很可惜的是，他的書多半是無關聯的各章集合而成的單行本，毫無上下連貫可言，當然這是他採用個別分析的方法去探討問題以及摒棄一元論所造成的必然結果。從此書的副標題來看，每個人都期待這部《西方哲學史》的重心是放在哲學家的見解與其所處時代環境的關係上，可是在這方面，他並沒有得到某種一般性的結論。不過，他反對激進派馬克斯學說把哲學家也當作是經濟力量的產物，這點他是對的；他說從歷史的觀點來看，哲學家是歷史之因也是歷史之果，此點他說得更是正確極了，不過人們並不把這一類不像結論的結論，當作是連貫全書各章的主題來看待。

事實上，儘管羅素對於那些哲學家及他們的時代，做了不少啟發性的評論，他這本書並沒有照原來的計畫去寫，而有些哲學家他也根本忘記了討論他們所處的時代環境。不過他此書最大的優點之一，是他為哲學界開了先河，把哲學史編纂成一冊，這的確是寫作上的一項成就，當他覺得他這本書寫得不夠豐富時，顯然他是太謙虛了，他還擔心此書不知能否經得起其他方面的考驗。把它當作一本書看，固然有它的缺點，把它當作哲學史來看，優點卻很多，甚至連前面的缺點也變成優點了。他對每個不同的哲學家所做的最後結論與評語，是寫得相當好的，但是有時他為了要顧及藝術上的連貫性與一致性，而把這些簡化為一個清楚扼要的學理，那時這些總結與評語就有點無法盡情發揮。批評他的人常認為「分析即意味著虛偽」，但從大多數的情形看，一貫性才是虛偽。

一九四四年初，羅素終於獲得了機會，回到他念念不忘的戰時的祖國，他的母校劍橋三一學院也邀請他回校授課，於是羅素便搭了一艘貨輪回國了。一上岸，他就先前往西佛滋去拜訪曲範良家，他走出屋外，站在庭院的草坪上，再度看到了沙利山崗和山上樺樹的一片美景，不禁心曠神怡，渾身舒暢。他再有機會跟英國的朋友們開懷暢談，更是快活無比；他跟羅伯特・曲範良出去散步，不久便開始談到神學了。

羅伯特以他一貫的沉思貌慢吞吞地說：「問題是……我對上帝……似乎提不起興趣來。」羅素立刻應道：「彼此，彼此。」接著是他們的笑聲響徹在山崗之間。

從現在看來，羅素被邀回劍橋似乎是很自然的事，所以當我們知道甚至在當時的英國，羅素還被人視為無法無天的人物時，也許會驚奇不已。李特伍德教授早就試探過把羅素列入三一學院的名譽教授的可能性，但卻遭遇到強烈的反對而吃驚不已。然而不久之後，羅素卻以名譽教授應邀回來講學。

羅素歸國之後，英國國家廣播公司（BBC）有一段時間也表示不歡迎，起初就有點不大願意請他上電台的樣子。羅素也寫道：「BBC不要我，但是還好我是寧願回到三一學院教書的。」

在結束本章之前，為了使氣氛輕鬆一下，我們不妨先來談談羅素回到英國之後，他所注意到一項改變：他發現人們最器重的哲學家是喬德氏（C. E. M. Joad）。

偉大人物最驚人也是最常見的特色之一，就是他們經不起小人騷擾的那份「雅量」。例如未來的歷史學家將會懷疑邱吉爾為什麼會經不起一位名叫辛威爾（Shinwell）的政治家的批評而感到焦慮不安一事；同樣地，我想後世的人對於羅素極其輕視史密斯（J. A. Smith）和喬德這般小人物的作風，一定樂於回憶，並藉此證明天才不致於使他失去人性。

喬德是個具有許多優點的人，他要是生長在一個不同的時代裡，也許會變成一個誠摯的思想家和精明的教師，很不幸的是，他生在這一個特殊的時代，而當時英國左翼知識分子所有的最大缺點差不多全集中在他一人身上。在第一次大戰期間。他也是個和平主義者，但他受不了監獄和窮困之苦，而找到了一條妥協的滿意途徑——在政府當一名文官。二次世界大戰期間，他也像羅素那樣，改變和平主義的主張，不過羅素認為自己過於年邁，不能親自上戰場，所以他認為自己應該忍住鼓勵青年人去打仗；而喬德卻為戰時公債的集會發表演說，並從事這種活動，他在宣布放棄和平主義後，馬上便收到了一筆豐富的酬金。起初只有少數人曉得他是《新政治家》雜誌所器重的作家，專寫一些荒謬不經的文章，在哲學上他是一個想藉著蓄鬍子、談「性」問題，以引人注目的流俗人物，而英國廣播公司卻把他安排在「智囊團」的討論節目裡，作為號召人物，並施展絕技，把一個二流人物改頭換面，成為舉國上下皆注目的名人。喬德還每週替《星期快報》寫文章，該報把他描寫為「英國第一把交椅的哲學家」。

我們難免要同情喬德，他是個頭腦清晰的思想家，但卻缺乏獨創性的思想。他突然之間被推進燈光閃耀的舞台上露面，但是成了一個無話可說的人，因為他的人生哲學都是轉手貨，他的概念均竊自羅素和蕭伯納。但儘管如此，他也有他的貢獻，因為他曾激起那些原先對哲學不聞不問的人開始對哲學產生興趣。不過，羅素對他既不同情也不敬佩。他對喬德的假冒行為恨之入骨，並稱他為「騙子和文抄公」，而「文抄公」這個綽號是指喬德有時從羅素的著作中竊取一些概念時，未得允許便擅自納為己有，並當作自己的作品發表。當有人邀請羅素替喬德的一本書作序時，羅素又顯露了他典型的機智而回答一句：「不敢當。」

喬德有一次坐火車沒買車票，並向查票員撒謊，說他是從某站上車，從此以後，他在英國廣播公司方面也失寵了。到了晚年，他越發拋棄左翼的論調，最後加入英國國教。羅素批評他說：「喬德丟了火車票之後，卻找到了上帝。」當羅素聽到傳至美國的一則謠言，說他也受了喬德的影響而皈依正教，他更是怒不堪言。

二十二、由反叛到受尊敬

羅素回到劍橋時曾受到英雄崇拜似的歡迎，雖然開放了最大的教室供給他講課，但是室外仍然有很多學生在大排長龍，不得其門而入，這空前的盛況與當年只有三個學生的他，真是不可同日而語。回到劍橋後，他再度碰到了許多當年的老友，如摩爾和布羅德，以及哈代與李特伍德。唯一不歡迎他回來的，大概只有維根斯坦一人，他已經繼摩爾之後，成為劍橋的哲學教授，但是他擔任這個職位，也有他的苦衷，因為除了他自己的哲學之外，也要講授其他哲學家的東西，而他對其他哲學家的東西，實在提不起興趣。

維根斯坦對羅素似乎有很強烈的敵意，譬如說，他看到美國的《當代哲學家叢書》中羅素那一卷的封面上，印有羅素的簽名，他就感到討厭。雖然此叢書中每卷上面都同樣印有某位哲學家的簽名，但看起來卻不會像羅素的那麼刺眼，可能是因為羅素的也在裡面，所以對維根斯坦而言，這套叢書顯然都帶有虛飾的味道。當然，他對此表示異議是不太講理的，但一般說來，維氏在反對某人或某件事時，並非是經常講理的。譬如：他對愛丁頓爵士（Sir Arthur Eddington）就恨之入骨，稱其為「虛偽之徒」，並且說：「我寧願自己身處地獄，也不願與愛丁頓共居於天堂。」但是沒有人知道維根斯坦討厭愛氏的真正理由何在。又有一次，他在三一學院的教職員宿舍花園中散步時，他看到雜草中長有幾棵鬱金香，因而勃然大怒，說這些花看起來很「不自然」。

維根斯坦的房間一度沒有購置椅子，因此去他家的每個人，不是站著，就是斜靠在躺椅上，此外他不是在咖啡館，就是提早到學校餐廳用餐，原因是他不耐與其他教職員同桌進餐。

羅素不但在三一學院任教，也到倫敦的上議院去聽取討論報告，有時他也跑到漢普斯特與朱利安・赫胥黎（Julian Huxley）共渡愉快的晚上，有一次，他們二人都動了念頭，想整理《舊約》中的一些原文，以證明《聖經》的道德教誨的自相矛盾處，這時他們二人甚覺愉快。赫胥黎後來曾評論道，近代對《聖經》有研究的人，幾乎全是一些理性主義者（Rationalists），這確實是一件奇事，而他承認自己對《舊約》也懂得不少，但他不得不承認，他所懂的沒有羅素那麼多。

一九四五年的大選，工黨壓倒性贏過邱吉爾而獲勝，羅素也因此而充滿了高興之情，但他並無政黨政治之短視，也不因此就貶低了邱吉爾的成就，他說：「無疑地，邱吉爾是一位偉人，一位非常了不起的偉大人物，我對他有熱烈的欽佩之忱。」當然，羅素對邱吉爾的佩服是二次世界大戰以後的事。（註：一九二七年羅素講演「為什麼我不是一個基督徒」時，對於宇宙乃上帝設計出來一事，也加入論戰說：「你是否認為，假如天賦予你無所不能、無所不知的力量，要你在百萬年之中改善這個世界，使它達到盡美盡善之境，你的功績會勝過三K黨、法西斯主義者和邱吉爾呢？」而羅素在重印這份講稿時，已把此處邱翁之名刪去了。）儘管羅素一直批評邱翁是個保守黨員，但他卻承認邱翁是個誠懇的人，「不是像鮑爾溫（Baldwin）那種油腔滑調，笑裡藏刀的無賴漢」。

當邱吉爾的《第二次世界大戰回憶錄》問世時，羅素的評語是：「邱吉爾的自負，並不令人討厭，而且也是無害的，假如你明白我的意思，你就曉得……他的主張並未踰越權限，此乃偉人一貫之作風也。」

工黨政府得勢之後，羅素那段快樂的日子，也隨著第一顆原子彈投於廣島而結束了，他寫道：「從大選到原子彈投下這段時間，我一直都快快樂樂的，但是杜魯門鞭策英國政府，將使它放棄原有的一切計畫……」

「原子彈使人不得不對所有事情，重新加以考慮。甚至在一九四〇年的我也沒有像現在這樣，感到人類的前途如此黯淡悲觀。一切的發展都指向美蘇之間的戰爭，而我們英國現在僅是美國的衛星國罷了，美蘇雙方將會使用原子彈，而最後一切將化為平地，一無所存。」

當他回到英國，他發覺這個國家正一窩風地羨慕著史達林統治下的蘇俄，他也曾在橫渡大西洋的貨輪上，聽到水手們肆無忌憚地高唱「紅旗歌」。而羅素也是第一位預言戰後美蘇將會決裂翻臉的先知，早在一九四四年八月，他與瑪麗‧伍德（Mary Seaton Wood）會晤時，曾說：「依我看來，恐怕還會再有一次世界大戰。」一九四五年十一月，他在談到東歐的事件時說：「共產黨之殘暴無人道和納粹簡直如出一轍。」

在這種情況下，羅素把當時唯一的希望寄託在工黨新任外交部長貝文（Bevin）的政策上。他在上院表示：「不管是對外還是對內政策，我是當今政府一位全心全意的支持者。」（杜魯門政府並未干預英國的內政到羅素所害怕的程度，一部分原因是美國有點怕蘇俄。）羅素又說：「我並不認為求取俄國合作的方式，僅止於說說表示而已，我認為我們絕對有必要保持堅定的立場，這是關係大家存亡的問題。」

早在一九四五年，羅素也預言會有氫彈出現，他曾告訴上院說：「現在的原子彈可以用來試爆氫彈。」有人提議把製造原子彈的祕密告訴蘇俄，羅素對此建議不但深表反對，而且還警告說：「這僅是短時期的祕密，幾年之內俄國人不用說也會製造原子彈，其性能跟現在美國的原子彈也是一模一樣。」

同年，他在《曼徹斯特論壇報》上寫道：「我們必須要盡力使美國占優勢，我們希望美國能強大到，單憑一國的軍力來阻止另一次大戰的爆發。」顯然這時期的羅素正在熱切地期待，藉一個較民主的國家的權霸之力，以達成「世界政府」人類一家的理想，他一直維持以上的信念，直到蘇俄也會製造核子武器時，他的這個理想才變成了泡影。

韓戰發生時，羅素支持西方和西德的重整軍備，他說德國對世界已不會再構成威脅了。和平的最大希望乃是美國所領導的民主集團，能否明顯地比蘇俄的共產集團強大。「現在唯一要做的事是盡量設法防止核爆，希望時間能使人類變得有智慧一點。」

在許多主要論點上，羅素現在已經沒有什麼懷疑了。

他說：「假如要我在蘇俄的共產主義和美國的資本主義之間做抉擇的話，我一定會毫不遲猶地選擇後者，因為美國有一個民主的政府，而且也有個人的自由。」他還補充說，他所以替資本主義講話的最大理由是，因為它把政治權力與經濟權力分開——他在這裡所強調的，已經和他在《自由與組織》中所寫的完全兩樣了。同時，羅素還進一步地為美國的生活方式辯護，比起以前來，更是有過之而無不及，他說：「就唯物化一詞的通俗意義而言，從任何角度看來，我不認為美國人會比其他國家的人更唯物化。我們以為他們崇拜『金錢萬能主義』，這只是因為他們已經成功地獲致財富。但是假如有一位貧窮的貴族或一位法國的農夫為了金錢而做事時，卻會嚇壞每一個正派的美國人……」

但是儘管他對美國人的國內生活有以上如許的好評，但是對美國的外交政策，他卻做了最嚴厲的批評，他說：「中國大陸本來是不會變成共產黨的，但美國人卻沒有給他們留個餘地，只叫他們在共產主義和腐敗的蔣介石政府間做抉擇。在外交方面，美國人比英國人還要無知二十倍，由於毫無經驗而造成的錯誤，簡直可以和十八世紀時的英國相比。」他說：「透過聯合國，我們應該是可以控制美國的，因為他們經常想顧全自己的面子問題──畢竟他們都是清教徒的後裔。」

他也挺身出來反對麥卡錫主義的恐怖統治，在一九五〇年，他說：「美國現在已經變得很『歇斯底里』（Hysterical）了。我們應該高他們一籌才好。」

他斷然批評美國，正如他過去對蘇俄的批評一樣，但此舉並沒有使他逃過共產黨徒的攻擊，尤其是報載他提倡對共產主義做一次「預防」戰時（事實上羅素並沒有做此聲明，只是共產黨徒自己神經質而已），更受到他們的抨擊，莫斯科電台稱呼他為：「這隻哲學化的狼，牠的晚禮服把牠所有野獸的獸性本能都隱蔽起來了，怨恨、謀殺、互相殘殺似乎就是這隻披上哲學家外袍的禽獸，所要傳布的基本倫理原則。」而共產黨的機關報（《Cominform日報》）也把他叫做「英國食人者的意識型態論者」。

羅素不但需要面對外來的攻擊，在國內，他也必須面對輿論的攻訐，除了那些史達林的宣傳者含血噴人地把羅素臭罵一頓外，《新政治家》（*New Statesman*）也大罵羅素說：「羅素已斷言，把炸彈投在莫斯科，就道義和政治立場上看來，都是好的。」為此，羅素帶著他的律師一起登門造訪《新政治家》，而該雜誌也發表了羅素的一封長信，信中均是摘錄他實際批評蘇俄的話。

我們可以預料到，他從前一些左翼的朋友，在沉痛之餘，必然會責備羅素，說他善變自己的主見，以迎合輿論。我不認為，任何一位曉得羅素早在一八九六年便如何批評馬克斯主義的人，或任何研究過德國社會民主以後，他在見解上如何逐漸進化的人，會相信這種譴責羅素的話。他已深信「狂熱主義」（Fanaticism）往往是罪惡之源，而壞人就利用「成功」為餌，使一國之人心上鉤，以適合他們的企圖，為此之故，他雖然反對重整軍備對抗希特勒，但卻不反對整軍以抵抗史達林。

他的見解的確已有了轉變，而這點說明了，羅素希求乎眾望的說法固然滑稽可笑，但若是說他的見解一成不變也是大錯特錯。

英國外交部對他的態度也的確已有了改變，一九一六年他要赴美，外交部拒絕給他簽證，但現在卻催他到柏林及國外各地演說，因此在這幾年之中，羅素既不倦又不停地到各國旅行講學，其活力之充沛猶如三十多歲的壯年人，而其間所發生的最富戲劇性的一段插曲，是發生在一九四八年十月，年屆七十六歲的羅素在挪威的一次飛艇遇難中，居然生還。

在他登機時，人家就告訴他只許在後機艙室抽菸，他說了一句：「我不抽菸會死。」之後羅素就到後機艙室去。飛艇著陸時，羅素感到一陣頭昏，所以就把安全帶解開，外面突然刮起一陣大風，飛艇撞到了水面，一個顛簸便告傾斜，水也隨即灌入。羅素發覺自己正坐在地板上，四周飄浮著一些帽子和外衣，起初他還以為只是一個大浪破窗而入，沒想到事態嚴重，他還自言自語說：「還好！還好！」於是開始找他的帽子，但已經找不到了。

乘客們紛紛由後門跳海逃生，大約二十碼外，已有一艘船停泊在那裡，羅素朝著它游過去，事後人家才發現前機艙有十九人已淹死。人家用車子把他載到旅社，給他白蘭地和咖啡喝，因為他沒有衣服，所以就馬上上床睡了，英國的領事拿了短襪和一件襯衫給他，副領事也借了一套衣服給他，接著就有記者來看他，他告訴他們說：「我覺得我只游了一分多鐘而已，對於一位有七十年的游泳歷史的人，這算不了什麼。」

有一位記者從哥本哈根打電話問他，在水中時他有何感想，他回答說：「我所想到的只是海水很冷。」這位記者緊接著問：「難道你沒想到神祕主義和邏輯嗎？」

羅素回答一聲：「沒有。」接著就把電話掛斷了。

吉爾伯特．莫瑞（Gilbert Murray）也寫信給羅素說，年紀已這麼大了，還能在冰冷的海水中游泳，實在要得。另外他還補充說，羅素這條命，是他們年老時比賽戒酒撿到的；羅素回信告訴他說，恰恰相反，他這條老命是上岸後，人家給他白蘭地，才撿回來的。

羅素在描述他這幾年的活動時，寫道：「一個星期有六天，都是我口述給祕書去寫，星期天我就到一個地方演講——我希望史達林快點繳械，好讓我能夠閒下來。」但是並非他所有的旅行都是在忙於公事，有一次他和夫人佩特麗亞（Patricia Russell）在西西里島的道敏那（Taormina）海岸與藝術家朱利安・曲範良共渡愉快的假期，這位年輕的藝術家是他的老友羅伯特・曲範良（Robert Trevelyan）之子。

有一天晚上，羅素與朱利安及他的未婚妻瑪莉・費登（Mary Fedden）共坐一漁船出海，然後在海灘上野餐，他們烤著魚吃，把酒埋在溼沙之中，涼了再飲，朱利安又跑到一塊岩石上坐著，為他們吹奏雙簧管，羅素像往常一樣挺著身子，坐在漁夫那個弄反的籃子上，盡情地享受著生之歡愉，事後他回憶說，那天晚上給他的樂趣，真是幾年中最難忘懷的一次。他以非常誇大的口吻說：「那天我酩酊大醉有如貴族，但是那時我已經是貴族了，所以恰如其分，不是嗎？」

此時佩特麗亞最終和他分手了，她單獨先回英國，接著就正式離婚，這是他第三次婚姻的結束。

羅素的婚姻，每次的破裂都給他帶來了痛苦與心靈的創傷，雖然表面上，他總是說說笑笑來隱藏內心的痛苦與悲傷，這是他為人的特色之一。有一次，有人說，他聽到羅素的兒子訂婚的消息，甚表驚訝，因為他原以為羅素是不相信婚姻之事，羅素卻說：「別裝傻，你看我已經結婚幾次啦。」

在這一段期間內，羅素在英國的聲望蒸蒸日上，一九四八年冬天，他受邀到英國國家廣播電台做第一次的「雷斯講座」（Reith Lectures），講題是「權威與個人」，羅素在這一列系的演講中，支持工黨的基本工業國有化政策，但大體上而言，他還是保護個人以對抗權威，他說：「世界政府的權力應限制到足以消除戰爭即可，而一國的政府應盡量把權力交給地方政府，餘者類推。」他也讚揚路易士的「合夥共治」（Partnership）這種工業民主制的試驗。

一九四九年六月，他獲得了英國的「功績勛章」（The Order of Merit），此乃由英王頒贈之最高榮譽。

當羅素前往白金漢宮接受這項授獎時，喬治六世顯然有點不自在，這是第一次，由一個英國國王親自把一項至高無上的榮譽頒贈予一位曾經在他的監獄中坐過牢的人，而且此人的見解與行為正是以國王為首的國教所憎恨的對象。喬治六世對羅素說：「他們告訴我，你過的是一種很富於冒險的生活，但假如每個人都設法要過這樣的生活，那也就無冒險可言，你說是不是？」羅素本想回他一句：「並非如此，你的哥哥溫莎公爵就曉得的。」但他還是忍住沒說出來，於是他換了一句話回答道：「假使每個人都到處去敲門，也不致於影響郵差敲門送信吧！」喬治六世只好改變話題。

喬治也實在令人同情，因為不久之後，人家又請他把一枚「功績勳章」頒贈給羅素的好友摩爾。要使他們之間的談話能繼續下去，不致冷場，顯然是有困難，摩爾也設法幫他找話題，提出幾位他以為英王可能會曉得的劍橋人物，如羅素和維根斯坦，但是國王只得坦白承認他從未聽說過維根斯坦這個人，至於談到羅素，他的唯一評語是：「看起來有點古怪的人」。

二十三、旅澳之行

一九五〇年，羅素到澳洲去訪問，這是他一生中，最有趣的旅行之一，雖然這時他已經是七十八歲的老人了，但他仍然具有年輕人活躍的興趣，不像康德把他的一生完全拘限在哥尼斯堡，羅素是一位隨時準備去做新的旅行與接受新的經驗的哲學家，這正是一個好的經驗主義者所應具備的條件，他經常喜歡向未知的領域冒險，有一次他說：「能夠去發現一些新的事物，難道這不是很美妙的事嗎？」

澳洲的墨爾本，有一位富商叫愛德華．狄亞森，他自己設立了一筆委託基金，目的是邀請海外的名學者來澳洲講學，雖然那時候羅素已年屆七十八歲，但他很乾脆地接受了這項邀請，以興奮的心情來到這個新的國度。因為過去從未有過像羅素這種身分的人來到澳洲，所以為了迎接他的抵達，引起了一陣煞費周章的準備，原因是最近在澳洲發生過幾次共產黨的示威運動，所以他們特別派了兩名警察，一位是巡官拉尼漢（Lanighan），另外一位是偵探萊特包頓（Lightbottom），保護他的安全。政府方面派了一位外交部的高級代表李察・格林尼希（Richard Greenish）到雪梨去迎接他，並負責從頭到尾陪伴他到澳洲各地去旅行，但是實際負責安排羅素訪問日程的是國際事務協會，他們在羅素尚未抵達時，就鄭重其事地指示有關方面下列幾點：

「他不喜歡成為正式的官方貴賓。」

「他寧願不要接受市長的歡宴和類似的大規模宴會。」

「他所喜歡的是一間浴室，這個我們已經為他準備好了。」

澳洲的新聞界總是在想辦法，誘使羅素說出一些荒謬大膽的話，因此雪梨的新聞記者在一九五〇年六月羅素抵澳之日，齊集機場，以熱切的心情等待著一場精彩的記者招待會開鑼，但是當天羅素的表現非常鎮靜，應付的技巧也十分老練，幾乎無懈可擊，他們故意提出自由戀愛的問題來難倒他，於是就問他說：「在澳洲我們有不少年輕的單身女性，關於你的見解我們也聽了不少，現在我們想請教你，鑑於過去一般社會的偏見，你覺得她們要怎麼辦，才能過一種更豐富的生活？」

羅素思索了片刻，然後笑著說：「我想我會為她們而支持一項大量移民的政策。」

除了善於應付新聞記者外，無疑地經過了長期的實際訓練後，羅素對許多困擾成名人物的麻煩，亦能應付自如，他會告訴那些簽名迷說，他不喜歡在紙上簽名，但不反對在他自己的著作上簽名。在宴會上，當那些打扮得過度考究的女士們，裝腔作勢地向他說，她們是如何欣賞他所寫的每一部作品時，他典型的回答差不多都是，問她們是否也喜歡他的《數理哲學導論》，有時她們會先眨一下眼睛，然後說：「是的，羅素。」於是他就淡淡地回答：「我是在監獄裡頭，寫出此書的。」並觀察她們臉上的表情變化。

由於上次去美國所得到的經驗，使他知道如何使自己的手免受大量握手的傷害，當有人建議他說，一個有名人物要避免握手最好的方法便是讓手變得軟弱無力，但是他卻反駁說，他所要做的是，緊緊地握住起先幾個跟他握手的人，直到他們大呼吃不消為止。

訪問過雪梨之後，羅素又飛往昆士蘭、坎培拉、墨爾本、阿德萊德和伯斯各地去講學和遊覽，他一共在澳洲逗留了兩個多月，他每到一地，不但要發表公開演說、上廣播電台，此外他還盡可能地撥出時間去增加見識，他說：「我幾乎羞於啟齒說，這是我生平第一次來到澳洲，因為我已經在世界上其他地方，浪費了七十八年的生命，這次能夠有機會彌補這項缺憾，的確使我感到非常高興。」

當他到了昆士蘭的綠島時，寄了一張明信片給他的孫兒，上面寫著：「祖父今天在這裡。」在坎培拉時，他與威廉・麥凱爾（William Mckell）有一次很成功的邂逅。威廉・麥凱爾過去是一位汽鍋製造商和拳擊選手，後來做了新南威爾斯（New South Wales）的工黨領袖，此時他已榮任澳洲的州長。羅素來到他的官邸，與他共進早茶，並且比預先安排好的時間逗留得更久，這時麥凱爾就拿史諾威河計畫的模型給羅素看，羅素深為它所吸引，這個計畫的內容是：穿過山脈挖地道，以便使該河能環島而行，而非直流入海。

實際上，羅素與他所碰到的人都相處得很愉快，他似乎已經有了一套應付人的訣竅，當一個頗負時譽的墨爾本俱樂部邀請他做榮譽會員時，使他感到很意外；當有人臨時公開宣布邀請「羅素伯爵，先生」時，他只是說：「顯然他們把我當作是另外一個美國人看待。」當一位新聞記者說：「羅素看起來很像一隻老於世故的澳洲無尾熊，只想到有趣的故事。」羅素看到這條新聞後，馬上跑到墨爾本動物園去看，無尾熊的樣子到底像什麼，回來後他向人說，牠們是最可愛的小動物，因此他感到很得意。

為了無所不聞起見，羅素比大多數旅客更想接近澳洲的心臟地帶，因此他由阿德萊德起飛，經過寒冷的平原和紅色的砂丘來到了愛麗斯泉，在那裡他買了一些阿蘭達族的土著藝術家的繪畫作品。後來他去參觀「空中醫學中心」，在這裡他親自聽到了來自澳洲內陸各地打來的無線電消息，他們藉著無線電話要求醫生診斷和治療，必要時也可以請醫生親自去應診，羅素凝神諦聽著，這時有人邀請他在無線電上說幾句話，但是他很謙虛地婉謝道：「他們不會喜歡聽我說話的，只需告訴他們說我正在以極大的興趣和羨慕的心情聽著就夠了。」

不管他是多麼地忙，羅素還是經常準備去接見一些新人。有一天在阿德萊德時，他接到了一包送到他旅館的書，寄這些書給他的人，是一位名叫亞瑟・賈斯克（Arthur Gasc）的老人，過去他也是一位費邊社的社會主義者，一八九八年時來到澳洲，他曾寫過幾本諷刺阿德萊德一些自大的居民的小說，羅素很喜歡他寄來的書，所以他堅持要去見見賈斯克，一見之下，二人立刻成為一見如故的朋友，他們在談起往事時，羅素顯然很高興他能在回憶中重溫十九世紀急進主義者的舊夢，並追憶在教堂勢力仍然很大的當時，竟敢做反教堂的宣傳運動。見過賈斯克之後，羅素說：「賈斯克是他在澳洲所碰到的人中，給他印象最深的人。」另一方面他也給了賈斯克一生中最快樂的一天，當羅素要離開阿德萊德時，賈斯克寫信給他說：「你像閃電般地進入我的生命，然而現在天空又變成了十分黯淡與空虛。」

此外，羅素也樂於幫年輕人的忙，例如有一次在墨爾本，有一位初出茅廬的小記者遲到了，以致錯過了羅素的記者招待會，羅素看出了他沮喪的心情，便給他一個特別訪問的機會。在另外一個城市裡，羅素聽說在他熱心的聽眾中，有一位是某機構的年輕祕書，他剛剛獲悉了自己妻子得癌症的消息，因此羅素就設法把他找出來，與他單獨談話，並設法灌輸他生之勇氣。

有一天羅素在墨爾本大學的麥克瑪宏．波爾教授（Macmahon Ball）家中做客時，波爾教授預備讓他在午餐前休息一段時間，因為起先波氏以為他可能很想休息，但是後來看見羅素顯然談興很濃的樣子，於是就叫他十三歲的小女兒珍妮去和羅素談話。起初珍妮帶著敬畏的心情戰戰兢兢地前去羅素那裡，但是過了一會兒波爾教授卻發現，她的女兒正以很輕鬆自在的樣子在愉快地傾聽著羅素講話，原來羅素先告訴她自己小時候與格萊斯頓喝酒的一段經驗，然後再拿一連串有趣的故事來娛樂她。

在訪澳之行中，還有一個人是必須要提到的，他就是外交部派來的嚮導——李察．格林尼希，他們二人不久彼此就變得很熟了，在歡迎會上每次碰到過度虛飾或擺架子的人，二人就會不約而同地說出他們之間的暗號「哼（Humph）！」到了晚上，羅素偶而會吟誦一些粗鄙的五言俗謠，來娛樂格林尼希，其中有些因為太粗俗了，而使格氏有倉惶失措之感，不過他還是利用香菸盒的背面把它們記錄下來。

澳洲許多大學自然都利用羅素蒞校參觀時，舉行討論會，在會中他可以和教授們及少數精選出來的學生研討哲學方面的問題，但是這些「哲學研究會」並非經常是成功的，例如有一回一位不修邊幅的教授，他喋喋不休地長篇大論，而且對羅素的簡明回答又不能了解，因此使羅素感到很煩躁，離開會場時，羅素憤怒地低聲道：「這個人甚至在開始時就不了解我，無論如何他應該去沖洗一下。」還有一次在一間不收學費的大學舉行的討論會，也不大成功，事後羅素的批評是：「無疑地，這是一間自由的大學。」

我們必須公平地說，澳洲的評論界對羅素所做的批評，並非完全是一面倒。例如有一位澳洲大學的講師在批評他的《西方哲學史》時曾說，「說實在，羅素懂得還不夠多，當遇到需要有獨創性的專門學問才能解決的地方，他往往會茫然不知所云……」

在澳洲羅素對未能引發更多的學術爭論一事，可能使他感到有點失望，無疑地，在訪澳之行中，他最得意的傑作之一便是略施小技，使一位羅馬天主教的大主教不得不向他公開道歉，這種事在他的一生中確實是難得有的事。

這位大名鼎鼎的墨爾本總主教名叫曼尼克斯（Mannix），他對邀請羅素來澳訪問頗為反感，他說：「我們不應該讓羅素到澳洲來販賣他的『無神論』，這點美國已經知道得很清楚。」

大主教很驚訝地接到了從羅素那裡打來嚴厲責備他的電報，這份電報是由他和格林尼希二人所編造的，內容是：「我要你對你那不實的言論，馬上做一次公開的道歉，就我所知，美國政府從未拒絕允許我進入美國。」曼尼克斯立刻答應了羅素的要求，他解釋說，他說的是實話，只是所根據的資料不可靠。

要是澳洲的記者們老是期待羅素自己故意發表一些挑逗性的言論，那麼他們定會大失所望，在澳洲他最不滿的是白人對待當地土著的態度，他親自與一些土著談過話後，才驚訝地發現：「雖然在參加韓戰的澳洲志願車上享有平等權，但是同樣的一個人，卻因為膚色的緣故，而不得進入旅館。」他接著說：「不管是一般人的感覺還是代表政府的警察，似乎都無意讓土著們享受基本的平等權利。他們部落的組織泰半都解散了，他們之中的有力人物都被削弱了權利，他們之中有很多已經變成無家可歸、無依無靠的人，然而這並不是由於他們自己的錯而導致的。」

羅素開始啟程訪澳後不久，韓戰就開始爆發了，在澳洲這塊充滿太平寧靜的環境，一般人是不大會想到戰爭的，可是有一度羅素卻很害怕韓戰會成為第三次世界大戰的序幕，因此他甚至想馬上回去英國與他的孫兒們重聚，並且打電報要人在遠離倫敦的偏僻地區為他們找一間房子。有人報導說他告訴一位訪問者：「我認為俄國將會參戰，同時我以為第三次世界大戰將會繼續十年……所有住在倫敦的人，可能不會有殘存者。」但是羅素又說：「三次世界大戰之後，火地群島（**Tierra del Fuego**，是南美洲南端的一個群島，分屬阿根廷及智利兩國）仍會有人活著，這裡的愛麗斯泉也會有殘存的人類。」

羅素認為澳洲縱使目前可以避開戰爭的危險，但是仍須面臨亞洲人侵犯的長期威脅，因此他提醒澳洲人，中國與印度擁有百倍於澳洲的人口，並且說：「澳洲能偏安一隅的時代已經過去了。」

他又說：「澳洲人在促進發展上，必須做百倍於前的努力，你們必須製造雨水，你們必須灌溉水利，你們必須鼓勵人民開發那些荒蕪的處女地。」他預言，只要透過政府方面充分地鼓勵，科學家們必能發現增加雨量的方法。

擬定一項強有力的發展政策，那麼在未來三十年內，澳洲的人口便能由八百萬增加到五千萬，到二十世紀末將會增加至一億人口。

大規模的發展顯然需要由政府來行動才能完成，正如一八九五年的旅德、一九二〇年的旅俄與訪華一樣，在澳洲，羅素又表現了他那透視一國本質的奇特才華。他說最糟的是澳洲最需要做的事情都必須在鄉村完成，但是政治家卻泰半受城市的影響，因為城市的投票者占絕大多數，同時他又指出澳洲人的矛盾乃是個人信念與集體主義的必要二者之間的衝突，這是了解澳洲的政治最需記住的一點。

美國的歷史比澳洲大約早了一百多年，他們之間明顯的對照，羅素也曾指出過：「赤手空拳的個人主義在拓荒時期的美國是可能的，因為在美國那裡有很多的木材與水源，一個人可以到處隨意建造他的木屋，只要土地弄乾淨後就可以馬上生長五穀，但是在澳洲要開闢一條內陸水源往往需要一筆很大的費用，而且造屋的木材也必須從很遠的地方去採集。」

在未到澳洲之前，羅素總是以為澳洲人和美國人是很相似的，他認為這種看法雖不中亦不遠矣！但是現在他驚奇地發現，他過去的看法完全錯了，澳洲人和美國人存在著本質上的差異，他覺得：「澳洲人比美國人更快樂，他們沒有美國人那種老是想做一些別的事，想去別的地方的不安渴望，當澳洲人發現他們的環境很不錯時，他們會坐下來享受它，但是大多數美國人仍會熱心地再從事追尋更好的東西，而沒有時間去享受他們所獲得的成果。」

羅素說：「無疑地，美國人的這種不安感，正是維繫美國人的活力與進取心的源泉，因此要是由美國人來定居於澳洲的話，可能天然資源會發展得更迅速，但要是如此的話，最後一定會以普遍的不安為代價。」

羅素最後對澳洲充滿了讚美，當一位有禮貌的客人對主人說了一些討好他的事，我們不能以為這是客套。他說：「假如我可以再投胎一次的話，那麼我寧願成為一位澳洲人而不願是一位西歐人。因為澳洲的偉大是在未來，而西歐的偉大是在過去，活在過去會使人意志消沉喪失生氣，但是生活在未來的憧憬中，會帶來希望、活力與幸福……」這一段話之所以值得摘錄下來，是因為雖然他已經是將近八十歲的老人了，可是在思想上卻仍然充滿青春的氣息。他又說：「英、法二國的文化已經感染了某種無聊的倦怠，使人覺得彷彿所有的事情都已經被前人做光了，例如人們總認為他想寫的書不會像前人所寫的那麼好；假如他想作曲，他總認為不可能作得像貝多芬那樣好；假如他想繪畫，他的作品一定是趕不上過去繪畫大師們的水準。除此之外，他感覺到在他的骨子裡有一種最根本的政治上的失望，因為他不再覺得他是屬於正在日益強大的國度的中心分子，如果古老的歐洲文化能被移植到在經濟上大有擴張餘地的新環境，那麼產生一種簇新的活力和新的文藝復興是可期的。」

接著羅素又說了一段極富個性的話：「但是這種生氣勃勃的活力必須用容忍來調和。」他向那些並非經常具有容忍力的澳洲人說：「那些創造藝術與文化的人，他們的行為很少與世俗的習慣一致，因此常被人誤以為不是良好的公民，他們常為他們的鄰居所不滿，假如一個國家想要產生偉大的人物。那麼除了四大自由以外，還必須再增加一種自由——可以違俗的自由。」

因此羅素說：「假如他是一個既沒有做拓荒者的堅強體魄，也沒有做研究工作的科學才華的年輕澳洲人，那麼他將致力於不可估計的容忍力的培養，也許透過小說的幫忙就可以做到了。」

羅素在啟程回英時，在他的告別辭中說：「澳洲唯一使他失望的是天氣太冷，以致使他失去了游泳的機會。」經過了一萬二千哩（這是他一生旅程的最高記錄）的長途飛行後，羅素終於回到了英國，可是僅僅休息了兩、三個星期之後，他又再度應邀赴美講學，他說：「一個人總得要找一些事做呀！」

不久之後，另外一項偉大的榮譽降臨到他身上來了，那就是一九五〇年的諾貝爾文學獎，在澳洲的格林尼希立刻打一份賀電給他，賀電上包括了這個字眼：「Humph」。

二十四、未完成的哲學

維根斯坦在一次突然閃耀著他的敏悟力與洞察力的場合裡，曾說羅素晚年所遭遇的煩惱是「失去了問題」（Loss of problems），這確實是一句驚人的評語，同時假如我對哲學的看法是正確的話，它也可以說是對任何一位哲學家所能做的最根本批評，但是從某種意義上說，維根斯坦的意思可能是指羅素已經開始發覺哲學太容易、太簡單了，他的腦袋也已變得太精確了，他不再為一些跑到他腦海裡面的無謂的懷疑和古怪的問題所困擾。

我個人認為維根斯坦的批評，的確有某種程度的真實性。三十年來使世界變得日益瘋狂的緊張與壓力，還有三十年來政治的活動、個人的憂慮和一再產生經濟方面的焦慮，剝奪了不少羅素心靈中新鮮的活力，特別是在他奉獻全力於《數學原理》的寫作之後，在這三十年當中，他很少有讓精神休養和恢復的機會，因此他也很少再閃現出過去那種懷疑的光芒——例如懷疑歐幾里得的公理或提出是否在句子中的每一個字眼、每一個片語都必須代表一些東西？他大部分時間似乎都滿足於思索已經來到他身邊的那些問題，這些問題尚未被羅素完全解決，關於這一點他有合理的辯解，而且別人也是無法去解決它們。

他的結論的最詳細表白，我們可以在他七十六歲時（一九四八年）所出版的《人類知識的範圍與限制》一書中找到，我個人認為這本書是羅素最重要的著作之一，也是哲學史上的一塊里程碑，但是我必須承認很少有人會同意我這個看法，事實上我以為此書之為人所低估，主要是由於羅素本人的錯誤：首先要說的是這本書寫得過度冗長而且沒有系統，同時有很多東西是他在《心的分析》與《意義與真理的探究》二書中已經提過的東西，他這樣做的目的，是為了他想把他的觀點做一次總結。其次羅素所惹起的困擾是，不知道為什麼理由，他在這本書的序言中說：「這本書不是以職業的哲學家為主要對象，而是寫給一般對哲學有興趣的讀者看的。」事實上此書的內容頗不簡單，裡面有冗長而艱深的專技哲學的辯論，其困難絕不在《意義與真理的探究》一書之下，而其中有數章，甚至可以說是有過之而無不及。

因此一般職業的哲學家對此書的反應，也就可想而知，他們起先很輕視這本書，以為它只不過是一本為開導一般業餘愛好者而寫的書，所以不會有多大價值，而且在讀完前面四部分之後，他們發現有很多是過去已經讀過的，沒什麼了不起，再讀到第五部分時，卻沮喪地發現裡面充滿了數學的符號，所討論的也是所有未解決的問題中，最令人難以捉摸的問題：即「或然率的理論」。至此那些職業的哲學家才感到慚愧與起先的無禮，因為人家告訴他們說，《人類知識》只是羅素寫給一般人看的簡單的書，而現在他們發覺甚至連他們自己都看不懂了，於是他們不是生氣地把它擱下來，就是以極不愉快的心情繼續往下看到第六部分：「科學推論的原則」，這部分才是全書的精華所在，全書獨創性的結論「泰半」都包括於此（我之所以不說「全部」是因為前面那些部分，也有很重要的專技討論）。

一九一二年，在他的《哲學問題》一書中的開頭，他曾提出一個問題：「世界上是否有任何的知識，已經明確到沒有一個有理性的人能夠懷疑它？」到一九四八年，《人類知識》的最後一頁，他才獲得了此問題的結論：「所有的人類知識都是不確定的、不夠精確的，而且是部分的。對這條原則，無論如何我們未曾發現有任何的限制。」

為什麼羅素會獲得這樣令人沮喪的結論呢？第一是他了解由邏輯的推論而得到

的知識是多麼地少，這點我前面也曾提過，這是羅素對哲學思考最重要的貢獻之一，但是他這個見解是透過維根斯坦的幫忙，才逐漸形成的，當他在寫《哲學問題》一書時，他仍舊聲稱：「邏輯的推論可以給我們新的知識。」但是在《人類知識》一書中，他才寫道：「邏輯的推論已經沒有我過去所假定的那麼有力了，它不會給我們新的知識，只是以新的措辭形式去描述已經知道的真理。」

因此更重要的是，進一步地發現利用「歸納法」（Induction）作為產生知識的來源，具有某種程度的正確性。（歸納法可以大略地解釋為：你要如何才能推論的問題，例如從你一生中每一天太陽都會升起來的事實，你可以知道明天它也會升起來。）有些哲學家以為在或然率的數學理論中可能會找到答案，《人類知識》的第五部分的目標，就是討論關於或然率的各種不同理論，來闡明這種見解的可能性。

雖然羅素自己有關「歸納推論」的著作很少，但是他曾聲稱，到現在為止還沒有一個人，能對這個首先由休謨（Hume）提出的難題發現答案，有一段相當長的時間，羅素以為一定有一些正確的推論方法可資發現，以便去推翻那些謬誤的理論，因此他在一九二七年時寫道：「當人類開始推理時，他們總是在設法證明過去未經思索而得的推斷為正確。歷史上有很多壞的哲學和壞的科學（Bad philosophy and bad science）便是由這種人類的癖性所產生的，許多的大原則例如『自然的一致性』、『宇宙的因果律』等等，也都是企圖支持我們相信：『過去常常發生的事，將來也會再發生』此一事實，實際上這種發現比馬兒相信你要轉彎（因為你過去常要牠如此做）不見得高明多少，在實用科學方面，要了解什麼東西可以取代這些『擬原則』（**Pseudo-Principles**）並非易事，不過或許《相對論》對我們預期的事，已經給我們有個驚鴻一瞥的機會。」

一九四八年，羅素在《人類知識》一書中正式承認，不管是在《相對論》或任何其他地方，他都無法發現任何可以取代這些「擬原則」的東西，這樣一來，他過去的希望便落空了，現在他所能做的只是把他的哲學植基在他過去所反對的「動物信仰」（**Animal Faith**）或「馬的感覺」（Horse Sense）這一類東西上。

再者，歸納法也只是另外一個更大問題的一部分，剛才我曾經把「歸納法」稱為你要如何才能推論明天太陽將會升起的問題，現在所謂另外一個問題，就是你怎樣才能由所謂見到太陽這種知覺出發，而推論出太陽確實是在那裡。當然，假如我們要肯定地接受這個科學的真理，首先我們必須同時解決這兩個問題。

羅素在處理第二個問題時，曾希望把「太陽」視為植基於「感知數據」（Sense

data）上的一種「邏輯架構」（Logical construction），但是現在他已經放棄了這個念頭，並且認為從日常經驗所獲得的片段知識，是不大可能達到科學的真理世界，除非你能運用一些與經驗無關的原理，把它們連繫起來並加以組合。

在我那一本更專門的著作裡（即《羅素的哲學發展研究》），我曾逐步地追蹤過，羅素獲得底下這個結論的整個歷程：「只有經驗主義是不夠的。」在《人類知識》一書，他才開始著手正確地檢證除經驗外，我們必須追加的是什麼？結果他獲得了五個相當複雜的「公設」（Postulates），為了使一般的讀者不致感到過度枯燥起見，我不準備詳細引述它們。

第一條是類不變性公設（The Postulate of Quasi-Permanence），關於這一條，我將舉一個例子來說明：「譬如A事件，它是經常重複地發生，那麼在任何相近的時間內，在相近的空間上，將會有類似A的事件存在。」以日常通用的語言來說，就是假如你看了太陽一分鐘，接著馬上再看一分鐘，那麼很可能這是很類似的事件：因為你將會看到太陽還是在那裡。事件通常就是以這種方式在進行的，這個公設是用來取代關於「本質」（Substance）的古老觀念，必須有一些東西來取代它，羅素無法用歐肯之刀把它完全剔除掉。

這個公設也牽涉到「因」（Cause）的觀念的恢復，過去羅素有一度把「因」認為可以減化為不變的（或近乎不變的）先例。

就我們所知道的範圍內，羅素強調構成世界的所有要素，都是同類的，就這方面而言，羅素後來的哲學立場仍然是屬於中立一元論的說法。除此之外，我們無法說物質上的事件和我們的思想與感情是相同還是不同。關於它們我們所知道的只是允許我們透過因果律去推論「構造」（Structure）而已。

為什麼我們必須接受《人類知識》中的公設呢？羅素簡單扼要地提出了下面三個理由：

第一個理由是，假如我們拒絕了它們，我們將會變成「唯我論」（Solipsist）者（所謂唯我論，是指相信世界上除了你自己以外，什麼東西也不存在）。這樣一來，你把你自己稱為事件，結果沒有人肯真正地相信你這種說法。事實上，你唯一能夠真正相信的只是目前這一刻的經驗而已。我過去常常提到羅素的一項獨特的哲學技巧——即利用否定的方法獲致肯定的結果，上面這個就是一個典型的例子，他破壞了在他的公設和片刻唯我論之間，所有舒服的妥協地帶。

第二個理由是，要是沒有像「公設」這樣的東西，我們也就無法相信科學廣泛的一般真理，而且也沒有人能嚴肅地懷疑它的真確性。

第三個理由是，如果我們對公設的信仰是錯誤的，那麼人類也將不會殘存。當我們爬上梯子時，我們是假定梯子的每一級都有足夠的「類不變性」，羅素不會突然消失在半空中；如果我們的這項假定是錯誤的話，我們將會粉身碎骨。因此假如我們人類曾經誤信過某種「類不變性」和「推斷」的話，人類到現在可能已經死光，而被其他對自然真理具有更正確信仰的生物所取代了。事實上，我們的信仰很可能是生物適應環境的本能所產生的結果，我們之所以認為是那樣，只不過是因為世界是那樣形成的。

基於以上這三點，羅素對那些專門找無人能夠真誠地懷疑的事情，來做無聊懷疑的哲學家，開始感到不耐煩了。上面這些觀點表示羅素已經採納一種更具常識和更實際化的哲學，也表現出這個羅素與過去的羅素有相當大的轉變，過去他一直希望能在科學信仰上，找到一些正確的理由，並且對常識的論點也曾抱持嘲弄的態度，當然就算是現在，他依然否定常識永不會錯，不過至少他現在已經承認按照實際的常識觀點去做，有時是最好的途徑。

因此，《人類知識》一書，從某種意義看來，可以被認為是羅素失敗的表白。羅素已經表示他沒有辦法找到正確的知識，而這「正確的知識」正是羅素整個哲學生涯中，朝夕追尋的目標，現在他的新哲學不得不建立在「公設」上，而且是訴諸於實際的結果（Practical Result），但是他的《人類知識》還有比這更深遠的意義存在。

因為任何對失敗的承認往往會導致學術上的豐富成果，羅素原想努力成為徹頭徹尾的經驗主義者，但是結果他承認失敗了，然而他的失敗卻也帶來了無比豐碩的學術成果，在他苦心地構想出「公設」的過程中，他正確地指出，為了把科學建立在經驗的基礎上，那一些知識必須「當作先驗」加以接受，在這一點上，哲學史上可能沒有一位哲學家會比他的貢獻更大，同時我們也是藉著他這方面的工作，增加我們對宇宙本質的了解。

例如由於他提出了「類不變性的公設」，才使我們了解「事件」原是連續在進行的。

過去我會提到過，他早期的「建構程序」（Construction programme）中的難題之一，便是闡釋為什麼一個桌子的許多面能集合起來，而形成所謂桌子這種東西呢？關於這個問題，現在羅素所能做的最好回答是：「它就是那樣子發生的。」此外我也提到過，他的「分析法」的一個難題是：既然已經把宇宙切成碎片了，對一個分析哲學家而言，便很難使它再拼攏起來，所以羅素的批評者現在可能會說：「為什麼不採取另外一種途徑，把事物當作整體看待，而由此出發？」但是值得注意的是，羅素研究哲學的根據，跟今日的宇宙「進化論」者（Cosmogonists）的想法是相符合的，例如弗萊德·哈依勒（Fred Hoyle）先生解釋那些彌漫四周的氫原子是如何集合起來形成星球的，關於此事，哲學家被提醒後，將會再提出一個不大能夠回答的問題——為什麼「事件」（Events）和「事件的集合」（Collections of events）會被發現在一起？——這一來，對科學的思想又產生了新的刺激作用。

哲學上的精確解剖法與解剖學是一樣的，它能增加我們人類的知識，但卻無法解釋每一件事，同時它促使我們把注意力集中在尚未獲得解釋的問題上。

讀過了羅素的「公設」和他獲致「公設」的論證後，我們也許會被「結構」（Structure）和「連續」（Continuity）、「相似」（Similar）這類字眼的經常出現而感到驚訝，我認為羅素的《人類知識》一書最成功的地方是，他把過去的著作中一些含糊不清的命辭與假定，重新做了一番釐清的工作，使它們變得明確而清楚，譬如在《哲學問題》中，他曾討論過唯心論的一項觀點：「當沒有人在看牠時，在屋子裡的貓是不存在的。」對於這個觀點，羅素以某種含糊的連續論據反駁道：「很自然地，這隻貓整個時間都在那裡，特別是我們上次見過後，牠變得飢餓時。」

但是不僅羅素本人，就是其他的人也不曾對這個論證的正確性，做進一步的探索，他的「連續原理」（The Principle of Continuity）是建立在一些「本質」（Substance）的古老觀念底下意識假定上。事實上，當時羅素根本沒有提到「連續」（Continuity）這個字，他只是含混地訴諸於「個別的單純原理」（Principle of simplicity），但是我認為他的意思是：相信一隻「連續存在的貓」（Continuous cat）比一隻「斷續存在的貓」（Intermittent cat）要來得單純一點。後來在他的專技作品裡談到關於「可覺知者」時，他直接地把它訴諸於「連續」理論，但是我相信他這樣做並沒有經過一番意識界的思考，現在他又提出了關於那一種「連續」理論在參加運作的問題。

如果我是對的話，那麼維根斯坦輕蔑羅素後期的哲學作品，便是錯了。在《人類知識》和另外一些與此書有關的作品，正如他過去在數理哲學和「描述論」所下的苦功一樣，羅素也是在運用最高超的哲學技巧懷疑那些過去一向被視為理所當然的假說，並且設法把它們弄得清晰明確。最有趣的是，有關「相似觀念」（The idea of similarity）的問題，羅素也曾經運用「最少的字彙」（Minimum vocabularies）的技巧，強調過「相似」此語，這是他相信：「我們透過句子的結構的研究，可以獲得有關『實在的結構』的知識」的結果。他的觀念，簡言之，就是：「設法去發現，你需要用多麼少的字去描述宇宙，如果你不用一些特別的字，你就不能描述宇宙的話，那麼在宇宙間，一定有某些與此字相符合的東西存在。」

例如，他就是用這種方法，在嘗試去了解，是否能發現一個「可以取代代表宇宙的字群（Words）的字彙（A vocabulary）」，結果他發現，他不能夠廢除「相似」這個字眼，於是他獲得了底下的結論：「我們需要『相似』這個字，此一事實，表示有關世界的某些事實，而不僅是有關語言而已，至於它表示的是關於世界的哪一面，我還無法知道。」

的確有一種很奇怪的事實，那就是世界上確有相似的東西存在，當你開始考慮到這種問題時，去想像「一個所有事物均不相同的世界」、「所有事物均完全雷同的世界」或「二者相混合的世界」，那是比較容易的事。正如十九世紀，科學家眼中的世界，乃是由大約九十種不同的原子所構成的，而每一種原子都是相同的。但是讓我們有一個「事物是相似」的世界，那是很令人頭痛的事，因為在這種世界中，元素又有所謂同位素的存在，而一片草葉雖很像另一片草葉，但並非完全雷同，羅素的最大貢獻，是他使我們考慮到這個問題，至於他本身對這個問題有沒有提出更進一步的解釋，我覺得這是次要的事，我在第一章就說過哲學家存在的目的，是在提出問題，而不是回答問題。我們可能曾經期待，羅素能在《人類知識》一書中，提供一些成熟圓滿的提綱挈領式的結論，但是結果還是一樣，他最值得我們注意的並不是他解答了許多問題，而是促使我們去注意更多的問題。一本缺乏完整體系的書，往往正是有獨創性思想的特徵，羅素的《人類知識》正是屬於這一類作品。由於他精力的充沛，所以即使是在七十六歲的高齡，他的哲學依然是在繼續建構的狀態中。

不幸的是，目前還看不出有任何人將會接下羅素的棒子，而建構出一些偉大的新哲學，也許數百年以後，才會有這種人出現，因為偉大的哲學發展，往往需要幾世紀的時間才能形成。在當代哲學家中，把羅素的觀念繼續發揚光大的，當首推牛津的艾爾教授（Professor Ayer），至於其他的英國哲學家因為崇拜維根斯坦的緣故，所以當羅素與維根斯坦分道揚鑣以後，他們就開始輕視羅素的工作，因此也像維根斯坦一樣，他們從羅素早期的觀點出發，而忽略了羅素晚期的思想成就。正如我前面提到過，在早期，羅素原是希望能拋棄所有知識上的先驗原則（除了邏輯原則以外），並且他也曾希望除了經驗給我們的知識以外，去否定任何其他的知識，由羅素的這個觀點出發，再加上維根斯坦語錄的推波助瀾，遂產生了邏輯實證論的學說，這個學說的要點是：既然除了那些可觀察的事實外，我們實際是一無所知，那麼對傳統哲學形而上的討論便成為毫無意義的事了。羅素在早期也比他後來更為重視「語言分析」，後來經過維根斯坦在他的劍橋課堂上一再強調與鼓吹，遂使大家更為重視透過語言的方法去研究哲學問題，而維根斯坦的遺著《哲學研究》，也是朝著日常適用的語言的方向走，總之，認為形上學的討論是不著邊際的，而語言才是最重要的，這兩種信仰成為羅素第二代後繼者的指導原則。

對於這些哲學家我不想多說，因為我認為他們的作品都是相當地人工化（Artificial），這一點與一些當代的藝術家與作家的人工化正如出一轍，因為他們發現自然已經沒有留多少東西可供他們發揮了。

幾世紀以來，藝術家便一再嘗試去描繪真實，同時正因為他們深深地為這個目標所吸引，才能奉獻於一些身外之物，他們才產生了偉大的藝術，但是自照相機發明之後，不啻是意味著他們這種工作的結束，因為他們的作品永不會比相機所攝取的更為真實，因此藝術家不得不另闢新徑，以求新的謀生之道，所以他們才開始畫那些實際上並不存在的東西，並且自覺地討論他們心目中主觀的世界，結果每一種新的藝術運動與新的嘗試中，雖亦有真實的靈感所激發出來的性靈，但卻有更多的「偽藝術家」（Bogus artist）混雜其間。自從電影發明之後，詩人與作家也遇到了同樣的命運，電影可以描寫湖光山色，也可以表現人物的個性，更可以激發人類的感情，對以上這些事情，電影比單純的文字描寫更為有力而動人，因此有些詩人已淪落到只為自己的緣故而玩弄文字的遊戲，因此他們變得多愁善感而內向，無聊而重視瑣細之事。

類似的情形也曾發生在走「邏輯實證論」這條路的哲學家身上，他們覺得討論現實世界的問題，已經不再是他們分內的事，他們也不打算為困惑著世界上千千萬萬男女的真正問題去尋求解答，因為他們曾公開宣稱：「所有這些現實問題，不是毫無意義、不能解決，便是只能由科學家或邏輯家來解決。」他們也像那些失去工作目標而無聊的藝術家與詩人一樣，他們不得不做一些事情來打發日子，因此他們就投身於靈巧的談話及語言的分析，他們對字的用法提出吹毛求疵的問題，他們之所以這樣做，並非經常是由於內心深處熱烈的求知慾，只不過是為了鍛鍊他們的腦力，來證明他們的確存在罷了。

我相信這就是為什麼羅素會輕蔑他們的原因，也正是為了這一點，才使布羅德（C. D. Broad）在他的《狄斯累利回憶錄》中，把一些當代哲學家描寫為一群「聰明的傻瓜」（Clever sillies）。可是羅素對牛津哲學家的一再抨擊也是不大公平的，因為牛津哲人中，有一些從未鑽進這種哲學的牛角尖，而另外一些已經開始從象牙塔裡擺脫出來，不過羅素之未能充分了解牛津哲學家，可能是由於他後來很少接觸他們的作品的緣故。（一九五六年三月，羅素告訴我說，他最近曾再度拜讀一些牛津哲學家的著作，但是對他們的看法依然不變。）有時候，當他的心情不好時，他甚至會對所有的哲學感到失望，並且把哲學描寫為「一種無用的學問」，甚至還勸年輕人不要把他們的時間浪費在哲學方面，他說：「牛津的哲學家已經昭示我們，哲學乃是無稽之談，現在我正在後悔我那錯用了的青春。」

他又宣稱道：「我不得不痛苦地承認，所謂哲學者其中十之八九都是騙人的，唯一正確的部分是邏輯，但是既然它是邏輯，它就不是哲學了。」當羅素說出這樣的話來時，人們不禁開始興起了同情之心，事實上也確實是如此，歷史已經告訴我們，每一次一個哲學問題一旦獲得了正確的答案，它就不再屬於哲學的一部分，而搖身一變成為科學的一部分了。科學上有很多的觀念都是由哲學家首先提出來的，例如地球運動說、生物「進化論」、物質是由原子構成的等等，但是這並不是證明他們的推測是錯誤的，也不能證明他們思考今日仍未解決的問題是錯誤的，他們的談話固然常常是糢糊與含混的，但這是因為他們所尋求的答案是人類史上尚未有人發現的東西。因此我對「哲學」有一個至死不變的定義，那便是：「哲學是去談論你所不了解的事物的一種權利。」（**I would define philosophy as the right to talk about things which you do not understand.**）

羅素剛才所說的話，意思不應該是大多數的「哲學」都是騙人的，而是說大多數「哲學家」都是騙人的，我認為這才是他內心真正的看法，但是因為他太有禮貌了，所以不願意這麼說，事實上這才是站得住的說法。如果我們想以一般知識上的誠實做標準，來衡量人類的話，我將會把第一把交椅送給職業性的板球選手，其次才是科學家，而職業的哲學家則必須殿後，因為板球選手是絲毫騙不得人的，假使他想故意裝成比他本身實力更強的人，他在發第一次球時，就會被人家發現他的真正實力；科學家一旦提出了一項新的理論，通常他會知道它能否為實際的實驗證明為確實或錯誤。但是一位哲學家只需要寫出一本沒有人看得懂的書，而終其一生也許還沒有人能夠十分肯定他到底是天才還是騙子，因此我們不難了解，在哲學家的行列中，包含有不少的騙子在內，但這點並不表示對哲學本身的追求相比對科學和板球的追求，是屬於較低級的層次。

二十五、仍在不斷地工作

羅素到一九五四年才出版他的《倫理與政治上的人類社會》（《人類社會》），但是我們不妨先在此討論它，因為此書中的一大部分，本來是要包括在《人類知識》一書中，而二者都是羅素同一時期的作品。

在《人類社會》一書中，最值得注意的是，羅素坦率地表示他並不喜歡自己主觀的倫理見解，他寫道：「當我說『殘酷是惡』時，實際上我的原意只是說我不喜歡殘酷而已，一想到這點，我就覺得這是一件難以容忍的事。」因此他孜孜不倦地想發現一些客觀的倫理的理論基礎，結果他說：「合理的慾望將是那些能與很多其他的慾望相調和的一種慾望。」

「調和」一辭是來自萊布尼茲哲學中的一個類似語，羅素在他的《社會重建的原則》曾一再地闡釋此語的真意：創造的衝動（Creative Impulses）是好的，因為它們的快樂並非建立在別人的痛苦上；相反地，占有的衝動（Possessive Impulses）則只有在剝奪別人的快樂下，才能獲得滿足。假如兩個人同時想要獲得同樣的一件東西，那麼他們二人的慾望就無法「調和」了。

簡言之，羅素的意思是說：凡是能夠使你快樂，同時又不會傷害到任何別人的事，你都可以隨心所欲去做，但是絕不可以把自己的快樂建立在別人的痛苦上。羅素甚至把這個觀點引申到邏輯的領域裡來，他說：「要是有一個人對另外一個人充滿了恨，對於這種人，會讓他誤以為因別人正在受苦而高興，可能是一樁好事。」

總而言之，羅素教導我們：「只有與眾樂樂才是最大的快樂（或善）」，例如有一位學童把一盒巧克力分給全班吃，所得的快樂的總合，一定比他自己一個人獨吃更大、更多，因此慨慷是善，自私是惡，而且羅素也給傳統的功利主義增加了一項衡量抵抗痛苦的快樂方法，他說：「只要你不在乎你是否二者具有或二者均無，那麼它們就沒有什麼不同了。」

但是把羅素的道德哲學因此認為是功利主義的產物，那將是大錯特錯了，或許我們可以說「快樂主義」（Hedonism）比較接近它。從他日常生活的言行舉止看來，他絕對不可能是一位功利主義者，這點從他對蘇俄與美國的過度功利主義傾向的大肆抨擊，就是最好的證明，他不像他的一些哲學先輩，因為他承認人類之間有智慧與審美能力上的不同，同時基於實際上人類之間確有「智力」與「體力」的不平等，所以他對優生學也頗為相信。（有一次當他論及如何度過愉快的晚年的祕訣時，他說：「我的第一個忠告是你必須慎擇你的祖先。」並且指出他自己的四位祖父母中，除了外祖父，其餘三位都活到了八十歲高齡以上。）後來他甚至強調男人與女人之間，也有很大的差異存在，因為他目睹很多才華卓絕、很有前途的女學生，結果都先後拋棄了她們學術上的野心。

羅素「調和的慾望」（Compossible desires）的觀念，其重要性並不在於學術上，而是在實際的生活上，有一次他說：「希望去調和的慾望乃是我的政治和社會信仰，最重要的動機，從育幼院到國際情勢，無不以此為原則。」在《人類社會》一書中，討論到最後時，他下結論說，他只是發現了一些可以在日常應用的「指導原則」（Guiding principle），這不是屬於客觀的知識，羅素認為倫理的基礎還是屬於情緒與感覺的一部分，這就是為什麼他沒有按照原定的計畫，把寫在此書的東西放入《人類知識》中的原因。

很遺憾的是羅素在「調和慾望」方面，並沒有留下多少東西，他一再地犯了過度注意愚昧的批評的毛病，以致使像喬德（C. E. M. Joad）這樣的哲學家也指責他破壞了傳統的宗教與道德的權威，使一般人的行為因此受到了重大的影響，羅素顯然會承認這項指責的正確性，同時他也會否認這並非意味著：「哲學家們為了避免做破壞性的結論，就必須犧牲他們理性的誠實。」但是另一方面羅素也無法忍受喬德，或忍受任何有關有組織的宗教的復興之託辭，同時他堅持他的破壞性教訓，並無多大實際的重要性。在一篇廣播演說中，他說：

「哲學家喜歡對最終的倫理價值和道德的基礎問題做無邊的苦思，我自己的信念是：就政治和實際生活而言，我們可以把這些困惑完全掃蕩，而代之以一般常識的原則即可，我們大家都有食、衣、住的慾望與需要，也有免於受傷害的安全感、幸福、生之樂趣、自由等等的需要。」

或者正如他在《人類社會》中說：「政治方面的主張，通常很少需要訴諸於倫理的考慮，因為一種開明的利己，自然會提供與一般的善相符合的行為動機。」

但是立刻地，羅素覺得他必須修正這個見解，因此羅素經常指出，作為行為動機的利己主義並不如他過去所想像的那樣強烈，另一方面他也不再經常讚美「謹慎」，正如他自己所承認：我們日常生活的每項行為，並不能像計算機那樣可以預卜當然的結果。

簡言之，和其他方面一樣，羅素在倫理學上也是：他所提出的問題遠超過了他的解答。他最大的優點是迫使我們了解，我們必須去尋求一些可以被自己接受的解答，不然的話，我們必須學會過一種沒有它們的獨立生活——一種憑藉像「為愛所激發，為理性所引導」的一般原則的生活。他正確地指出，這個時代的困境仍是：科學一方面賜給我們創造善與惡的無限力量，但另一方面卻同時摧毀了我們對過去「善惡能正確地分辨出來」的信仰，而且科學也無法產生可以取代過去的新信仰，因此羅素最後得到的典型忠實結論是：除非透過科學的方法，我們無法獲得有關這個世界的正確知識，但是科學本身卻無法證明任何事物是對的或是錯的，例如它就沒有辦法證明看到殘酷者受懲罰而高興，是不是錯的。

一九四三年羅素寫道：「我對我自己倫理學方面的結論並不感到滿意，對其他人的結論我更是無法滿意。」我很同意他這一點說法。

到目前為止，繼羅素而起的後輩哲學家，在倫理學方面也無甚特出的成就，他們還是在處理那些羅素留下來給他們的棘手問題，他們之中，有很多人已經放棄了過去謹嚴的原則——即我們只能夠知道邏輯和科學陳述的真理，而開始發展一種新的理論——亦即認為各種不同部門的人類知識，在他們自己的領域裡，都各有其獨特的真理存在。這一來，科學、倫理學、美學、經濟學和神學的陳述，各自以它們不同的方式被視為真，這顯然有困難存在，例如根據這個理論，我們很難明白下面這段話的真義是什麼：「由物理學家所聲明的定律，經常比經濟學家的更正確。」雖然表面上看來這句話似乎相當地合乎事實，同時它也似乎含有某種真理的公準的意味。

無論如何，羅素有一個堅定不移的倫理觀念：「如果倫理的信念是屬於感情與情緒方面的事，那麼一個人應當盡其所能地把一般人的感情與情緒引導到正確的方向上。」自從一九一四年以來，他就不斷地在關心這點，而他的晚年也變得越來越像傳道者（**A preacher**，在此這個字眼並無傳統上的意義，而是取其最佳的意義）。例如在他的旅澳講學之行時，他曾說了底下這段使他的聽眾震驚不已的話：

「所有事物的根本問題是很單純而古老的——簡單到使我羞於提它，為的是我一提，那些精明的諷刺家將會以嘲弄的微笑來迎接我的話，但是請原諒我，現在我不得不提它，我剛才所謂的最單純而古老的東西便是『愛』——基督教的愛與憐憫。」

事實上也沒有震驚的必要，因為這並不是一位懷疑主義者因年齡的老邁而軟化的傳統例子，此刻羅素只是以不同的字眼表白他過去曾一再宣揚過的東西而已。在一九

○二年出版的《一個自由人的信仰》及一九一六年出版的《社會重建的原則》中，他就曾一再宣揚愛的福音，只是沒有說得這麼直截了當。在這段話中，比較新穎的是他強調「古老的觀念可能是對的」，羅素終於擺脫了過去的一項假定（這項假定首先是受維多利亞時代的進步信念的影響，以及後來為了做二十世紀二○年代知識上的急先鋒而形成的）——「新的道德一定比古老的好。」

在這裡他提到了基督教，但這並非意味著，他已經更接近正統派的觀點，大約在同一時期裡他說：「我不敢肯定我是一個無神論者還是一個不可知論者，因此我有時候把自己認為是前者，有時候認為是後者。」他把宗教形容為：「為了使你自己感到舒服，而去相信一些胡說八道的慾望。」他又說：「我的意思是說任何形式的信仰都是為賄賂懦弱的人而設計的，它是我一向反對的不誠實與懦弱。」談到祈禱時，羅素說：「祈禱等於是相信，宇宙是由一位只要你要求他，他便會改變他主意的人所主宰的。」（Prayers was equivalent to believing that the Universe is governed by a being who changes his mind if you ask him to.）

他在一九五○年時說：「我發現天主教比共產主義好的地方是，它的歷史年齡比較老，宗教和酒一樣——越老越醇。」

羅素發現他在晚年名氣越來越大時，開始有點為此而擔憂，同時他懷疑他是否已經變得過度受人敬重了。他說：「我常常覺得那些受敬重的人往往是無賴，因此現在每天早上我都憂慮地在照鏡，看看我是否已經開始有了一副無賴的嘴臉。」要解釋羅素晚年受尊敬一事，似乎並不難，因為英國人也和中國人一樣，有尊敬老年人的傳統——儘管過去羅素是英國最頑強的社會反叛者，但是到了他八十歲時，英國人民已認為崇拜他是一件安全的事。但是在美國則剛好相反，羅素還是受到一些無知者的懷疑，當時美國國家廣播公司為了慶賀他的八十歲大壽，特別做了一次「電視訪問」（《文星叢刊》〈當代智慧人物訪問錄〉中，有這一篇訪問錄）。這篇訪問的底片到達紐約時，有一位海關官員要扣留它，這位官員在檢查這部底片時說：「羅素？他不就是那位專門在寫性愛文章的傢伙嗎？那麼它必須要檢查才行。」

在英國，甚至蕭伯納到最後也變成了受尊敬的人，至於羅素事實上已經在很多方面，英國人民的輿論改變了過去的態度而同意羅素的看法。

但是他本人到了晚年又一度回到李察孟特定居時，他的人格與思想也變得更為圓融通透，這時他住在一間維多利亞式的大房子，距離童年時代的玩樂之地：彭布羅克豪宅的花園，僅有一哩之遙，他寫道：「這世界需要我們去多多適應它，最近我才開始覺得多少已經精通適應的藝術。」

一九五二年，八十歲的羅素又和五十二歲的美國傳記作家艾迪思・芬琪（Edith Finch）小姐結婚，她是《布朗特傳》（*W. S. Blunt*）一書的作者，芬琪小姐出身於古老的新英格蘭家族，這個家族自從十七世紀就來到了美國，她曾經在布林莫爾學院教過書，但是除了學術性的工作外，她也有很多其他方面的興趣，包括體驗一些不平凡的經驗的興趣，例如當她在巴黎當學生時，她就很喜歡到馬戲場騎無鞍滑馬。他們結婚之後，生活得頗為愉快。

羅素雖然已經是八十多歲的老人，但是偶而他仍然會投身於哲學的寫作，不過大部分是書評和論文，他的機智像過去一樣地敏銳，他的批評也像過去一樣地威力十足，有一次在討論牛津的哲學家對研究言語的「日常用法」的愛好時，他評論道：「他們只是不斷地在討論那些蠢貨的話，到底有什麼意義，當他們說：愚蠢的事可能是有趣的，但不可能是重要的。」同時他也引用下面這段故事，來諷刺某些現代哲學家的態度，故事的內容是說：有一次他問一位商店老闆到溫徹斯特的最短路線該怎麼走時，產生了底下這段對白，問者的開場白是：

「有位紳士想知道到溫徹斯特的最短路線。」（The Shortest Way to Winchester.）

「溫徹斯特嗎？」（Winchester?）一個看不見的聲音回答說。

「是的。」

「到溫徹斯特的路？」（Way to Winchester?）

「是的。」

「最短的路嗎？」（Shortest way?）

「是的。」

「不知道。」

羅素最後解釋道：「他只是想清楚了解問題的本質，但是對回答問題則根本不產生興趣，這正是現代哲學家為一些熱誠的真理追求者所做的事，因此也難怪年輕人都轉而研究別的東西去了。」

事實上羅素從未停止寫作，他說：「我很希望能夠在當我還能工作而且知道其他人將會繼續我所不能做的工作時死去，這樣我就會滿足地想，我已經盡我所能地獻身於我所完成的事。」他的電台談話和發表在報紙上的文章，似乎多得不可計其數。在政治方面，他仍然同時在批評蘇俄與美國，他告訴約克郡的大主教說，他每天晚上都在祈禱著：「主呀！幫助我去愛美國人吧！」但是他的禱告總是得不到回音，他也寫信告訴在澳洲的格林尼希說：「現在我有不少時間是花在對美國人的吹毛求疵上，我在此發現了樂趣，他們美國人亦頗能欣賞此道。」

對以上這些活動，羅素仍感到不太滿意，因此他開始發展一項完全新的嗜好——寫小說，他本人是希望能用筆名出版他的第一部短篇小說集，以便在八十歲時建立他名望的新里程碑，但是結果書店的編輯決定，要是沒有羅素的名字在上面，他們就要拒絕出書，最後他的第一部小說：《X小姐的科西嘉歷險記》（*The Corsican Adventures of Miss X*）以匿名的方式發表在《Go》這本雜誌上，並懸賞二十五英鎊給那位能猜出作者是誰的人，結果沒有一個人猜中。

一九五三年，他出版了他的短篇小說集《郊區的撒旦》（*Satan in the Suburbs*），這時羅素愉快地宣布說：「我生命中的前八十年獻身於哲學，我預計在未來的八十年再獻身於小說。」

《郊區的撒旦》贏得了相當高的評價，譬如著名的文學評論家安格斯・威爾遜（**Angus Wilson**）就說：「這是一部非常有趣的選集，在這本書中作者把過去十八世紀的句法與語彙輕巧地融合於一般的諷刺語氣。」但是我個人則比較偏愛他在次年出版的小說選集：《名人的惡夢》（*Nightmares of Eminent Persons*），因為我知道羅素在寫作此書時，心中存著一個祕密，那就是他有趣地以為，這些小說將會使他所不喜歡的各種典型的人感到不舒服，特別是這本書中有一篇故事叫〈雜哈托波克〉（*Zahatopolk*），就是史威佛特（Swift）殘忍而痛苦的回憶。

在停止寫作、休養生息的那一段時間，羅素仍然浸沉於閱讀大量的書，他經常訂閱《泰晤士報》、《曼徹斯特前鋒報》、《紐約前鋒論壇報》，而除了一些嚴肅的書外，他也每天看一本偵探小說，有一次他宣稱：「任何想要消滅戰爭的人，都必須先找尋一些無害的方法，去滿足人類從野蠻的祖先遺傳下來的本能。」並且他說他在偵探小說中，獲得了此項發洩，因為：「在偵探小說中，我可以輪流地把自己幻想為謀殺者和偵探。」

他還是喜歡請人大聲地念書給他聽，唯一麻煩的是他的太太艾迪思的菸癮跟他本人不相上下，所以他們必須輪流念給對方聽，有時是羅素念，以便使他的太太能抽菸。

羅素和邱吉爾一樣酷嗜菸斗，平均每星期抽掉1/4英鎊的菸草一盒，他說：「當我年輕時，人家告訴我說，抽菸會短命，但是六十年來，我發現抽菸並沒有使我短命……無論如何，我從抽菸所得的樂趣，遠勝於老朽地多活幾年所能給我的，因此我的菸癮經常很大，六十年來，我不斷地抽菸，只有在吃飯與睡覺時，才不抽。」

他有一次在開玩笑時宣稱，他曾經一度戒過菸，而且證明了沒有菸抽他也可以過得很好，因此他之後就問心無愧地繼續抽下去。（他所稱的一度戒菸，是發生在三十多年前，亦即一九二一年，他在中國生病的那段時期。）

沒有一個哲學家曾經對肉體的健康，抱著比羅素更合情合理的看法，他說：「除了臥病以外，我從未做過任何只對健康有益的事，我抽我自己所喜歡的，我吃我自己所喜歡的，我飲我自己所喜歡的，我經常覺得，保持健康最好的方法，便是忘記你自己，假如你能夠做到這一點的話，你就會自然而然地和我一樣健康了。」只有在晚年時，羅素才有一次為了健康而向醫生讓步——他以威士忌代替普通的酒，因為它的酸度較低。

聽他上面這段談話的口氣，好像他是很少生病的，事實上也不盡然，不過他精神的恢復力相當強，使他屢次度過病關；一九五三年的夏天，他又差一點死於肺炎，可是一週之後，他卻痊癒出院了。隨後，在一九五四年初，他動了一次不小的手術，這對八十一歲的老人而言是一件相當危險的事，在開刀之前，他還是維持當年在北平時的本色，以愉快的不敬態度向醫生抗議道：「除了面對醫生以外，我一切都相當好。」

在動手術前一、二天，我的太太和我一道去醫院看他，羅素夫人也在場，那時我們偶而把話題轉到「個人的不朽」上，雖然當下我們一點也沒有提到有關開刀的事，但是不可避免地，在大家的腦海裡這件事一定是存在的，因此使我不禁浮現起一幕歷史的鏡頭——蘇格拉底在服毒之前，是如何以荒謬的假定：「他的靈魂將會在死後不朽」，來安慰他的朋友及弟子們。

但是羅素仍然堅持他過去的立場，依然不承認靈魂死後會不朽的說法，同時還是頑強地固守他「中立一元論」的說法，一個人是一連串事件的組合，我的太太對他說：「儘管我是一個不可知論者，但是我發現我仍難以接受個人會完全消滅的說法。」羅素就回答她說：「一個人彷佛是一個集合體，或一個機構，也有點像我們的板球俱樂部，因此我能夠接受這個板球俱樂部的委員會解散而終至整個消失的觀點。」接著我的太太就談到：「那些死在戰亂中的無辜年輕人，要是他們不能有第二次機會到另一個地方去享受幸福與成功的生活，那似乎是太不公平了。」這時羅素說：「但是宇宙的確是不公平的。」

我想，羅素這些話，仍是淵源於他的實際智慧（Practical wisdom）：到最後他還是忠實於他過去的信仰——任何有價值的生活準則，首先必須承認我們所生存的世界充滿著苛刻和令人不快的事實，他在寫《一個自由人的信仰》之前，就秉持這種看法，後來親眼看見世界發生了很多可怕的事情（尤其二次大戰給他的印象），更加強了他這種信念。他曾寫道：「幸福的祕訣乃是你能夠面對：『世界是可怕的、可怕的、可怕的……』這個事實，你必須深深地體驗它，而不是逃避它……你必須覺得它就在你面前，然後對準它的胸膛一拳打過去，這樣你才能超越恐懼，而重新過快樂的生活。」

羅素有兩個和基督教的倫理觀根本不相同的地方，首先是他強調與宇宙比較時人類的渺小性，其次是宇宙本身在運作時，並沒有所謂公平律的存在。我把以上羅素這些觀點，稱之為「實際的智慧」，乃是因為人一旦有了這些觀點，那麼他的實際生活必會受到某種程度的影響。試想，要是你肯放棄相信宇宙是公平的論法，那麼你反抗世界時，並不會使你感到難過；同時你會覺得世界上最無益的事就是悲傷。羅素不像大多數哲學家，他似乎已經在他的生活哲學的基本觀點中，發現了對他自己的生活有實際幫助的東西，而其他的哲學家，他們的理論往往使他們與實際生活顯得有格格不入之感。

在面對那麼多一再發生的悲傷和憂慮，要是他沒有從實際的生活經驗中，學會不責備自己的妙訣，我想他也是很難繼續保持他的勇氣與愉快的心情，他把可能浪費在責備自己的精力，都轉移到對別人的發怒上，我想這是頗符合健康的原則，羅素能夠活這麼高齡，這可能也是原因之一，他自己也曾說過：「我是不懂謙讓的。」這點可能是他在實際的生活上，與基督的箴言最尖銳的對立地方，但是他只是在實際生活上偶而如此，至於他的理論，當然他是絕不允許自己對任何人發脾氣，他認為我們對一個壞人不應該用憎恨的眼光去看他，而是要研究他之所以會是壞人的原因，然後試圖用科學的方法去醫治他的缺點，他說：「你跟一位行為不好的人發脾氣，不啻是對一輛開不動的汽車發脾氣一樣，只是浪費你的精力而已。」但是事實上對一般人而言，要嚴格地遵守羅素的生活準則，正如要嚴格地遵守基督教準則一樣地困難（除了少數聖人例外）。而且羅素也曾指出，甚至連耶穌基督自己，有時也難免對他的敵人說出不夠友善的話。

羅素有一次寫道：「一個人有某種憎恨，有時是相當必要的——但是這種憎恨絕不能發展為對人類的憎恨，因為要是完全沒有憎恨的因素混在裡面，人往往會變得軟弱而缺乏活力。」

談到羅素的「實際的智慧」（Practical wisdom），我忍不住想在這裡加一些，從他大量的通俗作品中摘錄出來的幾句格言：

「永遠不要設法阻止別人思考，因為你無疑地會達到你的目的。」

「行一點小善，總比惹大禍好。」

「永遠不要對任何事情，感到絕對有把握。」（Never feel absolutely sure of anything.）

我認為最後這句話尤其重要，因為它是整個羅素哲學態度的總結，不僅可以說明他對普遍的懷疑主義的擁護，而且也指出了你不能夠期待一種完全不必冒險的生活，它不僅宣揚了人類思想必須互相容忍的福音，同時也提供了實際生活行動的勇氣。

一九五四年，羅素動的手術比我們大家想像中還要嚴重，可是在兩週之內，他就開始能起來抽菸斗了，而且跟過去抽得一樣地有勁，兩個月之後，他又開始到各處去參加電台講座，並再度投身於寫作的工作。

現在羅素對國際局勢的態度，又有了一次很重要的轉變，在二次世界大戰剛結束時，他曾強調過：他寧願一場原子戰爭，而不願世界被蘇俄所征服。（He had stressed that he would prefer an atomic war to world conquest by Soviet Russia.）一九五〇年，他還說：「儘管有很多杞人憂天的人提出警告，但是我想我們人類還不大可能會遭遇完全滅種的浩劫。」但是氫彈被製造出來以後（這件事羅素早就預言過），使他的態度完全改變過來，他認為既然國際的政治局面已經走到必須在生存與毀滅之間做一根本的抉擇，那麼雙方必須採取一種理智的利己主義，人類才有殘存的機會。為此，羅素在一九五四年十二月，曾以「氫彈」為題發表一篇動人的廣播演說，他說：「我以人類中的一分子，向全人類懇求：記住你們的人性而忘記其他的一切，假如你們能這樣做的話，一個新的天堂將會為你們而打開，假如你們不能做到這點，除了全球性的死亡外，你們什麼也得不到。」

聽過他這次廣播演說的人，沒有人會忘記他說話時，語氣的懇摯與熱愛人類的胸懷躍然的流露。（譯者註：聽過這場演說後，人們的感動，可能不下於聽過托斯卡尼尼指揮的貝多芬第九交響曲）。各方面的反應也很快就來了，結果他發現自己已經成為那些害怕第三次世界大戰降臨的沉默大眾代言人，於是他毅然而然地擔負起和平十字軍的重任，同時他也深深地感到，只有像他這樣具有國際性聲望的人起來登高一呼，才能聯合共產主義和反共產主義的科學家們，發表聯合宣言：警告全世界，氫彈給人類帶來的空前危機。

接著他就把這個內心的理想付諸行動，因此他首先徵求愛因斯坦的意見，愛氏同意他的看法，並建議羅素做這篇宣言的起草人，羅素把宣言的草稿寄到普林斯頓給愛因斯坦，然後他就飛往羅馬參加有關世界政府的討論會，並在那裡發表了一篇演說。在返英的航行途中，他從無線電接收員那裡，獲悉了愛因斯坦逝世的噩耗，這不僅使他個人失去了一位忠實的好朋友，同時他也認為自己已經失去了愛因斯坦有力的支持，可是當飛機抵達巴黎時，他發現有一封信正等著他，這是愛因斯坦最後所寫的信函之一，在這封信中，他同意在羅素的那篇宣言上簽字。

為了獲得全世界各地科學家的簽字，他和妻子都煞費苦心地從事通信和交涉的工作，他們的辛苦最終有了回音，很多有名的科學家都在宣言上簽了字，其中包括哈佛的**Bridgman**、華沙的**Infeld**、印第安納大學的**Muller**、英國布里斯托的**Powell**、倫敦大學的**Rotblat**、日本京都的**Yukawa**、此外還有**Max Born**、**Linus Pauling**及**Joliot Curie**等等。

最後在一九五五年七月初，他八十三歲時，羅素在倫敦的卡斯頓大廳舉行了一次記者招待會，在一個多小時中，新聞記者令人炫目的閃光燈頻頻地照在他的白髮上，他站在那裡不停地回答二百位記者提出的問題，然後他又在電視上把他的宣言重複一遍，終於他的話透過無線電工具及報紙傳遍了全世界，把不可置辯而令人感服的和平資訊帶到全球各角落，羅素內心的理想終於變成了被全球聽到的聲音，而且也贏得了不少回音。

過去曾因為羅素抨擊蘇俄而一度與他交惡的老查理．曲範良爵士，現在也開始讚揚羅素了，過去這位工黨的老政治家曾咆哮說：「任何合理的政府都該槍斃麥克阿瑟和勃悌．羅素。」可是現在他以鄉音快人快語地對其他人說：「勃悌是今日世界上唯一講理性的偉大人物。」

一九五〇年六月二十三日，羅素曾說，在未來的五年中，有一半的機會可以避免戰爭的發生，同時他也預言說，蘇俄在五年以後將不敢挑起戰爭，因為西方各國屆時都會有充分的準備，到了一九五五年七月，剛好在他發表預言的第五年後，各列強開始在日內瓦舉行高階層會議，試圖為國際局勢打開一條新的希望。這個會議舉行後不久，羅素說自從一九一四年以來，他對世界的前途，從未像此刻感到這麼樂觀，這麼使他愉快，那時，世界至少似乎有一度又讓清明的理智占據了優勢。

二十六、年輕的老人

任何一部傳記作品，只要主角尚活在人間，就不可能有真正的結尾，我們只能知道他的過去，而無法預測他的未來，現在我也只有透過預言的方式，來勉強完成本書的最後一章，如眾所周知這是一件很危險的事，尤其是像羅素這樣，越老似乎精力越充沛，而且仍然不斷地在發展自我思想的哲學家，更是一件吃力不討好的事，不過現在我仍打算要冒這個危險。

當我開始著手寫這本書時，羅素已是年近八十的老人了，但是甚至在那個時候，大家都可以很容易地看出來，還有多年的活躍生命擺在他面前。二次世界大戰以後，英國變成了偉大的老年人活躍的國度，假如你想在英國討論一些有趣而富有刺激性的大事，而不談到他們，那似乎是不可能的事，他們已經與這個時代的英國歷史密切地結合在一起，這一批光耀英國的老人包括：羅素本人、他的好友摩爾以及蕭伯納、邱吉爾、毛姆、吉爾伯特．莫瑞和布萊斯福特（H. N. Brailsford，《新領袖》的主編）。他們這一群人形成的團體，我想，將永遠會在歷史上保留其獨特的痕跡，他們的年輕時代，都是在第一次大戰前，寧靜的維多利亞的黃金時代度過，同時他們的晚年，也因為受醫學科學的進步之賜，而得以延長其壽命，他們的前一代因為醫學的不發達，所以都在比較年輕的時候就死了！而他們的後一輩，從小就生長於充滿了精神緊張與疲勞的世界——一個充滿戰爭與恐懼戰爭和經濟恐慌的世界。生活在越近現代的人，不管他活得多麼長壽，我想他再也無法回到，這些老人們所曾享受過的寧靜與優雅的學術氣氛中，尤其是在吉爾伯特．莫瑞面前，那種平靜的精神舒適感，你是無法再體驗到了。

當然，活到八十歲以上的人，並不只是上面提過的這些人，我個人並不以為磺胺劑與盤尼西林跟邱吉爾的偉大有什麼特別的關係，雖然要是沒有這些藥物的發明，他可能早在一九四三年就死去了，因為這些老人在他們的晚年，之所以能夠依然保持活躍的生命力，並非由於他們生存的時代環境偶然的產物，而是淵源於他們某種內在的天賦的活力。邱吉爾和羅素二人，是底下這個觀點最好的例證：「一個人在他生命中的晚年，仍然可以運用其剩餘的精力源泉，去完成偉大的人類成就。」

我記得有一次，曾和一位年輕的美國教授一道去看羅素，經過兩小時熱烈的哲學辯論後，這位教授變得精疲力竭，而羅素則依然神采奕奕；我也記得羅素在英國廣播公司（BBC）做了五小時的預習之後或參加電視討論之後，常常到午夜始得歸來，但是他的精神依然非常飽滿，午餐後他常到李察孟特公園做一次長途散步，回來後也毫無倦容。我個人最生動的一次經驗是，有一回跟他一起去看戲劇，接著又去吃宵夜，在那裡他正確地回憶起，他小時候所學的一些希臘戲劇的收場語，然後我在午夜一點半時開車送他回去，在車中，我都在和他談論是什麼東西導致他在一八九〇年代反對黑格爾主義，這時我真是分身乏術，一方面極想全心全意聽他講些什麼，另一方面又必須隨時記得駕駛汽車的責任。（羅素不像大多數老年人，他不喜歡開慢車。）

在誘使人上當這一點上，羅素從未失去他那孩子式的熱情，我記得有一次，他認真地向密契爾・寇第斯先生（他是一家頗受尊敬的英國報紙的年輕編輯）保證道：「當然，《世界新聞報》是唯一真實地在報導事實真相的報紙。」（註：對英國以外的讀者，可能需要加以一點解釋的是，《世界新聞報》是一份週報，內容專門在詳細報導謀殺及離婚等社會新聞。）這時羅素夫人靠過來對寇第斯先生說：「別理他吧！」在這種場合裡，他又說了一句獨特的羅素型批評——那是盡可能以最富挑逗的方式，表達蘊含著真理成分的一種批評——他的這一句評論是：「報紙上我唯一相信的東西是，曲棍球得分及股票交易價格。」

羅素沒有那些使一般英國人不敢欣賞他們自己的笑話的、可厭的和不近人情的禁忌，他的詼謔來得又快又自然，而且閃耀著機智的火花，他一講完笑話後，會很快地把周遭的人掃視一遍，以便確定是否每個人都已窺出其中的奧祕，然後他會和大家一起開懷暢笑。

在未來的歲月中，他將留下怎樣的聲名呢？關於這一點，我敢大膽地說，我們可以做某種正確的預測。

和過去蕭伯納所遭遇到的反對一樣，羅素也將不可避免地有這種初期對他思想見解的反動及否定，任何一個人若想寫一部暴露羅素弱點的書，那將是輕而易舉的事，理由是他的思想不斷地在發展，因此也不斷地在變動，他時常不惜以今日之我向昨日之我挑戰，所以他經常會說出一些與他過去所說的互相矛盾的話，來證明他自己的錯誤；任何人只要讀過包羅萬象的羅素作品，他將不難在每一種「論題」上，發現以羅素之矛攻羅素之盾的兩句見解完全相反的話。同時因為他的觀點常與他同時代的其他人的觀點糾纏起來，所以一個聰明的誹謗者若想否定他無數觀點的獨創性，以貶低他的學術地位，也將是一件輕而易舉的事，或許任何人都無法否認是羅素獨創性的重大成就，可能只有他的「陳述的邏輯」、「描述論」以及有關「人類知識的創見」。

尤其不幸的是，羅素晚期的作品常被過度地讚美，而他早期的作品卻反而經常被人所忽略，事實上任何人只要讀過他在第一次大戰前所寫的全部作品，都將體會到他那純淨理智上的活力與氣魄的偉大，但是很可惜的是，這些大量的多彩多姿的著作，有一部分已被埋藏在早已絕版的冷僻刊物中，另外有很多是除了少數專家以外，一般人看不懂的東西。說來夠矛盾的是，他之所以常常被人指責缺乏深度，就是因為他一生最佳的作品往往寫得太深奧，以致只有少數人看得懂，而極大多數的人都是透過通俗的著作去了解羅素，這些因素使他失去了部分人對他的崇敬。事實上羅素的著作在英國的學術圈子裡，反應一直很好，只是尚未在廣大的讀者群眾中，獲得普遍的了解而已。

羅素在哲學史上，最後將會占據怎樣的一種地位呢？這是一件很難加以預測的事，根據過去的史實，要在哲學史上取得不朽的地位，最有效的一種方法是，提出某種驚人的學說，後來被證明為完全錯誤。大多數哲學家之所以能在哲學史上留名，往往是依靠後來者對他們理論的反駁，正如奧斯丁教授（Professor Austin）所說：「要做一個偉大的哲學家，首先他必須犯一個偉大的錯誤。」從這個角度看來，羅素是否犯過大錯，仍然是個疑問，他過去所曾犯過的錯誤，差不多都由他本人指點出來了，這一來反而剝奪了下一代發現他錯誤的樂趣。（一個哲學家最大的樂趣，往往得自發現另一個偉大哲學家的錯誤上面。）

不過在此，我仍然敢做一項大膽的假設：那就是不管羅素過去在邏輯與哲學的發展上，立過怎樣的大功，也不管他曾使許多哲學上的黑暗地帶重見天日，我們仍然可以預言，他的不朽將不是基於以上的理由，而是依賴將來是否有人在他的作品中，發現某些根本的錯誤。說得更正確一點，就是羅素在未來哲學史上，能否獲得肯定的地位，部分是依賴有沒有後輩的哲學家，從他所停止的地方，開始出發去繼續追尋哲學的真理，因為和休謨一樣，他對他所達到的哲學境界是永不會滿足的。

但是我也懷疑羅素自己是否會接受我這個看法，他唯一的興趣可能只是在提出哲學的疑問，因為在他的內心裡面，他確實想知道真正的答案是什麼，所以在我的想像中，他一定是認為自己是一個失敗者，因為他還留下了不少沒有解答的問題，為此，有一度我想把此書命名為《偉大的發問者》（*The Great Questioner*）。他曾指出，在解答問題方面他也做了一些事，這誠然是一個典型的英國式的謙遜之言。但是我個人的看法是，哲學家所提出的問題中，有很多是無法獲得解答的，但並不因此而失去其價值，而羅素自己也曾一度說過：「哲學的價值大部分在於問題本身，而不在問題的答案。」我認為一個哲學家所獲得的結論，不及導致這項結論的探討過程那麼重要，也不及他在追求的過程中，所表現的追求真理的精神那麼重要。

路易士・史蒂芬生說過：「充滿了希望的旅途遠比抵達目的地來得好。」哲學也是如此，它往往不是到達那一個地方的問題——假如它經常是有目的的話。我們必定會經常陷於悲哀與失望之中——而是追求一項值得追求的目標過程的事，這就是為什麼讀偉大哲學家的原著、追蹤他心靈的工作方式，遠比讀許多有關他的結論的簡明摘要，收穫要來得大，同時也正因為如此，羅素的作品將會經常地被人所閱讀。

因此我個人深深地覺得，世界上並沒有所謂偉大的哲學，只有偉大的哲學家罷了，這就是為什麼，在這本書中，我比較少討論羅素的哲學，而大部分在談論他本人的主要理由，這種情形更可適用於他在政治與社會方面的寫作上，因為這二門學問的正確知識比其他的更令人難以捉摸，但是它們至少提示了兩點永遠重要的事：第一是他強調了人類對權力的愛好，第二是他反對馬克斯主義和佛洛伊德學說的信徒過度單一化的看法。

至於羅素自己的見解，也是在面對著後代的批評，因為任何人都是較易發現已經過去的事情的錯誤。要是羅素對一般人日常生活的奮鬥與痛苦，表現出漠不關心的態度，我們將不會因此而更加尊重他，事實上他是當代哲學大師中，最關心他的同類日常生活的諸種問題的人，也正因為如此，他不願像維根斯坦和摩爾那樣，老是停留在與一般大眾無關的純粹學術園地，於是他走出了哲學的象牙塔，寫出人人都能了解的清澈明晰的散文，主要也是基於他對人類的愛與同情，他大量的通俗著作正是他愛那些平凡的同類的象徵。

假如我們能讀完所有他的雜誌性與非哲學性的作品，首先將會驚訝於他著作的浩瀚以及他那多彩多姿的見解，正如約翰遜博士對勃克（Edmund Burke）的批評：「他是一個非凡的人，他的思想不停地在流動著。」我不敢說羅素所寫的每一個字（包括所有他的通俗著作）都值得一讀，但是以我個人的經驗，我敢肯定地說，任何一個想評價他的才氣的人，都有必要去拜讀他所寫的每一個字，甚至他臨時為報紙所寫的應景文章及那些顯然是為了經濟因素而產生的著作，也有一讀的必要，因為裡面有不少有趣的見解和少為人知的事實，是你在別處所無法找到的。

當我們真正下工夫去讀這些字數龐大的著作之後——羅素自己有一次把他這些龐大的著作戲稱為「Logorrhoea」（囉嗦）——我不以為最後我們會發現，一些值得在嚴肅的書中詳細研究的神諭般的政治與社會的理論（有一些熱誠的美國人似乎相信，他們能在羅素的作品中，發現這些東西）。我想最後，我們所發現的將不是偉大的理論，而是一個出類拔萃的非凡人物！一個無比博學而又樂於教學的人；一個了解人性而又熱心於尋求人類的幸福之道的人；一個對愚昧與殘酷深痛惡絕而又能在對抗它們時給予人類希望與鼓舞的人，當他最後提出，人類能否繼續生存下去時，我們又發現他是一個理性主義者，而他的回答也是樂觀的：「雖然無法做任何理性的推論，但我堅決地感覺到他們將會如此。」

對於我們這個祈求著宗教和政治信仰的世界，羅素仍然以他不肯妥協的結論，答覆我們說：「世界上沒有一樣東西是絕對地正確。」（Nothing is absolutely certain.）同時他也表示，做一個不可知論者，可以不必害怕，愛好諷嘲的懷疑主義不一定是無趣又無益；相反地，一個熱誠的懷疑者也能過一種充滿勇氣與成就的生活。

羅素在澳洲舉行過一場記者招待會後，西特尼會報上有一段評論，頗能印證我上面的話，會報上說：「在這陷於嚴重焦慮的時代，人們開始向人類中的智慧的老人們尋求解脫之道，但是甚至像羅素這麼有智慧的人，也無法真正知道：如何成為一個不可救藥的社會主義者，同時又能保持個人的尊嚴？當共產主義黨徒以暴政時代籠罩我們時，我們要如何去做一個自由人；如何成為一位和平主義者而又同時能勇敢地站起來反抗蘇俄……他也無法肯定將來會不會再發生戰爭，也不知道如何用超越武力的方式去遏阻戰爭的發生。」

但是最後會報下結論說：「可是另一方面，他的精神異常振奮，這是淵源於他自己那不可征服的活力與愉悅，不錯，世界上固然有原子彈存在，但是世界上也有英勇的人類精神存在。」這是一段具有悲劇意味的表白，也是他同時代的人對他所做較深入的批評之一。在這個喜歡輕蔑的時代裡，它是一篇令人震驚的告白，也幾乎粉碎了我對自己公正不倚的信心，但是我仍然絲毫不懷疑，羅素是一位世紀性的偉人，我相信任何一個對他有親切認識的人，都會獲得和我同樣的結論，但是在未來的歲月中，透過無知的幫忙，任何人想站在遠處去攻擊他，也將是一件輕而易舉的事。（It may be easy for any one in the years to come to attack him from a distance, aided by ignorance.）正如未來的小文人要貶低邱吉爾一樣地容易，要是碰到這種情形，我們這一代所能回答的，只有：「你不了解他。」假如說我這本書有什麼用意的話，那不過是讓人多了解一點關於這位人類史上，追求真理的先知之一——羅素的事蹟，他們這些人類史上稀有而勇敢的人類精神的導師們，曾經鼓舞他們的同類把他們的思想向更深的真理王國邁進。

羅素年表

年代	生平紀事
一八七二	五月十八日出生於英國南威爾斯蒙茅斯郡（Monmouthshire）的拉文斯克洛夫（Ravenscroft）。
一八七四	羅素的母親安伯萊夫人死於白喉症，六歲的姊姊也病故。
一八七六	羅素的父親安伯萊爵士逝世。羅素的祖父約翰・羅素爵士（前英國首相）和祖母推翻羅素父親的遺囑，而獲得羅素兄弟的監護權，所以便遷居到彭布羅克（Pembroke Lodge）。
一八七八	祖父去世，由祖母培育羅素成長。
一八八三	從其兄法蘭克學習「歐氏幾何」，首次對數學發生興趣。並在家庭教師指導下學習各種語文及學問。
一八八四	開始做哲學的思考，並懷疑宗教。偷偷地把他的思想記在一本日記中。
一八八六	產生了類似「笛卡兒主義者」的想法。
一八八九	夏天時，到叔叔羅洛家中住了三個月，認識美國人史密斯夫婦以及他們的女兒愛麗絲・史密斯（Alys Smith)。
一八九〇	進入劍橋大學三一學院，開始四年如魚得水、多彩多姿的劍橋生活。

年代	生平紀事
一八九一	加入劍橋祕密團體「會社」（The Society），又稱為「使徒」（The Apostle）。
一八九三	大學前三年，他專攻數學，獲數學榮譽學位考試第七名；大四時改攻哲學，獲哲學榮譽考試第一名。
一八九四	大學畢業，論文是《幾何學的基礎》，獲道德哲學榮譽學士學位。畢業後，任英國駐巴黎大使館名譽隨員。同年與愛麗絲·史密斯結婚，這是他第一段婚姻的開始。
一八九五	訪問德國，並在柏林大學研究。向倫敦政治經濟學院發表《德國社會民主制》，當選為三一學院研究員。
一八九六	與愛麗絲同訪美國，在約翰·霍普金斯大學及布林莫爾學院講學。出版處女作《德國社會民主制》（*German Social Democracy*）。
一八九八	在劍橋講「萊布尼茲哲學」，與摩爾（G. E. Moore）共同掀起批判康德與黑格爾之運動。
一九〇〇	出席在巴黎舉行的國際哲學會議，在會議中，遇到近代義大利卓越的數學家皮亞諾（Peano），以及法國哲學家亨利·柏格森等人。

年代	生平紀事
一九〇一	開始反對第一次世界大戰，成為和平主義者先驅。
一九〇三	發表《數學原理》（*The Principles of Mathematics*）一書。
一九〇五	創立「描述論」之說，為他的邏輯原子論哲學奠定基礎。
一九〇七	競選國會議員失敗。
一九〇八	獲選為英國皇家學會成員。
一九一〇	與懷海德合著《數學原理》第一冊出版。在劍橋三一學院講授「數理邏輯」。由於「不可知論」的見解，未能獲得自由黨內的國會議員提名。
一九一一	當選為倫敦「亞里斯多德協會」會長。與第一任夫人愛麗絲分居。
一九一三	與懷海德一起合作，共同完成了著名的三巨冊《數學原理》出版。在「亞里斯多德協會」上主講「數理邏輯在哲學上的重要性」，並在三一學院開設「柏格森哲學講座」。
一九一四	在牛津大學開設「史賓賽哲學講座」，完成《哲學中的科學方法》。在哈佛大學開設「羅威爾講座」，題目是「吾人對外在世界的知識」。為了反對第一次世界大戰，羅素開始成為公開演說家及反戰小冊子作者。
一九一五	在曼徹斯特哲學會發表《物質的最後結構及其成分》。

年代	生平紀事
一九一六	因反戰而被罰款一百一十英鎊，並遭到三一學院開除。出版《社會重建的原則》。
一九一七	出版《政治理想》（*Political Ideals*）。
一九一八	在倫敦發表一連串八次演講「邏輯原子論」，在此他承認過去四年來他的學生維根斯坦對他的影響。因反戰而坐牢六個月，在獄中完成《數理哲學導論》、《神祕主義與邏輯》和《自由之路》。
一九二〇	訪問蘇俄，會見列寧、托洛斯基、高爾基等人，從此變成共產政權的強烈批評者，不少左派朋友因而疏遠。
一九二一	與第一任夫人愛麗絲正式離婚。與朵拉・布萊克（Dora Black）結婚，和新婚夫人共訪中國，在北京大學講學一年，在保定育德中學演講後，突然因肺炎而瀕臨死亡，他的「死訊」散布到全世界。第一個兒子約翰出世。在倫敦及北大發表《心的分析》。
一九二二	出任工黨的國會議員候選人，再度競選失敗。出版《中國之問題》（*The Problem of China*），孫中山因此稱其為「唯一真正了解中國的西方人」。
一九二三	再度代表競選國會議員失敗。長女凱特（Kate）出生。

年代	生平紀事
一九二四	在美國作旅行演講，在紐約青年聯合會演講「如何獲得自由與快樂」。與左傾人士史科脫・尼爾寧（Scott Nearing）公開辯論「布爾什維克主義與西方」之問題。
一九二五	在三一學院的「泰納講座」主講「物的分析」。
一九二七	與夫人朵拉・布萊克共創一所教育實驗學校——畢肯山小學，實踐他的教育理論，是當時英國的進步主義學校之一。在貝特西市政廳發表「為什麼我不是一個基督徒」。
一九二九	赴美做巡迴演講，在西北大學的「現代思潮講座」發表「解決世界問題的三個方法」。出版《婚姻與道德》。
一九三〇	在紐約與John Cowper Powys辯論「現代婚姻是否失敗？」。
一九三一	在美國旅行演講時，與小說家安德生（Sherwood Anderson）論辯「家庭的廢止問題」。此時兄法蘭克去世，繼承爵位成為羅素伯爵三世，但是他很少在公開場合這樣稱呼自己，或被別人這樣稱呼。
一九三四	由於數學上的成就，獲得英國皇家協會的「西威爾斯獎」和皇家數學會的「德摩根獎」。

年代	生平紀事
一九三五	與第二任夫人朵拉．布萊克離異，脫離畢肯山小學。
一九三六	在荷蘭阿姆斯特丹大學開「格雷伯爵紀念講座」，題目是「宿命論與物理學」。第三次結婚，夫人是年輕的海倫．佩特麗亞．史班斯（Helen Patricia Spence）。
一九三七	次子康拉德出生。
一九三八	在牛津大學講授「語言與事實」。到美國定居六年才返國，在芝加哥大學任客座教授至一九三九年為止。
一九三九	參加芝加哥大學圓桌會議討論「安全是否增加？」的問題，並在芝大社會學俱樂部，發表「知識分子在現代世界所扮演的角色」。接著在加州大學洛杉磯分校講學至一九四〇年。
一九四〇	受聘於紐約市立大學教授一職，但遭到公眾抗議，地方法院取消他的教授資格，認為他在「道德上」無法勝任教授一職，而引發轟動一時的「羅素案件」，無數學者（包括愛因斯坦、杜威等）都出來聲援羅素。接著在哈佛大學講授「威廉．詹姆斯講座」，講題是「意義與真理的探究」。

年代	生平紀事
一九四一	與發明家巴恩斯博士簽了五年的合約，到費城巴恩斯基金會講授「西洋哲學史講座」。在CBS電視台與Huntington Cairns、Allan Tate和Mark Van Doren討論黑格爾的歷史哲學。
一九四二	在CBS電台上與Jacques Barzun討論笛卡兒《方法論》。在CBS電台上與Scott Buchanan和Jacques Barzun討論「斯賓諾莎的倫理學」。在CBS電台上與《愚人船》作者Katherine Anne Porter討論卡洛爾（Carroll）的小說《愛麗絲夢遊仙境》。
一九四三	遭到巴恩斯博士毀約，因而得到一筆數目可觀的違約金，解決羅素的財務問題。
一九四四	回到曠別六年的祖國，第二度成為三一學院的研究員，講授「非論證性推理」。
一九四五	二次世界大戰結束，出版他的名著《西方哲學史》。
一九四七	在「友誼廳」向全國書籍協會發表《論哲學與政治》。

年代	生平紀事
一九四八	赴挪威演講，在海上遇難，乘客十九人墜海溺斃，羅素則游了十分鐘而獲救。被救起後在當地大學講「如何防止戰爭」。在英國廣播公司開「雷斯講座」，講題是「權威與個人」。
一九四九	由英王喬治六世頒發英國最高「功績勳章」（The Order of Merit）。同年在威斯敏斯特發表「原子能與歐洲問題」。
一九五〇	獲得諾貝爾文學獎，他得獎的評語是：「從他多彩多姿、包羅萬象的重要著作裡，我們知道他始終是一位人道主義與自由思想的勇猛鬥士。」年底到瑞典斯德哥爾摩參加頒獎典禮。崇拜他的弟子——詩人艾略特（T. S. Eliot），反而比他早兩年獲得一九四八年諾貝爾文學獎。同年赴澳洲講學。
一九五一	應紐約哥倫比亞大學「麥特契特基金講座」之邀，前往發表「科學對社會的影響」。在英國國家廣播公司發表三大演講：「美國對歐洲政治與文化的影響」、「科學方法的本質與來源」、「懷疑主義與容忍」。第一任夫人愛麗絲・羅素逝世，享年八十二歲。
一九五二	與第三位夫人佩特麗亞・羅素離婚；並與美國傳記作家艾迪思・芬琪（Edith Finch）結婚。

年代	生平紀事
一九五四	十二月二十三日，在BBC廣播電台發表針對核武器威脅的「人類的危機」演說。
一九五五	為了數十年來他對世界和平所作的努力，他獲得了「銀梨獎」。與愛因斯坦等人聯合發表反對使用核武器的聲明（Russell-Einstein Manifesto）。
一九五七	發起和組織「布格瓦斯和平會議」（Pugwash Conference）。
一九五八	成為「核裁軍運動」的主席。因將科學普及化而獲得聯合國教科文組織頒發的「卡林加獎」（The Kalinga Prize）。
一九五九	出版《常識與核子戰爭》、《我的哲學發展》。
一九六〇	獲丹麥索寧獎（Soning Prize）。創立「百人委員會」，並展開「公民反戰不服從行動」。
一九六一	羅素因為參加一個「核裁軍的遊行」後，被拘禁七天。
一九六二	參與「古巴導彈危機」的國際調停。參與「中印邊界衝突」的調停。
一九六三	創立羅素和平基金會。獲德國「奧希斯基獎」（Ossietzky Medal）和美國「湯姆．潘恩獎」（Tom Paine Award）。

年代	生平紀事
一九六六	反對越南戰爭，和法國哲學家沙特一起成立「國際戰犯審判法庭」，揭露美國的戰爭罪行。
一九六七	出版《羅素自傳》第一冊。
一九六八	出版《羅素自傳》第二冊。發表聲明抗議蘇聯入侵捷克斯洛伐克。
一九六九	出版《羅素自傳》第三冊。
一九七〇	二月二日逝世於英國威爾斯的彭林德拉耶斯（Penrhyndeudraeth, Wales），骨灰遍撒在威爾斯群山之中。

羅素著作年表

一八九六　《德國社會民主制》（*German Social Democracy*）
一八九七　《幾何學的基礎》（*The Foundation of Geometry*）
一九〇〇　《萊布尼茲的哲學》（*The Philosophy of Leibniz*）
一九〇三　《數學原理》（*The Principles of Mathematics*）
一九一〇　《數學原理》第一冊（*Principia Mathematica*, Vol.1，與懷海德合著）
一九一〇　《哲學論文集》（*Philosophical Essays*）
一九一二　《數學原理》第二冊（*Principia Mathematica*, Vol.2，與懷海德合著）
一九一二　《哲學問題》（*The Problems of Philosophy*）
一九一三　《數學原理》第三冊（*Principia Mathematica*, Vol.3，與懷海德合著）
一九一四　《吾人對外在世界的知識》（*Our Knowledge of the External World*）

一九一四 《哲學中的科學方法》（*Scientific Method in Philosophy*）
一九一四 《柏格森哲學》（*The Philosophy of Bergson*）
一九一五 《戰爭——恐懼之子》（*War-The Offspring of Fear*）
一九一六 《社會重建的原則》（*Principles of Social Reconstruction*）
一九一六 《戰爭時期的正義》（*Justice in War-Time*）
一九一七 《政治理想》（*Political Ideals*）
一九一八 《神祕主義與邏輯》（*Mysticism and Logic*）
一九一八 《自由之路》（*Roads to Freedom*）
一九一九 《數理哲學導論》（*An Introduction to Mathematical Philosophy*）
一九二〇 《布爾什維克主義的實際與理論》（*The Practice and Theory of Bolshevism*）
一九二一 《心的分析》（*The Analysis of Mind*）
一九二二 《中國之問題》（*The Problem of China*）
一九二二 《自由思想與官方宣傳》（*Free Thought and Official Propaganda*）
一九二三 《工業文明的前景》（*The Propects of Industrial Civilization*，與朵拉・羅

素合著）

一九二三　《原子入門》（*The ABC of Atoms*）

一九二四　《布爾什維克主義與西方》〔*Bolshevism and the West*，與史科脫・尼爾寧（Scott Nearing）論辯集〕

一九二四　《科學的未來》（*The Future of Science*）

一九二四　《如何獲得自由與快樂》（*How to Free and Happy*）

一九二四　《邏輯原子論》（*Logical Atomism*）

一九二五　《相對論入門》（*The ABC of Relativity*）

一九二五　《我的信仰》（*What I Believe*）

一九二六　《論兒童教育》（*On Education of Childhood*）

一九二七　《為什麼我不是一個基督徒》（*Why I am not a Christian*）

一九二七　《物的分析》（*The Analysis of Matter*）

一九二七　《哲學大綱》（*An Outline of Philosophy*）

一九二八　《懷疑論集》（*Sceptical Essays*）

一九二九　《婚姻與道德》（*Marriage and Morals*）

一九三〇　《幸福之路》（*The Conquest of Happiness*）

一九三〇　《宗教對文明有過貢獻嗎？》（*Has Religion Made Useful Contributions to Civilization?*）

一九三一　《科學的眼光》（*Scientific Outlook*）

一九三二　《教育與現代世界》（*Education and the Modern World*）

一九三四　《自由與組織，1814-1914》（*Freedom and Organization, 1814-1914*）

一九三五　《懶散頌》（*In Praise of Idleness*）

一九三五　《宗教與科學》（*Religion and Science*）

一九三六　《和平之路》（*Which Way to Peace?*）

一九三六　《宿命論與物理學》（*Determinism and Physics*）

一九三七　《羅素雙親的信件與日記》（*The Letters and Diaries of B.Russell's Parents*，與夫人佩特麗亞・羅素合著）

一九三八　《權力論：一個新的社會分析》（*Power: A New Social Analysis*）

一九四〇　《意義與真理的探究》（*An Inquiry into Meaning and Truth*）

一九四五　《西方哲學史》（*A History of Western Philosophy*）

一九四八《人類知識的範圍與限制》（*Human Knowledge: Its Scope and Limits*）

一九四九《權威與個人》（*Authority and Individual*）

一九五〇《不受歡迎的論文集》（*Unpopular Essays*）

一九五一《科學對社會的影響》（*The Impact of Science on Society*）

一九五二《世界的新希望》（*New Hopes for a Changing World*）

一九五二《美國對歐洲文化的影響》（*The Impact of America on European Culture*）

一九五二《心、物與道德辭典》（*The Dictionary of Mind, Matter and moral*）

一九五三《什麼是一個不可知論者？》（*What is an Agnostic?*）

一九五三《郊區的撒旦》（*Satan in the Suburbs and Other Stories*）

一九五四《名人的惡夢》（*Nightmares of Eminent Persons*）

一九五四《倫理與政治上的人類社會》（*Human Society in Ethics and Politics*）

一九五六《羅素回憶集》（*Portraits from Memory and Other Essays*）

一九五七《羅素佳作集》（*The Russell's Best*）

一九五八《懷疑的意志》（*The Will to Doubt*）

一九五九《常識與核子戰爭》（*Common Sense and Nuclear Warfare*）

一九五九《我的哲學發展》（*My Philosophical Development*）

一九五九《西方的智慧》（*Wisdom of the West*）

一九五九《羅素代表作選集》（*Basic Writings of Bertrand Russell*, Edited by E. Denonn & Robert E. Egner）

一九六一《事實與虛構》（*Fact and Fiction*）

一九六二《人類有將來嗎？》（*Has Mankind a Future?*）

一九六七《羅素自傳》第一冊（*The Autobiography of Bertrand Russell*, Vol.1）

一九六八《羅素自傳》第二冊（*The Autobiography of Bertrand Russell*, Vol.2）

一九六九《羅素自傳》第三冊（*The Autobiography of Bertrand Russell*, Vol.3）

國家圖書館出版品預行編目資料

羅素傳：積極爲人類和平奔走的思想家 / 艾倫 ・ 伍德（Alan Wood）著：林衡哲譯 . -- 初版 -- 臺北市：五南圖書出版股份有限公司，2022.08
面 ; 公分
譯自：Bertrand Russell : The Passionate Sceptic.
ISBN 978-626-317-896-0(平裝)

1.CST: 羅素 (Russell, Bertrand, 1872-1970) 2.CST: 傳記 3.CST: 英國

144.71 111008116

大家身影 014

羅素傳——積極爲人類和平奔走的思想家

Bertrand Russell : The Passionate Sceptic

作 者 —— 艾倫 ・ 伍德（Alan Wood）
譯 者 —— 林衡哲
責任編輯 —— 唐 筠
文字校對 —— 許馨尹、黃志誠、林芸郁
封面設計 —— 王麗娟
發 行 人 —— 楊榮川
總 經 理 —— 楊士清
總 編 輯 —— 楊秀麗
副總編輯 —— 張毓芬
出 版 者 —— **五南圖書出版股份有限公司**
地 址：106 台北市大安區和平東路二段 339 號 4 樓
電 話：02-27055066（代表號）
傳 真：02-27066100
劃撥帳號：01068953
戶 名：五南圖書出版股份有限公司
網 址：https://www.wunan.com.tw
電子郵件：wunan@wunan.com.tw
法律顧問 —— 林勝安律師事務所 林勝安律師
出版日期 —— 2022 年 8 月初版一刷
定 價 —— 500 元